누적 판매량 60만 부 돌파[*]
상식 베스트셀러 1위 18회 달성[*]

수많은 수험생이 선택한
에듀윌 상식 교재 막강 라인업!

[월간] 취업에 강한 에듀윌 시사상식

多통하는 일반상식 통합대비서

상식 통합대비 문제풀이집

공기업기출 일반상식

기출 금융경제 상식

언론사 기출상식

eduwill

83개월 베스트셀러 1위!*
Why 월간 에듀윌 시사상식

우수콘텐츠잡지 2021

업계 유일!
2020·2021 2년 연속 우수콘텐츠 잡지 선정!

Cover Story, 분야별 최신상식, 취업상식 실전TEST, 논술·찬반 등 취업에 필요한 모든 상식 콘텐츠 수록!

업계 최다!
월간 이슈&상식 부문 83개월 베스트셀러 1위!

수많은 취준생의 선택을 받은 취업상식 월간지 압도적 베스트셀러 1위!

10 YEARS ANNIVERSARY

업계 10년 역사!
『에듀윌 시사상식』 창간 10주년!

2011년 창간 이후 10년간 발행되며 오랜 시간 취준생의 상식을 책임진 검증된 취업상식 월간지!

하루아침에 완성되지 않는 상식, 에듀윌 시사상식 정기구독이 답!

정기구독 신청 시 10% 할인

매월 자동 결제
정가 ~~10,000원~~ 9,000원

6개월 한 번에 결제
정가 ~~60,000원~~ 54,000원

12개월 한 번에 결제
정가 ~~120,000원~~ 108,000원

· 정기구독 시 매달 배송비가 무료입니다.
· 구독 중 정가가 올라도 추가 부담 없이 이용하실 수 있습니다.
· '매월 자동 결제'는 매달 20일 카카오페이로 자동 결제되며, 6개월/12개월/무기한 기간 설정이 가능합니다.

정기구독 신청 방법

인터넷
에듀윌 도서몰(book.eduwill.net) 접속 ▶
시사상식 정기구독 신청 ▶
매월 자동 결제 or 6개월/12개월 한 번에 결제

전 화
02-397-0178
(평일 09:30~18:00 / 토·일·공휴일 휴무)

입금계좌
국민은행 873201-04-208883 (예금주 : 에듀윌)

정기구독 신청
바로가기

eduwill

에듀윌 시사상식과
#소통해요

#소통하는 방법

방법 1

QR코드 스캔 접속

방법 2

http://eduwill.kr/62dF

인터넷 주소 입력으로 접속

더 읽고 싶은 콘텐츠가 있으신가요?
더 풀고 싶은 문제가 있으신가요?
의견을 주시면 콘텐츠로 만들어 드립니다!

☑ 에듀윌 시사상식은 독자 여러분의 의견을 적극 반영하고자
   합니다.
☑ 읽고 싶은 인터뷰, 칼럼 주제, 풀고 싶은 상식 문제 등 어떤
   의견이든 남겨 주세요.
☑ 보내 주신 의견을 바탕으로 특집 콘텐츠 등이 기획될 예정
   입니다.
☑ 보내 주신 의견이 채택되면 개별 연락 드려 소정의 선물을
   드립니다.

취업에 강한

에듀윌
시사상식

NOV. 2021

11

2021. 11. 통권 제125호

CONTENTS

발행일 | 2021년 10월 25일(매월 발행)
편저 | 에듀윌 상식연구소
내용문의 | 02) 2650-3912
구독문의 | 02) 397-0178
팩스 | 02) 855-0008
ISBN | 979-11-360-0885-5
ISSN | 2713 -4121

PART 02

분야별 최신상식

018

032

048

PART 03

취업상식 실전TEST

141

PART 04

상식을 넘은 상식

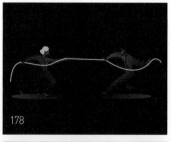

178

184

2021 노벨상 수상자 발표
복잡계·유기촉매·표현의 자유 등 업적 기려

매년 10월이면 노벨상 수상자가 공개돼 세계의 이목을 집중시킨다. 지구에서 가장 영예로운 상으로 꼽히는 노벨상은 스웨덴의 화학자 알프레드 노벨(Alfred B. Nobel, 1833~1896)의 유언에 따라 인류의 복지에 공헌한 사람이나 단체에 수여한다. 노벨상은 ▲생리의학상 ▲물리학상 ▲화학상 ▲문학상 ▲평화상 ▲경제학상 등 여섯 부문에 걸쳐 수여한다. 올해 노벨 생리의학상은 사람이 어떻게 온도와 촉각(압력)을 느끼는지를 규명한 ▲데이비드 줄리어스, ▲아뎀 파타푸티언이 공동 수상했다. 물리학상은 기후변화를 예측한 ▲마나베 슈쿠로, ▲클라우스 하셀만, 복잡계 이론에 공헌한 ▲조르조 파리시 등 3인이 선정됐다.

문학상 수상자는 탄자니아 난민 출신으로 탈식민주의 문학에 천착한 ▲압둘라자크 구르나, 평화상은 ▲마리아 레사와 ▲드미트리 무라토프에게 돌아갔다. 이들은 각각 필리핀과 러시아에서 권위주의 정권에 맞서 정부에 비판적인 보도를 이어가며 민주주의 수호에 큰 역할을 했다고 평가받는다. 한편, 마리아 레사는 올해 노벨상 수상자 중 유일한 여성이기도 하다. 노벨 경제학상은 최저임금 문제, 고용 규제, 이민 영향 등 노동시장 문제를 실증적으로 입증한 ▲데이비드 카드와 인과 관계 분석에 대해 방법론적 기여를 한 ▲조슈아 앵그리스트, ▲휘도 임번스로 선정됐다.

10월은 노벨상의 달

매년 10월이면 노벨상 수상자가 공개돼 세계의 이목을 집중시킨다. 지구에서 가장 영예로운 상으로 꼽히는 노벨상은 스웨덴의 화학자 알프레드 노벨(Alfred B. Nobel, 1833~1896)의 유언에 따라 인류의 복지에 공헌한 사람이나 단체에 수여한다.

노벨은 작은 충격만 받아도 폭발하는 니트로글리세린의 안정성을 늘린 다이너마이트를 발명해 큰 부를 일궜지만 다이너마이트가 전쟁 무기로 이용돼 많은 사람을 죽음으로 몰아간 데 죄책감을 느꼈다. 그는 속죄하는 마음으로 재산을 기부하며 인류에 이바지한 사람들에게 상을 주라는 유언을 남겼고 노벨상은 이 유산을 기반으로 1901년 제정됐다.

노벨상은 초기에 ▲물리학상 ▲화학상 ▲생리의학상 ▲문학상 ▲평화상 다섯 부문에 걸쳐 수여됐으나 1969년부터 ▲경제학상이 새로 추가되었다. 노벨상은 평화상을 제외하고는 개인에게만 준다. 또한 **죽은 사람은 수상 후보자에서 제외**되나 생전에 후보자로 지명됐다면 사후에도 받을 수 있다.

시상식은 노벨이 사망한 날인 12월 10일 이뤄지는데 **평화상 시상식만 노르웨이 오슬로에서 열리고 나머지는 스웨덴 스톡홀름**에서 개최된다. 코로나19 확산세를 고려해 지난해에 이어 올해 노벨상 시상식도 대폭 취소·축소되고 온라인과 TV중계로 대체된다.

노벨상 수상자에게는 900만 스웨덴 크로나(약 11억원)가 주어지며 공동 수상이면 사람 수로 나눠 지급한다. 노벨상은 부문마다 선정하는 기관이 다르다. 물리·화학·경제학은 스웨덴 왕립 과학원, 생리의학은 스웨덴 카롤린스카 의과대학 연구소, 문학상은 스웨덴 한림원에서 선정하고 평화상은 노르웨이 국회가 선출한 5인 위원회가 맡는다.

2020·2021 노벨상 수상자

부문	2020년 수상자	2021년 수상자
생리의학상	• 하비 J. 올터 • 마이클 호턴 • 찰스 M. 라이스	• 데이비드 줄리어스 • 아뎀 파타푸티언
물리학상	• 로저 펜로즈 • 라인하르트 겐첼 • 앤드리아 게즈	• 마나베 슈쿠로 • 클라우스 하셀만 • 조르조 파리시
화학상	• 에마뉘엘 샤르팡티에 • 제니퍼 A. 다우드나	• 베냐민 리스트 • 데이비드 맥밀런
문학상	루이즈 글릭	압둘라자크 구르나
평화상	세계식량계획(WFP)	• 마리아 레사 • 드미트리 무라토프
경제학상	• 폴 밀그럼 • 로버트 윌슨	• 데이비드 카드 • 조슈아 앵그리스트 • 휘도 임번스

생리의학상 : 온도·촉각 느끼는 원리 규명한 美 과학자 2인

▲ (왼쪽부터) 데이비드 줄리어스, 아뎀 파타푸티언 (이하 노벨상위원회 홈페이지 캡처)

스웨덴 카롤린스카 의대 노벨위원회는 10월 4일 (이하 현지시간) 사람이 어떻게 온도와 촉각(압력)을 느끼는지를 규명한 미국의 ▲데이비드 줄리어스 샌프란시스코 캘리포니아대 생리학과 교수와 ▲아뎀 파타푸티언 스크립스연구소 신경과학과 교수를 선정했다고 발표했다.

위원회는 "수상자들은 더위와 추위, 촉각을 느끼는 인간의 능력을 만드는 온도·촉각 ✦수용체 발견에 결정적으로 공헌했다"고 선정 이유를 밝혔다. 위원회는 "일상생활에서 당연한 것으로 여기는 온도와 압력을 우리 몸이 인지할 수 있도록 하는 신경자극이 어떻게 시작되는지 규명하고 만성 통증 치료 등 다양한 질환 치료법 개발에 기여했다"고 설명했다.

줄리어스 교수는 1990년대 후반 고추의 매운 성분인 캡사이신을 인체가 어떻게 인식하는지에 관한 연구로 캡사이신 수용체 TRPV1이 캡사이신을 결합해 작열감을 느끼게 한다는 사실을 발견했다. 파타푸티언 교수는 압력 감지 세포를 활용해 피부와 내부 장기에서 기계적 자극에 반응하는 새로운 종류의 촉각 수용체를 발견했다.

✦ **수용체 (受容體)**

수용체는 세포막이나 세포 내에서 존재하는 단백질로 구성된 구조체로서 세포 밖에서 전달되는 물질의 화학적 신호나 물리적인 자극을 받아들여 세포가 이 자극에 맞는 특정한 반응을 일으키도록 지시한다.

물리학상 : 기후변화 예측·복잡계 연구 3인

스웨덴 왕립 과학원 노벨상위원회는 10월 5일 기후변화를 예측한 일본계 미국인 ▲마나베 슈쿠로 프린스턴대 교수와 독일의 ▲클라우스 하셀만 막스플랑크 기상연구소 창립자, ✦**복잡계 이론**에 공헌한 이탈리아의 ▲조르지오 파리시 사피엔자대 교수 등 3인을 노벨 물리학상 수상자로 선정했다.

▲ 마나베 슈쿠로, 클라우스 하셀만, 조르조 파리시

위원회는 "마나베 슈쿠로와 클라우스 하셀만은 지구의 기후 및 인류가 기후에 미치는 영향에 관한 지식의 토대를 마련했다"고 밝혔다. 마나베는 대기 중 이산화탄소 수준의 증가가 어떻게 지구 표면 온도 상승으로 이어졌는지 보여주며 지구 기후 모델 개발의 토대를 놨다. 하셀만은 약 10년 뒤 날씨와 기후를 연계하는 신뢰할 수 있는 모델을 만들었고 자연 현상과 인간 활동이 기후에 남기는 특정 신호를 식별하는 방법을 개발해 대기 온도 상승이 인간의 이산화탄소 배출로 인한 것이란 점을 증명했다.

✦ **복잡계 이론 (complex system theory)**

복잡계 이론은 구성 요소들의 관계가 시스템의 집합적 행동을 발생시키는 메커니즘과 시스템이 환경과 상호 작용하면서 관계를 형성하는 방법을 연구하는 과학이다. 복잡계는 무수한 요소가 상호 간섭하며 어떤 패턴을 형성하거나 예상외의 성질을 나타내거나 각 패턴이 각 요소 자체에 피드백 되는 시스템이다.

복잡계 이론은 자연과학과 사회과학에서 활발히 연구되고 있으며 물리·생물·사회학적 대상을 수학적으로 분석하는 것이 목적이다. 예를 들어 물리학에서 통계역학을 이용해 다체문제(여러 물체의 질량과 초기 위치, 초기 속도를 주고서 이후의 운동 상태를 찾는 문제)의 협동 현상을 탐구하거나 경제학에서 계를 이루고 있는 많은 개체들이 상호 작용하는 현상을 다루는 행위자 기반 모형 연구가 복잡계 이론을 활용한 것이다.

위원회는 "조르지오 파리시는 무질서한 물질과 무작위한 프로세스에 대한 이론에 혁명적 기여를 했다"며 복잡계 이론에 대한 파리시의 공헌은 물리학뿐만 아니라 수학, 생물학, 신경과학, 기계학습 등 여러 다양한 영역의 무작위적 물질과 현상을 이해하고 설명할 수 있게 했다"고 평가했다.

화학상 : 유기촉매 연구한 미·독 과학자 2인

▲ 베냐민 리스트, 데이비드 맥밀런

스웨덴 왕립 과학원 노벨 위원회는 10월 6일 전에 없던 비대칭 유기촉매를 만든 독일의 ▲베냐민 리스트 막스플랑크연구소 연구원과 미국의 ▲데이비드 맥밀런 프린스턴대 교수를 노벨 화학상 수상자로 선정했다.

위원회는 두 과학자에 대해 "2000년 비대칭 유기촉매 반응 기술을 개발했고 여전히 이 분야의 선두 주자로 유기촉매가 많은 화학 반응에 사용될 수 있다는 점을 보여줬다"며 "제약 연구에 엄청난 영향을 미쳤고 태양전지에 사용되는 분자까지 다양한 물질을 더 효율적으로 만들어 인류에게 큰 혜택을 줬다"고 강조했다.

촉매는 자신의 특성을 유지한 채 화학 반응을 촉진하는 물질로서 유기촉매와 무기촉매로 구분된다. 화학자들은 금속이나 효소를 사용하는 방법으로 촉매를 개발했는데 리스트와 맥밀런은 고정관념을 깨고 탄수화물과 단백질, 지방 등 유기물이 촉매로 기능하는 경우를 경쟁적으로 연구했다.

위원회에 따르면 유기촉매는 탄소 원자의 안정적인 구조로 돼 있으며 여기에 산소와 질소, 황, 인과 같은 일반적인 원소를 부착할 수 있다. 이로써 촉매를 더욱 값싸고 친환경적으로 생산할 수 있다.

유기물과 무기물의 차이

유기물에서 유기(有機)란 생명체란 뜻으로서 유기물은 동물이나 식물, 미생물의 몸을 구성하고 있거나 이들 생물이 생성한 화합물을 말한다. 탄수화물이나 지방, 단백질, 섬유소, 호르몬, 효소, 비타민 등이 모두 유기물이다. 유기물은 분자 속에서 탄소 성분을 지니고 있으며 이 탄소와 산소, 질소, 수소, 황, 인 등 다양한 물질이 결합한 탄소화합물을 의미한다. 그러나 일산화탄소, 이산화탄소, 탄산칼슘, 시안화수소 등은 탄소를 갖고 있어도 유기물로 취급하지 않는다. 반대로 무기물은 탄소를 포함하지 않는 화합물로서 금속 및 붕소, 규소와 같은 비금속, 수소 화합물, 산화물, 질산염, 탄산염 등이 있다.

문학상 : 탄자니아 난민 출신 압둘라자크 구르나

▲ 압둘라자크 구르나

스웨덴 한림원은 10월 7일 탄자니아 국적의 난민 출신 소설가인 ▲압둘라자크 구르나를 노벨 문학상 수상자로 선정했다고 발표했다. 한림원은 "식민주의의 영향과 난민의 운명에 대한 단호하고 연민 어린 통찰"을 선정 이유로 설명했다.

아프리카계 흑인 작가의 노벨 문학상 수상은 1986년 나이지리아 출신 월레 소잉카 이후 35년 만이다. 구르나는 동아프리카의 탄자니아 자치령인 잔지바르에서 유소년 시절을 보냈다. 영국의 식민 통치가 끝난 1963년 잔지바르에 혁명이 일어났고 구르나는 정국 혼란에 따른 학살과 박해를 피해 1960년대 말 난민 자격으로 영국 잉글랜드에 들어왔다.

구르나는 최근 은퇴하기 전까지 영국 켄트대 교수로 영어와 탈식민주의 문학을 가르치며 10편의 소설과 다수의 단편을 발표했다. 난민으로서 겪은 혼란은 그의 작품 전체를 관통하는 주제가 됐다. 한림원은 "틀에 박힌 묘사에서 벗어나 세계의 다른 지역에 잘 알려지지 않은 문화적으로 다양한 동아프리카에 대해 우리의 시야를 열어준다"고 구르나의 작품 세계를 설명했다.

압둘라자크 구르나 대표작

압둘라자크 구르나의 대표작으로는 데뷔작인 『떠남의 기억』(1987)을 비롯해 『순례자의 길』(1988), 『낙원』(1994), 『바닷가』(2001) 등이 있다. 최근 은퇴한 가운데 마지막 소설은 『사후의 삶』(2020)이다.

평화상 : 표현의 자유 지킨 독립 언론인 2인

노르웨이 노벨위원회는 10월 8일 올해의 노벨 평화상 수상자로 ▲마리아 레사와 ▲드미트리 무라토프를 선정했다고 발표했다. 이들은 각각 필리핀과 러시아에서 권위주의 정권에 맞서 정부에 비판

▲ 마리아 레사, 드미트리 무라토프

적인 보도를 이어가며 민주주의 수호에 큰 역할을 했다고 평가받는다.

노벨위원회는 "민주주의와 지속적인 평화를 위한 전제조건인 표현의 자유를 지키기 위한 그들의 노력을 알리려는 것"이라며 "자유롭고 독립적이며 사실에 근거한 저널리즘은 권력 남용과 거짓말, 전쟁 선전으로부터 보호하는 역할을 한다"고 선정 이유를 밝혔다.

마리아 레사는 필리핀 온라인 ◆탐사보도 매체 래플러(Rappler)의 공동 설립자로서 로드리고 두테르테 정권이 강압적으로 벌인 '마약과의 전쟁'의 폭력성을 조명하고 SNS에 만연한 가짜뉴스 문제에도 집중해 왔다. 두테르테 정권은 레사를 눈엣가시로 여기며 지난 2년간 10차례나 체포영장을 발부한 바 있다. 한편, 레사는 올해 노벨상 수상자 13인 중 유일한 여성이다.

◆ 탐사보도 (探査報道, Investigative journalism)

탐사보도란 기자들이 범죄, 정치 부패, 기업 비리 등 특정 주제를 직접 조사해 캐내는 형태의 저널리즘을 말한다. 탐사보도는 그 연구에서 보도까지 적게는 수개월, 길게는 몇 년이 소비되기도 한다. 탐사보도는 언론인이 방관자나 관찰자로 머무르지 않고 적극적으로 가치판단을 내린다. 이는 계량적 균형 보도를 넘어 언론의 진정한 공정성을 추구하는 보도 행태라는 주장과 함께 기자나 언론사의 주관적 입장이 보도에 개입돼 객관 보도를 어렵게 한다는 반론이 있다.

드미트리 무라토프는 1993년 **러시아 반(反)정부 성향 신문 '노바야 가제타'**를 공동 창립해 1995년부터 25년 동안 편집장으로 일했다. 푸틴 정권의 부정부패와 불법 행위, 선거 부정, 여론조작 등을 폭로하고 비판하는 기사를 전한 '노바야 가제타'는 창간 이후 기자 6명이 목숨을 잃었다.

경제학상 : 노동시장 통찰한 미국 경제학자 3인

▲ 데이비드 카드, 조슈아 앵그리스트, 휘도 임번스

올해 노벨 경제학상은 최저임금 문제, 고용 규제, 이민 영향 등 노동시장 문제를 실증적으로 입증한 **▲데이비드 카드** 버클리 캘리포니아대 교수 **▲조슈아 앵그리스트** 매사추세츠공대(MIT) 교수 **▲휘도 임번스** 스탠포드대 교수 등 미국 경제학자 3명이 공동 수상했다.

스웨덴 왕립 과학원 노벨 위원회는 10월 11일 카드에 대해 노동경제학에 대한 새로운 통찰력으로 경험적인 기여를 했으며 앵그리스트와 임번스는 인과 관계 분석에 대한 방법론적 기여를 했다고 선정 이유를 밝혔다.

카드는 미 뉴저지와 펜실베이니아 식당에서 최저임금이 노동시장에 미치는 영향에 대한 경험적 연구를 진행하고 '최저임금 인상이 반드시 일자리

감소로 이어지는 것은 아니다'라는 결론을 이끌어냈다. 앵그리스트는 의무 교육 기간 확대가 미래 수입에 대해 어떤 영향을 미치는지에 관한 **◆자연실험**을 통해 학교의 자원이 미래 노동시장 내 성공에 있어 중요하다는 점을 입증했다.

한편, 임번스는 10월 11일 기자회견에서 최근 한국 대선 공약으로 거론되는 기본소득 효과에 대해 기본소득이 수령자들의 근로 의욕을 크게 높이거나 낮추지 않는다는 견해를 밝혔다.

그는 이러한 근거로 복권에 당첨돼 20년간 매년 약 1800만원을 받는 사람이 기본소득을 보장받는 것과 같다고 전제한 논문을 소개하며 이들에게선 노동시장 참여나 수입 등에서 큰 변화가 없었다고 설명했다.

◆ 자연실험 (自然實驗)

자연실험이란 관찰 연구의 일종으로 피실험자 혹은 실험체에게 연구 과제에 관한 처리가 우연적으로 행해지는 경우를 일컫는 말이다. 실험자 혹은 실험체에 연구 과제에서 의도하는 목적의 처리가 실험자에 의해서 혹은 무작위 추출 방식에 의해서 이루어지지 않는다는 점에서 일반적인 제어실험과 다르다. 자연실험은 명확하게 정의된 모집단에 있어 큰 규모의, 그리고 명확하게 정의된(혹은 노출된) 처리에 의해 이에 대한 반응으로 변화가 일어났을 것이라고 충분히 추정 가능한 개연성이 있는 경우에 가장 유용하다. 자연실험은 연구 설계 단계에서 제어실험을 수행하기 어려울 것으로 판단될 때에 주로 고려되는 방식으로, 경제학이나 전염병학 분야에서 흔히 쓰인다.

'오징어 게임' 세계를 사로잡다
넷플릭스 83개국 1위...K콘텐츠 새 역사

한국의 넷플릭스 오리지널 드라마 '오징어 게임'(황동혁 감독)이 전 세계에서 신드롬을 일으켰다. 데스 게임 장르물인 '오징어 게임'은 한국 드라마 사상 최초로 미국 넷플릭스 순위 종합 1위를 차지한 데 이어 10월 1일 83개국 '글로벌 올킬'을 달성했다. 외신은 '오징어 게임'과 K콘텐츠의 성공 비결을 분석했다. 평론가들은 한국 드라마 특유의 감정을 끌어올리는 서정적 스토리텔링에 매료됐다. 한국 어린이들의 단순한 전통 놀이를 데스 게임에 접목한 것도 직관적이고 이해가 쉬웠다. 영화 '기생충'처럼 현실 세계의 어두운 부분을 담은 이야기는 한국은 물론 외국 시청자들에게도 공감을 샀다.

'오징어 게임'은 전 세계적인 문화현상으로써 엄청난 인기와 파급력을 보였다. 드라마에 나온 놀이나 음식 등은 온·오프라인에서 빠른 속도로 밈, 챌린지, 패러디화 되어 놀이 문화로 확산됐다. '오징어 게임'의 상징인 ○△□ 모양 마스크 등은 10월 31일 핼러윈을 앞두고 불티나게 팔렸다. 극중 실제 전화번호가 노출되는 등 후유증도 있었다. 한편, 넷플릭스는 '오징어 게임' 공개 후 시가총액이 12조원 늘어났지만 국내 업계가 얻는 수익은 터무니없이 적다. 넷플릭스는 사전 투자로 제작비를 대는 대신 판권과 저작권 등을 모두 차지한다. 이를 두고 한국이 자칫 하청 제작소 역할에 머물 수 있다는 우려도 나온다.

'오징어 게임' 천하통일...83개국 모두 1위

▲ '오징어 게임' 포스터 (자료 : 넷플릭스)

한국의 넷플릭스 오리지널 9부작 드라마 '오징어 게임'이 전 세계에서 신드롬을 일으키며 영화 '기생충'이나 아이돌 그룹 BTS와 같은 'K(Korea)콘텐츠'의 대표 주자로 떠올랐다. '오징어 게임'은 빚에 짓눌려 희망을 찾을 수 없는 456명의 참가자가 456억원의 상금이 걸린 미스터리한 게임에 초대되며 벌어지는 이야기를 그린 ✦데스 게임 장르물이다.

해당 작품은 영화 '도가니', '남한산성' 등을 연출한 황동혁 감독이 2008년부터 구상했던 것으로서 당시로서는 대한민국 정서 및 분위기와 맞지 않는단 이유로 투자에 난항을 겪었다고 한다. 그러던 중 세계 최대 OTT(Over The Top : 온라인동영상서비스) 업체인 넷플릭스가 제작비 245억원을 투자한 결과 전대미문의 흥행으로 이어졌다.

9월 17일 공개된 '오징어 게임'은 한국 배우(이정재·박해수·오영수·정호연·위하준·허성태·김주령 등 출연, 공유·이병헌 특별출연)가 주축인 비영어권 드라마인데다가 과도한 잔혹성, 데스 게임 장르의 클리셰(cliche : 문학에서 진부하거나 틀에 박힌 표현) 논란 등으로 국내에서는 호불호가 갈렸다.

그러나 '오징어 게임'은 빠르게 화제를 불러일으키며 9월 21일(현지시간) 글로벌 OTT 콘텐츠 순위 집계 사이트 '플릭스 패트롤' 기준 미국 넷플릭스 순위 종합 1위를 차지했다. 이는 한국 드라마 역사상 처음 있는 일이다. 이전까지 한국 최고 기록은 작년에 넷플릭스에서 공개된 드라마 '스위트홈'으로 미국 넷플릭스 순위 종합 9위까지 오른 바 있다. 세계 최대 OTT 시장인 미국에서 시작된 '오징어 게임' 열풍은 전 세계로 급격히 퍼져나갔다.

플릭스 패트롤에 따르면 9월 30일까지 '오징어 게임은 넷플릭스 시청 순위가 집계되는 83개국 가운데 82개국에서 1위를 차지했다. '오징어 게임'이 유일하게 1위를 차지하지 못했던 나라는 자국 콘텐츠에 대한 충성도가 강한 인도였다. 집단 군무와 노래가 들어가는 ✦발리우드 스타일이 아니어서 인도에서 1위가 어렵다는 농담도 나왔다. '오징어 게임'은 10월 1일 드디어 인도에서까지 1위로 올라서며 83개국 '글로벌 올킬'을 달성했다.

'오징어 게임'의 흥행 돌풍은 3주 가까이 지나도 식지 않았다. 10월 10일 기준 '오징어 게임'은 넷플릭스 TV 프로그램 부문 1위를 지키며 여전히 77개국에서 1위를 차지했다. '오징어 게임'이 1위를 차지하지 못한 6개국 중 아시아 국가에서는

✦ **데스 게임 (death game)**

데스 게임이란 인간의 목숨을 건 게임을 소재로 한 영화, 드라마, 비디오 게임 등 창작물의 한 장르다. 데스 게임 장르에 등장하는 인물들은 보통 정해진 규칙이 있는 게임이나 경기에 자의 또는 강제로 참여해 패하면 죽임을 당하고 승리하면 거액의 상금을 받거나 목숨을 보전할 수 있다. 일본 영화 '배틀로얄', 일본 만화 '도박묵시록 카이지', '신이 말하는 대로', 미국 영화 '헝거 게임' 등이 대표적이다.

tvN 드라마 '갯마을 차차차'가 1위 바통을 이어받으며 K콘텐츠의 위상을 실감케 했다.

◆ 발리우드 (Bollywood)

발리우드는 인도 도시 뭄바이의 옛 이름인 봄베이와 미국 영화 산업의 중심인 할리우드의 합성어로 인도 영화 산업을 통칭한다. 인도는 영화 산업이 발달한 나라로 극장 영화 제작 편수가 연간 1000편 이상인 유일한 나라다. 이는 미국보다 많은 수치다. 발리우드 영화는 '맛살라 영화'라고 하는 흥겨운 뮤지컬 영화가 주를 이룬다. 보통 3시간이 넘어가는 긴 상영 시간에 청춘 남녀의 연애 스토리와 얽히고설킨 가족사 등 통속적인 내용이 많다. 여기에 인도 특유의 음악과 화려한 군무 장면이 수시로 등장하는 게 특징이다.

오징어 게임의 흥행 성공 비결

▲ '오징어 게임' 출연 배우 (왼쪽부터) 허성태, 박해수, 이정재, 정호연, 위하준

외신은 '오징어 게임'과 K콘텐츠의 성공 비결을 분석했다. 외국 평론가들은 한국 드라마 특유의 감정을 끌어올리는 서정적 스토리텔링에 매료됐다. 국내에서 진부하다고 평가 절하되곤 하는 신파가 감정을 절제하고 사건에 집중하는 할리우드 서바이벌물에 익숙했던 외국 시청자들에게 오히려 신선하게 다가왔다.

세계 최대 영화 정보·평론 포털 사이트인 로튼 토마토의 한 평론가는 "'오징어 게임'은 모든 회마다 폭력으로 가득 찼지만, 많은 감정을 갖게 한다. 주요 장면에 나오는 인물들 사연은 나를 무너뜨렸고 눈물을 쏟아냈다"며 "이게 이 쇼의 인기 비결"이라고 평가했다. 특히 6회 '◆깐부' 편은 감정의 절정을 끌어내는 에피소드로 많은 사랑을 받았다.

한국 어린이들의 단순한 전통 놀이를 데스 게임에 접목한 것도 직관적이고 이해가 쉬웠다. 누구나 쉽게 이해할 수 있는 단순한 게임으로 시청자들에게 긴장감을 불러일으키면서 인물들의 사연에 집중할 수 있도록 했다. 구조조정으로 해고당하고 치킨집을 하다가 망한 주인공 성기훈(이정재), 임금 체불과 차별에 시달리는 외국인 노동자 알리 압둘(아누팜 트리파티) 등 현실 세계의 어두운 부분을 담은 이야기는 한국은 물론 외국 시청자들에게도 공감을 샀다.

황동혁 감독은 "현대 자본주의 사회에 대한 우화 같은 이야기를 쓰고 싶었다"며 "삶과 비슷한 극한 경쟁을 그린 것"이라고 말한 바 있다. 영국 일간 가디언은 "'오징어 게임'의 배경은 오늘날 한국 사회의 부의 불평등"이라고 지적했다.

현실의 부조리를 스토리에 녹여내는 사회파적 연출 방식은 K콘텐츠에서 낯설지 않다. 미 ABC 방송은 "봉준호 감독의 2019년 블랙 코미디 '기생충'과 마찬가지로, '오징어 게임' 시리즈도 현대 한국에 대한 사회적 해설을 제공한다"고 전했다.

처절하고 비극적인 상황과 대비되는 알록달록한 세트와 의상 등 시각적 요소도 '오징어 게임'을 돋보이게 했다. 첫 번째 게임 '무궁화꽃이 피었습니다'의

청명한 하늘색 공간과 주황색·노란색 옷을 입은 영희 로봇, 게임 참가자들이 입은 초록색 운동복과 이들을 죽이는 진행 요원들의 분홍색 코스튬, 형형색색의 미로 복도 등 기발한 **미장센**(Mise-en-Scene : 화면에 담는 시각적 요소와 이미지의 구성)이 시청자들의 눈길을 사로잡았다.

▲ 달고나 뽑기

◆ 깐부

깐부는 딱지치기나 구슬치기와 같은 놀이를 할 때 동맹을 맺고 놀이 자산을 함께 공유하는 가장 친한 친구, 짝꿍, 동반자를 뜻하는 은어다. 깜보, 깜부, 깐보라고도 한다. 어원은 정확히 알려지지 않았지만 평안도 방언이라는 설, 소규모 재즈 밴드를 뜻하는 캄보(combo)가 주한미군을 통해 전해졌다는 설, 친구 사이의 깊은 우정을 뜻하는 고사성어 관포지교(管鮑之交)에서 유래했다는 설 등이 있다. 프랜차이즈 치킨 브랜드명으로도 쓰이고 있으며 '오징어 게임'을 통해 화제의 용어로 떠올랐다.

'오징어 게임'에 나오는 전통 게임
▲딱지치기 ▲무궁화꽃이 피었습니다 ▲달고나 뽑기 ▲줄다리기 ▲구슬치기 ▲징검다리 건너기 ▲오징어 게임

전 세계로 확산되는 '오징어 게임' 파급력

'오징어 게임'은 시청 순위를 넘어 전 세계적인 문화현상으로써 엄청난 인기와 파급력을 보였다. 테드 서랜도스 넷플릭스 공동 최고경영자(CEO)는 "한국 오리지널 시리즈 '오징어 게임'이 넷플릭스 역대 최고 인기 드라마가 될 수 있다"고 예상했다. 리드 헤이스팅스 넷플릭스 창업자는 넷플릭스 코리아 공식 인스타그램 계정에 "457번 참가자"라는 글과 함께 드라마 속 참가자들이 입은 초록색 운동복을 입은 사진을 올렸다.

이정재, 박해수 등 기존 유명 배우는 물론 정호연, 허성태, 김주령, 위하준 등 출연 배우들은 하루아침에 월드스타로 떠올랐다. 특히 탈북자 강새벽 역을 맡았던 모델 출신 정호연은 10월 11일 기준 인스타그램 팔로워 수가 1875만 명으로 이전보다 40배 넘게 증가해 한국 여배우 SNS 팔로워 수 1위에 오르며 최대 수혜자가 됐다.

드라마에 나온 놀이나 음식 등은 온·오프라인에서 빠른 속도로 밈, 챌린지, 패러디화 되어 놀이 문화로 확산됐다. '달고나 만들기 세트'와 '양은 도시락'이 해외 쇼핑몰에서 불티나게 팔렸다. 유튜브 등에서는 지하철 승강장에서 딱지치기를 하는 모습을 찍은 영상이나 '무궁화 꽃이 피었습니다' 게임을 하며 패러디하는 영상이 인기를 끌었다. '오징어 게임' 코스튬의 인기도 치솟았다. 게임 참가번호가 적힌 초록색 운동복이나 진행 요원들의 분홍색 코스튬, '오징어 게임'의 상징인 ○△□ 모양 마스크 등은 10월 31일 핼러윈을 앞두고 아마존 등 쇼핑몰에서 웃돈을 주고도 제때 구하기 힘들 정도였다.

드라마 영향력에 따른 후유증도 있었다. 넷플릭스 프랑스가 파리의 한 카페에 연 '오징어 게임' 체험 **팝업스토어**(pop-up store : 짧게는 하루, 길게는 한두 달 정도로 짧은 기간 한시적으로 운영하는 매장)는

기나긴 대기 줄 속에서 싸움이 일어나 경찰이 출동하는 소동까지 벌어졌다. 국내에서도 서울 이태원역에 팝업 체험관 '오겜월드'가 개장했지만 인파가 몰리면서 방역상의 이유로 9월 24일 조기 종료됐다. 극중 실제 전화번호가 노출된 장면도 논란이 됐다. 해당 번호 사용자가 수천 통의 장난 전화로 피해를 호소했다.

게이미피케이션 (gamification)

게이미피케이션(게임화)은 게임의 구성요소와 메커니즘을 게임 외적인 분야에 적용해 게임의 몰입 경험을 구현하거나 문제를 해결해나가는 과정을 말한다. 웹이나 모바일 사이트에 놀이 요소를 적용하거나, 기업의 마케팅 캠페인이나 훈련 프로그램 등을 게임처럼 만들어 사용자의 적극적 참여를 유도하는 것 등을 예로 들 수 있다. 놀이와 현실을 모호하게 만드는 게이미피케이션은 가상과 현실이 중첩되는 파타피지컬(pataphysical) 현상과 더불어 대중이 현실에 관여하는 방식으로서 주도적 패러다임이 되고 있다.

K콘텐츠 넷플릭스 하청기지 전락 우려도

넷플릭스는 '오징어 게임'에 제작비 245억원을 투자했다. 한국 기준으로 적지 않은 제작비이지만 넷플릭스 미국 오리지널 드라마 '브리저튼'과 비교하면 편당 4분의 1 수준에 불과하다. '오징어 게임'의 인기에 힘입어 **나스닥에 상장된 넷플릭스 주가는 9월 30일**(현지시간) **기준 610.34달러로 사상 최고가를 기록했다.** 9월 뉴욕 증시가 실적 발표 우려와 물가 상승 등으로 직격탄을 맞으며 일제히 흔들린 가운데 넷플릭스는 '오징어 게임' 공개 2주 만에 시가총액이 101억달러(약 12조원) 늘어났다. '오징어 게임' 제작비 대비 600배 효과를 나타낸 것이다.

반면 '오징어 게임' 흥행에 따라 국내 업계가 얻는 직접적인 수익은 터무니없이 적다. **넷플릭스는 사전 투자로 제작비를 대는 대신 판권과 저작권 등을 모두 차지한다.** 제작사는 추가 인센티브에 대한 권리가 거의 없어 일반적인 영화 제작과 달리 흥행에 따른 추가 수익이 매우 제한적이다.

K콘텐츠 제작사가 뛰어난 제작 역량과 '가성비'를 입증하면서 넷플릭스는 지난 5년간 한국에 7700억원을 투자했다. **넷플릭스가 K콘텐츠를 수출하는 창구가 되었지만 한국이 자칫 단순 제작 기지나 하청 제작소 역할에 머물 수 있다는 우려도 나온다.** 넷플릭스가 인터넷망 사용료를 '먹튀'한다는 비판도 있다. 넷플릭스는 ✦**망중립성**을 이유로 인터넷망 사용료 지급을 거부하고 있다. 이에 대해 SK브로드밴드가 부당이득반환 청구 소송을 제기해 망 사용료를 요구하고 있다. 또한 글로벌 쇼핑몰에서 팔리는 '오징어 게임' 코스튬 등 대부분이 중국에서 대량 생산된 것이어서 재주는 한국이 부리고 돈은 중국이 쓸어 담는다는 지적도 있다. 넷플릭스가 서비스되지 않는 중국에서 수억 명이 '오징어게임'을 불법 경로로 시청했을 것으로 추정되나 저작권 보호 대책은 없는 실정이다.

✦ 망중립성 (net neutrality)

망중립성은 통신사 등 인터넷서비스제공자(ISP)가 인터넷으로 전송되는 콘텐츠를 차별·차단하는 것을 금지하는 원칙이다. 즉 ISP가 막대한 돈을 들여 통신망을 구축하는 한이 있더라도 인터넷·콘텐츠 기업이 자유롭고 차별 없이 통신망을 사용할 수 있어야 한다는 것이다. SNS나 OTT 서비스 등 트래픽을 대량으로 차지하는 인터넷 사업자는 소비자 권익과 인터넷 서비스 활성화를 근거로 망중립성을 찬성한다. 반면 반대 입장에서는 수익성 악화와 네트워크 투자 비용을 근거로 망중립성에 반대하며 망 사용료를 받아야 한다는 입장이다.

PART

02

분 야 별
최신상식

9개 분야 최신이슈와 핵심 키워드

대장동 개발 사업 의혹...
정치권 폭풍 속으로

대장동 사업·화천대유 특혜 의혹

경기 성남시 대장동 개발 사업 의혹으로 정치권이 폭풍에 휩싸였다. 사건의 발단은 여권 유력 대선 주자인 이재명 경기도지사가 성남시장 재직 시절 성남 판교 대장지구에 주택 5903가구를 짓는 사업을 민간 개발 방식에서 공공·민간 공동 사업으로 바꾼 것이다. 성남시 산하 지방공기업인 성남도시개발공사는 2015년 대장지구 도시개발 공모 사업을 진행해 컨소시엄을 선정했다. 당시 성남시는 사업 시행을 위해 **특수목적법인(SPC)으로 하여금 프로젝트금융투자회사(PFV)**를 설립하도록 했다. 이 PFV가 '성남의뜰'이다.

성남도시개발공사는 공공 사업자로 전체 지분의 50%+1주를 가졌고 민간 사업자는 하나·국민·기업은행, 동양생명 등이 43%, 화천대유 자산관리가 0.9999%, 화천대유 대주주인 언론인 출신 김만배 씨와 그의 가족 및 지인들로 이뤄진 7명의 개인 투자자(천화동인 1~7호)가 6%를 가지기로 했다. 금융기관 컨소시엄은 자금 조달(**•프로젝트 파이낸싱**)

•프로젝트 파이낸싱 (PF, Project Financing)

프로젝트 파이낸싱은 은행을 비롯한 금융기관들이 특정 사업을 담보로 대출을 해주고 그 사업의 수익금으로 되돌려 받는 금융 기법이다. 은행은 부동산 담보나 지급보증이 있어야 돈을 빌려주는데 프로젝트 파이낸싱은 일체의 담보가 없는 것이 특징이다. 건설이나 조선, 석유 채굴 건설 사업 등 대규모 투자사업에서 예상 수익을 보고 무담보 신용으로 거액을 대출해주는 것이다.

을 위해 끌어들인 것이므로 실제 민간 사업자는 화천대유와 관계사 천화동인이었다.

성남의뜰은 **서류상 회사**(페이퍼컴퍼니)라 직원을 둘 수 없어 자산관리 및 수탁 업무를 대신해 줄 자산관리회사(AMC)가 필요했고 화천대유가 이 역할을 했다. 결국 화천대유가 성남의뜰이란 가면을 쓰고 대장동 개발 사업을 주도한 것이다. 대장동 개발 사업은 공공 개발을 등에 업고 그린벨트 해제 등 인허가 문제를 쉽게 풀며 토지도 헐값에 구입할 수 있었고 아파트를 분양할 때는 민간 개발로 분양가 상한제 적용을 받지 않았다.

화천대유 및 화천대유의 자회사 천화동인의 소유주 7명은 3억5000만원을 투자해 현재까지 무려 8000억원의 수익을 긁어모았다. 단군 이래 가장 '대박'을 친 투기사업이다. 화천대유가 작은 지분에도 수익을 집중 배당받도록 사업구조를 짠 것으로 지목된 핵심 인물은 **유동규 전 성남도시개발공사 기획본부장**, 김만배 씨, 남욱 변호사 등이다. 검찰은 유 전 본부장을 구속하며 수사에 속도를 내고 있다.

정·관계 로비설·이재명 둘러싸고 난타전

화천대유 임직원들도 단단히 한몫 챙겼다. 대표적으로 곽상도 무소속(전 국민의힘) 의원의 아들은 25살 나이에 2015년 6월 화천대유에 입사해 근무하다 올 3월 퇴사하면서 성과급과 위로금, 퇴직금 등 명목으로 50억원(실수령액 28억원)을 받았다. 이를 두고 곽 의원이 대가성 뇌물을 우회해 받은 것 아니냐는 지적이 나온다.

거물급 법조인과 정치인도 대거 연루되며 정·관계 로비설도 제기됐다. **권순일 전 대법관, 김수남** 전 검찰총장, 강찬우 전 검사장 등이 화천대유에서 고문단 등으로 활동했다. 원유철 전 미래한국당(현 국민의힘) 의원, 신영수 전 한나라당(현 국민의힘) 의원 등도 연관이 있다.

유동규 전 본부장이 이재명 지사의 측근이었다는 주장이 나오면서, '대장동 사업의 설계자'를 자처한 이 지사를 둘러싸고 여야 구분 없이 난타전이 벌어졌다. 이낙연 대선 후보 캠프의 공동선대위원장인 설훈 더불어민주당 의원은 "**이 후보가 배임 혐의로 구속될 수 있다**"고 말했다. 국민의힘은 이 지사와 여당의 •**특별검사**(특검) 수용을 요구하며 총공세를 펼쳤다.

이 지사는 "대장동의 공공개발을 막아 토건세력에 막대한 개발이익을 주려고 했던 것은 바로 국민의힘"이라며 "저는 **도둑들로부터 뺏어오는 설계를 한 것**이고 나머지 도둑의 분배·설계는 국민의힘이 한 것"이라고 반박했다.

•**특별검사 (特別檢事)**

특별검사는 고위 공직자의 위법 행위나 비리가 드러났을 때 방증 자료를 수집하고 기소하기까지 독자적인 수사를 할 수 있는 독립 수사기구이다. 특검은 대통령이 임명한다. 국회가 특검법 처리 후 대한변호사협회에 특검 추천을 의뢰하면 대한변호사협회가 기준을 충족하는 2명의 후보를 선정해 대통령에게 추천하고, 대통령이 이 중 1명을 임명한다.

🖐 세 줄 요약

❶ 대장동 개발 사업의 수상한 수익 구조가 논란이 됐다.

❷ 대장동 사업 의혹에 정·관계 인사들이 연루되며 로비 의혹이 일었다.

❸ 대장동 사업 설계자를 자처한 이재명 경기도지사의 책임을 둘러싸고 정치권이 난타전을 벌였다.

세종시에 국회 분원 2027년 문 연다

*세종시에 국회의사당 분원을 설치하는 내용의 국회법 개정안이 9월 28일 국회 문턱을 넘었다. 2016년 개정안이 처음으로 발의된 지 5년 만에 법이 통과되면서 2002년 대선 당시 노무현 대통령의 신(新)행정수도 공약이 약 20년 만에 현실화하기 시작했다.

국회는 본회의에서 이런 내용의 국회법 개정안을 비롯한 법안 39건을 의결했다. 개정안은 '세종특별자치시에 국회 분원으로 세종의사당을 둔다'고 명시했다. '국회사무처는 2021년 세종의사당 건립 설계비 예산을 활용해 기본계획을 조속히 수립하고 비효율성을 최소화하는 방안을 포함한다'는 부대의견도 달렸다.

주요 부처를 포함해 청와대, 국회까지 모두 이전하겠다는 노 전 대통령의 계획은 **2004년 헌법재판소의 관습법 위헌 결정에 따라 '행정중심복합도시'로 축소됐다.** 우여곡절 끝에 2012년 세종시가 출범했지만, '미완의 행정수도'라는 한계 속에 국회 분원인 세종의사당과 대통령 세종집무실 설치가 대안으로 거론됐다.

여야 '충청 표심' 의식하며 급물살

2016년 세종시를 지역구로 둔 이해찬 전 더불어민주당 대표가 20대 국회에서 세종분원 설치를 위한 국회법 개정안을 대표 발의했지만 논의조차 되지 못한 채 폐기됐다. 표류하던 세종의사당 설치 논의가 통과된 것은 대선이 다가오면서다.

지금껏 여야는 이견을 보이며 지난한 줄다리기를 했지만, 이번 정기국회를 앞두고 의견 일치를 보이며 법안 처리도 급물살을 탔다. **대선의 캐스팅보트**(casting vote : 의회에서 두 정당의 세력이 비슷할 때 그 승패를 결정하는 제3당의 투표, 혹은 선거에서 승패를 가르는 세대·지역)**가 될 충청 표심을 잡기 위한 전략적 판단**이 작용한 것이다.

송영길 민주당 대표는 페이스북에 "국회 세종 시대가 열린다"며 "민주당의 숙원이 마침내 매듭을 풀었고, 이제 세종시를 명실상부한 행정수도로 만드는 일이 남았다"고 밝혔다. 대선 주자 이재명 경기지사도 페이스북에 "국토 균형발전은 물론 노무현 전 대통령의 꿈이었던 행정수도 완성을 현실화하는 길"이라며 "(저는) 대통령 제2 집무실을 세종시에 설치할 것을 약속드렸다"고 강조했다.

국민의힘 소속으로 대선 주자인 윤석열 전 검찰총장을 돕고 있는 정진석 국회 부의장은 "세종시는 명실상부한 '행정수도'가 돼야 한다"면서 "분원이 옮겨질 게 아니라 국회 전부가 세종시로 옮겨 가야 한다"고 말했다.

국회는 "10월부터 사전타당성 조사 및 기본계획 수립에 곧바로 착수할 것"이라며 "이를 바탕으로 세종의사당 설치 규모와 운영 방안에 대한 국회 규칙을 제정하겠다"고 밝혔다. 절차가 차질 없이 진행될 경우 이르면 2024년 세종의사당 건립의 첫 삽을 뜰 수 있을 것으로 전망된다.

세종시 (世宗市)

세종시(세종특별자치시)는 대한민국 중앙부에 있는 특별자치시로, 정부 직할의 17번째 광역자치단체다. 2010년 12월 27일 공포된 '세종시 설치 등에 관한 특별법'에 따라 설치됐으며, 옛 충청남도 연기군 전체와 공주시 일부(현 장군면), 충청북도 청원군 일부(현 부강면)를 편입하여 2012년 7월 1일에 출범하였다. 국토 균형발전의 가치를 실현하고 서울의 과밀화를 해결하기 위해서 혁신도시 사업과 연계하여 노무현 정부 시절부터 행정중심복합도시가 조성됐다. 시의 이름은 국민 공모를 통해 선정되었으며, 조선 세종의 묘호를 따서 세상(世)의 으뜸(宗)이라는 의미를 담고 있다.

◉ **기출복원문제 | 2020 서울시설공단**

광역자치단체가 아닌 것은?

① 세종시　　　　　② 제주도
③ 울산시　　　　　④ 수원시

|정답| ④

검찰 "고발 사주 의혹 현직 검사 관여 정황...공수처 이첩"

검찰이 국민의힘 대선 주자인 윤석열 전 검찰총장의 재직 시절 '고발 사주' 의혹에 대해 현직 검사의 관여 사실을 확인하고 사건 전체를 고위공직자범죄수사처(공수처)에 **이첩**(移牒 : 받은 공문이나 통첩을 다른 부서로 다시 보내어 알림)했다.

서울중앙지검 공공수사1부는 9월 30일 고발 사주 의혹과 관련해 최강욱 열린민주당 대표 등이 윤석열 전 검찰총장, 손준성 전 대검 수사정보정책관(현 대구고검 인권보호관) 등 7명을 고소한 사건을 공수처에 이첩했다고 밝혔다.

검찰은 김웅 국민의힘 의원으로부터 고발 사주 의혹 제보자인 조성은 씨에게로 전달된 고발장에 표시된 '손준성 보냄' 표시가 조작이 아니라고 판단했다. 손준성 검사가 고발장 작성에 직접 관여했는지 여부는 확인되지 않았지만 어떤 형태로든 고발장 및 판결문 전송에 관여한 것은 조작으로 보기 어렵다는 것이다.

검찰은 고소장 접수 직후 검사 9명 규모의 수사팀을 구성해 대검의 진상조사 관련 자료 일체를 압수수색을 통해 확보했고 이후 **디지털 포렌식**과 관련자 소환조사 등으로 수사를 진행한 결과 손 검사가 이번 사건에 관여한 사실을 확인했다. 공수처법상 검찰이 현직 검사의 고위공직자범죄를 발견한 경우 공수처로 이첩해야 한다.

고발 사주 의혹 사건은 지난 국회의원 총선 직전 **검찰이 야당에 유시민 노무현재단 이사장과 최강욱 열린민주당 대표**(당시 비례대표 후보자) **등 여권 인사들의 고발장을 전달하며 고발을 사주했다고 의심받는 사건**이다. 당시 윤 전 총장이 이끌던 검찰은 조국 전 법무부 장관 수사로 추미애 법무부 장관과 대립하며 여권과 각을 세우고 있었다.

윤 전 총장의 참모였던 손준성 검사가 고발장 전달 과정에 관여한 사실을 검찰이 확인해 사건을 공수처에 넘긴 만큼 공수처의 수사 결과에 따라 윤 전 총장에게 불똥이 튈 가능성도 배제할 수 없다. 고발 사주 의혹 진상 규명의 핵심은 윤 전 총장의 개입 여부다. 이에 대해 윤 전 총장은 "전혀 모르는 일이며 그런 일을 지시한 적도 없다"는 입장이다.

한편, 공수처는 **국민의힘 및 윤 전 총장 측이 박지원 국가정보원장과 조성은 씨 간 모의를 주장하며 제기한 '제보 사주' 의혹**과 관련해 박 국정원장을 10월 6일 입건하고 정식 수사에 착수했다. 야권은 조 씨가 박지원 국정원장을 만나기 1~2일 전에 고발 사주 의혹의 핵심 증거로 주장하는, '손준성 보냄'이라는 자동 생성 문구가 달린 텔레그램 전송 고발장 이미지를 집중적으로 내려받은 것을 두고 박지원 국정원장이 제보의 배후라는 의혹을 제기했다.

▲ 장제원 의원과 아들인 래퍼 노엘 (장제원 페이스북 캡처)

디지털 포렌식 (digital forensic)

디지털 포렌식은 PC나 노트북, 휴대폰 등 저장매체나 인터넷상에 남아있는 각종 디지털 정보를 분석해 범죄 단서를 찾는 수사기법으로써 '컴퓨터 법의학'이라고 불린다. 디지털 데이터 및 통화 기록, 이메일 접속 기록 등의 정보를 수집·분석하여 범죄 증거를 확보할 수 있으며 과거에는 찾을 수 없었던 증거나 단서들을 제공해준다는 점에서 획기적인 수사 방법이다.

▶ **기출tip** 2020년 한국일보와 2018년 TV조선에서 디지털 포렌식이 출제됐다. 2019년 SBS에서는 과학적 수사로 범죄를 입증하는 것을 뜻하는 용어(포렌식)를 묻는 문제가 출제됐다.

장제원, 아들 문제로 윤석열 캠프 총괄실장 사퇴

장제원 국민의힘 의원은 아들인 **래퍼 노엘**(본명 장용준)이 **무면허 운전·음주 측정 거부·경찰 폭행**으로 물의를 빚은 것과 관련해 윤석열 국민의힘 대선 경선 후보 캠프 총괄실장직에서 물러났다.

윤석열 전 검찰총장은 장 의원이 후보 캠프 총괄실장직 사임 의사를 밝힌 초기 "성인 아들의 일

탈 행위로 그럴 필요까지 있느냐"라며 장 의원의 사임을 만류하기도 했다. 그러나 장 의원은 9월 28일 자신의 페이스북을 통해 "직을 내려놓는 것이 (윤석열) 후보께 더 도움이 된다고 판단했다"고 사퇴 의사를 거듭 확인했다.

장 의원은 "눈물로 날을 지새우는 아내, 식사도 제대로 하지 못하고 계신 어머니, 가정은 쑥대밭이 됐다"며 "자식을 잘못 키운 아비의 죄를 깊이 반성하며 자숙의 시간을 가지겠다"며 "국민과 저를 키워주신 지역주민들께 다시 한번 고개 숙여 사죄드린다"고 덧붙였다.

노엘의 범죄 행각은 이번이 처음이 아니다. 지난해에는 음주운전과 '운전자 바꿔치기' 등의 혐의로 기소돼 1심에서 집행유예를 선고받았고 올해 2월에는 부산시 진구 길가에서 행인을 폭행한 혐의로 검찰에 송치됐다가 불기소처분을 받았다.

청와대 국민청원 게시판에는 "노엘이 지난번 음주운전 행위에서 실형이 아닌 집행유예를 받는 등 **이런 행위를 저지를 수 있었던 자신감은 국회의원 아버지가 존재했기 때문**이며 장 의원이 책임이 없다고 할 수 없다"며 '장제원 국회의원직 박탈을 원합니다'라는 청원이 게재됐다.

음주운전과 측정 거부 어떤 죄가 더 무겁나?

경찰이 래퍼 노엘의 음주 장면이 담긴 CCTV 영상을 확보해 노엘은 음주운전 혐의까지 추가로 적용됐다. 그는 음주운전보다 음주 측정을 거부하는 게 유리하다고 판단했을 것으로 보인다. 실제로 음주 측정을 거부하면 큰 처벌을 받을 것 같지만 만취 시에는 측정 거부에 따른 처벌이 음주운전 처벌보다 약할 수도 있다. 혈중알코올농도가 0.2% 미만일 때는 음주 측정 거부의 형량이 높지만 0.2% 이상이면 측정 거부 형량이 더 낮다. 또한 측정 거부로 경찰이 입증해야 할 증거가 많아지고 재판과정이 길어질 수 있어 입법 보완이 필요한 실정이다.

음주운전 처벌 기준

위반 횟수	처벌기준	
1회	혈중알코올 농도 0.2% 이상	2년~5년 이하 징역 / 1000만원~2000만원 이하 벌금
	0.08%~0.2%	1년~2년 이하 징역 / 500만원~1000만원 이하 벌금
	0.03%~0.08%	1년 이하 징역 / 500만원 이하 벌금
측정거부	1년~5년 이하 징역 / 500만원~2000만원 이하 벌금	
2회 이상 위반	2년~5년 이하 징역 / 1000만원~2000만원 이하 벌금	

위안부 후원금 횡령 의혹 윤미향, 연이은 사퇴 압박

▲ 윤미향 의원

윤미향 무소속(전 더불어민주당) 의원이 일제강점기 위안부 피해 할머니 후원금을 사적으로 썼다는 내용이 알려지며 야권에서 거센 비난이 일었다. 지난해 **일본군 위안부 피해자이자 여성인권운동가인 이용수 할머니**가 위안부 피해자 시민운동의 중심축이었던 **정의기억연대**(정의연)를 통렬히 비판한 것을 계기로 정의연 이사장이었던 윤 의원은 횡령·배임 등 혐의로 기소된 바 있다.

10월 5일 전주혜 국민의힘 의원실이 법무부로부터 제출받은 윤 의원 공소장에 따르면 윤 의원은 2011년부터 2020년까지 후원금 약 1억37만원을 217차례에 걸쳐 횡령한 혐의를 받고 있다. 이 금액 상당 부분은 고깃집이나 마사지숍, 휴게소, 면세점, 과자점, 요가 강사비 등 개인 용도로 쓰였다.

김연주 국민의힘 상근부대변인은 논평을 통해 "파렴치범에 가까운 공소 내용에도 불구하고 시간을 끌며 의원직을 유지하고 있는 윤 의원이나 이를 기가 막히게 이용하고 있는 여당은 사퇴와 대오각성을 통해 국민들에게 사죄해야 마땅하다"고 주장했다.

국민의힘 대권 주자인 유승민 전 의원은 페이스북에 "윤 의원 당신이 국회에 있다는 것만으로도 위안부 피해 할머니들에 대한 모독"이라며 "이제 그만 *석고대죄하고 자진사퇴하라"고 논평했다. 이어 "만약 의원직을 사퇴하지 않는다면 국민의힘은 국회의원 제명 절차에 들어가겠다"고 밝혔다.

같은 당 하태경 의원도 "인간의 탈을 쓰고 어찌 이럴 수 있느냐"며 "윤미향이 있어야 할 곳은 국회가 아니라 구치소다. 윤미향 국회 제명 추진 행동에 나서겠다"고 말했다.

한편, 윤 의원은 "일부 개인적 용도의 지출은 모금한 돈이 아닌 제 개인 자금에서 지출된 것"이라며 "저에 대한 검찰의 공소사실은 엄연히 범죄로 확정되지 않은 것들로, 사실이 아니라는 점을 재판에서 소명하고 있다"고 밝혔다.

•석고대죄 (席藁待罪)

석고대죄(자리 석·볏짚 고·기다릴 대·죄 죄)란 스스로 지은 죄에 책임을 지고 대문이나 궁문 아래 거적을 깔고 무릎 꿇고 앉아 상부의 처벌을 기다린다는 뜻이다. 다음과 같은 내용에서 유래한 고사성어다.

『사기』'범수채택열전'에 따르면 진나라가 조나라와 대치할 때 진나라의 승상 범수는 과거 자신을 구해준 적 있는 정안평을 추천해 조나라를 공격하러 보냈다. 그러나 정안평은 조나라 군대에 포위당해 전세가 불리해지자 병사 2만을 데리고 조나라에 투항했다.

그 책임을 지고 범수는 멍석을 깔고 앉아 처벌을 기다렸다. 당시 진나라는 죄를 범한 자를 추천한 사람도 같은 벌을 받게 돼 있었다. 하지만 왕은 범수를 신임해 그를 처형하지 않았다. 이처럼 석고대죄는 판결이나 하명이 내려오기 전에 적극적으로 자책하는 자세를 보이는 것이다.

문 대통령 "단계적 일상 회복, 마냥 늦출 수 없어"

문재인 대통령이 "생업의 어려움을 덜어드리는 가장 확실한 방법은 방역, 접종, 민생, 경제가 조화를 이룰 수 있는 일상 회복 단계로 하루속히 나아가는 것"이라며 '단계적 일상 회복'에 대한 의지를 드러냈다.

문 대통령은 9월 28일 청와대에서 연 화상 국무회의 머리발언을 통해 "소상공인과 자영업자들의 피해가 누적되면서 더는 버틸 여력이 없어지는 상황

▲ 문재인 대통령이 9월 28일 화상 국무회의를 열고 있다. (자료 : 청와대)

에서 단계적 일상 회복의 시간을 마냥 늦출 수는 없다"며 이렇게 말했다.

문 대통령은 또 "코로나 장기화로 어려움이 날로 더해지고 있는 소상공인·자영업자 등 대면 서비스업에 종사하는 분들께 거듭 위로의 말씀을 드린다"며 "**10월 8일부터 시행되는** (소상공인) **손실보상법**에 따라 지원 대상과 범위 등을 세심하게 마련해 신속히 지원하겠다"고 했다.

더불어민주당은 **집합금지 시설과 영업제한 시설에 따로 차등을 두지 않고 영업손실에 대해 일괄 80%만큼 보상하는 방안**을 고수하고 있다. 정부는 유흥주점 등 **집합금지 시설에는 영업손실의 80%, 카페·음식점 등 영업제한 시설에는 60%를 보상하거나 손실보상률 80%를 일괄 적용**하는 방안을 주장했지만 민주당안으로 확정됐다.

문 대통령은 일상 회복을 위해 코로나19 백신 접종률을 높여야 한다고 강조했다. 문 대통령은 "최근 심상치 않은 코로나 확산세를 보면서 단계적 일상 회복이 얼마나 험난한 길인지도 느끼고 있다"며 "정부는 백신접종 속도를 가속화하여 접종률을 더욱 높여야 할 것"이라고 했다. 이어 "그것

이 일상 회복의 길로 다가가는 길"이라면서 접종 참여를 당부했다.

문 대통령은 "위기 극복 정부로서 임기 마지막까지 역할을 다하는 것을 우리 정부의 피할 수 없는 운명으로 여기고 막중한 책임감으로 국정에 임하겠다"고 밝혔다.

정부는 전날 김부겸 국무총리를 중심으로 '코로나19 일상회복위원회'(가칭)를 만들어 10월 중 로드맵을 마련하고 '단계적 일상회복'(위드 코로나)을 예정대로 이행하기로 했다고 밝힌 바 있다. 정부는 이 위원회를 통해 국민여론을 수렴할 예정이다.

한국형 위드 코로나 11월 시동

권덕철 보건복지부 장관은 9월 28일 방송기자클럽 토론회에서 "10월 말 접종을 마치고 면역효과가 나타날 2주를 고려하면 11월 초에 단계적 회복 방안을 고려하고 있다"고 설명했다. 확진자 급증과 달리 치명률은 안정적으로 관리되고 있다는 점이다. 지난 1월 월별 치명률은 1.43%를 기록했지만 2월 백신 접종을 시작한 이후 꾸준히 하락해 8월에는 0.35%를 기록했다.

정부의 단계적 일상회복은 접종 완료자에 대한 백신 인센티브를 강화하는 방안이 중심이 될 전망이다. 외국처럼 백신 패스를 도입해 사적모임이나 다중이용시설 이용 제한 등을 완화하는 것이다. 이미 독일·프랑스·덴마크 등에서는 백신 패스를 적용하고 있다. 백신 접종을 완료했거나 48시간 이내의 PCR검사 음성 확인증을 갖고 있어야만 식당·카페 등을 이용할 수 있다.

정부는 또 단계적 일상회복을 위한 로드맵을 만들겠다고 밝힌 바 있다. 일부 공개된 안에 따르면 단계적 일상회복은 결국 사망자·위중증 환자를 중심으로 방역을 조금씩 완화하는 것이다. 접종률이 높아도 확진자 증가에 따른 경증 환자 발생은 크게 늘어날 수 있다. 정부는 이를 위해 재택 치료를 확대한다는 방침이다. 또 현재 병상 재원 기간도 현행 10일에서 7일로 단축하고 3일간 자가격리 하도록 하는 '7+3' 조치로 전환했다.

TV토론마다 손바닥에 '왕(王)'… 윤석열 '무속' 논란

▲ 윤석열 전 검찰총장 '왕(王)'자 논란 (MBN 유튜브 캡처)

국민의힘 대권 주자인 **윤석열 전 검찰총장**이 TV토론회 당시 손바닥 한가운데에 '왕(王)'자를 그려놓은 장면이 카메라에 포착돼 논란이 일었다.

지난 10월 1일 MBN 주최로 열린 5차 국민의힘 TV토론회에서 윤 전 총장이 홍준표 의원과의 1대1 주도권 토론에서 손을 흔드는 동작을 하다가 손바닥에 적힌 '王'자가 선명하게 포착됐다. 지난 3차와 4차 TV토론회에서도 손바닥의 '王'자가 잠깐씩 보였다.

홍 의원은 '무속인 개입설'을 공론화하며 가세했다. 그는 10월 3일 SNS에서 "늘 무속인을 끼고 다닌다는 것을 언론을 통해 보면서 무속 대통령 하려고 저러나 의아했다"며 "손바닥에 부적을 쓰고 다니는 것이 밝혀지면서 참 어처구니없다는 생각밖에 들지 않는다"라고 비판했다.

유승민 전 의원은 경북 김천에서 기자들과 만나 "4차 산업혁명 시대에 미신을 믿는 사람이 후보가 돼서야, 또 대통령이 돼서야 되겠나"라고 비판했다. 무속에 심취했다고 알려진 박근혜 정부의 비선 실세 최순실(개명 후 최서원) 씨와 국정 농단 트라우마를 언급한 것이다.

유 전 의원은 SNS에서도 윤 전 총장과 홍 의원을 동시 겨냥, "미신을 믿는 후보, 끝없는 의혹에 휩싸인 후보, 걸핏하면 막말로 보수의 품격을 떨어뜨리는 후보, 이런 후보로 본선에서 이길 수 있겠는가"라고 지적했다.

윤석열 "지우는 게 맞았다"

논란이 이어지자 윤 전 총장은 손바닥에 王자를 쓴 채 TV 토론회에 참가해 '주술적 의미' 등 각종 논란이 불거진 것과 관련해 "지우는 게 맞았다"라고 한 발 물러섰다.

윤 전 총장은 "제가 어릴 때는 시험 보러 가거나 집에 대소사가 있을 때 연세 드신 분들이 손에다가 (응원 메시지를) 많이 써주고 그랬다"며 "많은 분이 혹시나 하는 오해를 하기 때문에 지지자의 응원도 좋지만 지우고 가는 게 맞지 않았나 싶다. 깊이 생각하지 못했다"라고 해명했다.

그러나 무속 논란은 끊이지 않았다. 더불어민주당 대선 지지율 1위 주자인 이재명 경기도지사 캠프는 **윤 전 총장이 역술인이라고 알려진 '천공 스승'과 가깝게 지낸다는 의혹**을 제기했다. 우원식 선대위원장은 "검찰총장이란 막중한 자리에 대해 천공 스승에게 조언을 받았다는 건 경악할 일"이라며 "손바닥 王자를 조언한 것은 누구인지도 밝혀야 한다"고 압박했다.

토론마다 휘청이는 윤석열

국민의힘 대권 주자인 윤석열 전 검찰총장이 TV토론회 후폭풍에 휘청이는 모습이다. '王'자 논란에 앞서 '주택청약' 실언 논란도 있었다. 지난 9월 23일 열린 두 번째 토론회에서 유 전 의원은 "주택청약 통장을 만들어봤냐"고 윤 전 총장에게 물었는데, 윤 전 총장은 "집이 없어서 만들어보지 못했다"고 답했다. 하지만 집을 소유하지 않은 이들이 집 구매를 위해 '주택청약 통장'을 개설한다는 점에서 부적절한 발언이란 지적이 이어졌다. 지난 3차 토론회에서는 문재인 대통령이 UN총회에서 제안한 '종전선언'에 대해 김여정 북한 노동당 부부장이 내놓은 반응에 대해 "알지 못한다"고 답해 '준비부족' 지적도 나왔다. 윤 전 총장 측은 이와 관련해 고개를 숙였지만, 과거 윤 전 총장의 '아프리카 노동', '부정식품', '후쿠시마 원전' 등 실언이 재차 부각됐다.

'허위사실 공표' 오세훈 서울시장 모두 무혐의

검찰이 서울시장 보궐선거 기간 허위사실을 말한 혐의로 고발된 오세훈 서울시장과 박영선 전 중소벤처기업부 장관에 대해 '혐의없음' 처분했다. 서울중앙지검 공공수사2부는 10월 6일 서울시장 보궐선거 관련 사건을 수사한 결과, 오 시장에 대한 공직선거법 위반 고발사건을 **불기소처분**(수사종결 처분권을 가진 검사가 사건 수사 후 재판에 회부하지 않는 것이 상당하다고 판단되면 기소하지 않고 사건을 종결하는 것)했다고 밝혔다.

앞서 오 시장은 서울시장 보궐선거 후보 시절 ▲내곡동 토지 ▲파이시티 사업 ▲보수단체 집회 참석 등과 관련한 의혹을 받았다. 우선 오 시장은 지난

2009년 서울시장 시절 처가의 땅을 보금자리주택 지구로 지정하는 데 관여하고 36억원의 '셀프보상'을 받았다는 의혹을 받았다.

이에 오 시장이 "당시 이 땅의 존재와 위치를 알지 못했고 지구 지정도 주택국장 전결사항이었다"며 의혹을 부인했다. TV 토론회에서도 "2005년 내곡동 땅 측량 현장에 가지 않았다"는 취지로 대답했다. 또 특혜·비리 의혹이 불거진 파이시티 사업은 자신의 시장 재직 시절과 무관하며, 선거 기간 극우 성향의 집회에 '한 차례' 나갔다고 발언했다.

하지만 2005년 내곡동 땅 측량 현장에서 오 시장을 목격했다고 주장한 생태탕집 모자의 발언으로 '거짓 해명' 논란이 불거졌다. 이에 더불어민주당과 시민단체들은 오 시장이 허위 사실을 공표했다며 수차례 고발했다. 이와 관련, 오 시장은 10월 2일 피의자 신분으로 14시간 검찰 조사를 받았다.

검찰은 서울시장 후보자 토론회 당시 "측량 현장에 안 갔다"는 오 시장의 발언이 허위일지라도 처가의 토지 보상에 관여하지 않았다는 취지로 말한 내용이라면 대법원 전원합의체 판결 취지에 따라 공직선거법상 허위사실 공표에 해당할 수 없다고 봤다.

대법은 "후보자 토론회의 토론과정 중에 한 발언을 허위사실 공표로 처벌하는 것은 신중해야 하고, 검찰과 법원의 개입을 최소화해 정치적 표현의 자유를 폭넓게 보장해야 한다"고 판시한 바 있다. 경찰이 송치한 '파이시티 관련 발언', '보수단체 집회 참석 관련 발언' 역시 같은 취지로 불기소 처분했다.

공직선거법상 당선 무효

▲공직선거법 제122조의 규정에 따라 공고된 선거비용 제한액의 200분의 1 이상을 초과 지출한 이유로 선거사무장, 선거사무소의 회계책임자가 징역형 또는 300만원 이상의 벌금형 선고를 받은 경우 ▲당선인이 당해 선거에 있어 공직선거법에 규정된 죄 또는 정치자금법 제49조의 죄를 범함으로 인하여 징역 또는 100만원 이상의 벌금형의 선고를 받은 경우 ▲선거사무장·선거사무소의 회계책임자 또는 후보자의 직계존비속 및 배우자가 해당 선거에 있어 기부행위를 한 죄 또는 정치자금법에 따라 정치자금 부정 수수죄를 범해 징역형 또는 300만원 이상의 벌금형의 선고를 받은 경우

▌김동연 싱크탱크 '경장포럼' 출범

▲ 김동연 전 경제부총리 (김동연 페이스북 캡처)

제3지대 정치세력화를 선언하며 대권에 도전한 김동연 전 경제부총리 겸 기획재정부 장관의 정책 ˚싱크탱크 '경장포럼'이 9월 28일 출범했다.

기존 대선 후보가 정치권 전·현직 국회의원으로 싱크탱크를 만드는 것과 달리 김 전 부총리의 경장포럼은 시민과 전문가 중심으로 꾸려졌다.

김 전 부총리는 이날 서울 마포구 합정동의 한 빌딩에서 발족식을 통해 "혼란스러운 대선 국면이 계속 된다면 어떤 결과에도 대한민국은 구조적 변화는 없고 문제도 해결하지 못한다"며 "대한민국이 어디로 가야 할지, 비전과 책임지는 정책, 콘

텐츠를 경장포럼에서 낼 것"이라고 말했다.

그는 포럼 이름의 뜻이 "묵은 제도를 개혁해 새롭게 한다는 뜻의 '경장(更張)'"이라고 밝혔다. 김 전 부총리는 "다산 정약용은『경세유표』에서 '어느 하나 이 나라가 병들지 않은 곳이 없다. 당장 개혁하지 않으면 나라가 망하고서야 그칠 것'이라며 경장을 주장했다"고 취지를 설명했다.

싱크탱크 경장포럼은 이재열 서울대 사회학 교수가 좌장을 맡았다. 이날 패널 토론에는 윤종록 전 미래창조과학부 차관, 황철주 청년기업가재단 이사장 등이 참석했다. 한편, 김 전 부총리는 10월 12일 신당 창당을 준비하고 있다고 밝혔다.

▲ 이재명 민주당 대선 후보 (자료: 민주당)

투표 없이 본선 직행에 성공했다. 반면 **이낙연 전 민주당 대표**는 최종 득표율 39.14%(56만 392표)로 결선 투표행에 실패했다.

이어 **추미애 전 법무부 장관**이 9.01% (12만9035표)로 3위, **박용진 의원**이 1.55%(2만 2261표)로 4위를 기록했다. 전체 선거인단은 216만9511명, 유효 투표수는 145만9992명(투표율 67.30%)다.

•싱크탱크 (think tank)

싱크탱크는 무형의 두뇌를 자본으로 영위되는 기업이나 연구소이다. 각종 분야 전문가의 두뇌를 조직적으로 결집하여 조사·분석 및 연구하고 그 성과를 제공하는 집단으로서 주로 정부의 정책이나 기업의 경영전략을 연구한다. 미국에서는 진보적 정책을 내며 민주당의 브레인 역할을 하는 브루킹스 연구소(Brookings Institution)와 공화당을 필두로 한 보수주의의 핵심 싱크탱크인 헤리티지 재단 (Heritage Foundation)이 유명하다. 우리나라의 대표적인 싱크탱크로는 과학기술연구원(KIST)을 들 수 있다. KIST는 우리나라를 넘어 동양 최대 싱크탱크 중 하나로 손꼽히기도 한다.

▌민주당, 20대 대선 후보로 이재명 선출

•**이재명** 경기도지사가 10월 10일 더불어민주당 20대 **대통령선거 후보로 선출**됐다. 이 지사는 이날 민주당 경선에서 최종 득표율 50.29(71만9905표)로 결선

이 지사는 3차 선거인단에서 이 전 대표에게 표가 쏠리면서 가까스로 본선에 직행했다. 이 지사는 전날까지 경기 지역 경선에서 누적 득표율이 55.29%에 달했지만 3차 선거인단의 온라인·ARS 투표 집계 결과에서 유효 투표수 24만8880표 중 7만441표(28.30%)를 얻는 데 그쳐 최종 득표율이 50.29%로 하락했다. 이는 최근 불거진 성남시 대장동 개발 특혜 의혹과 무관치 않은 것으로 풀이된다.

이 후보는 후보 수락 연설에서 "오늘 우리는 변화를 선택했다. 오늘 우리는 개혁을 선택했다"면서 "저 이재명과 함께 새로운 대한민국, 새로운 정치, 확실한 민생 개혁의 문을 열어달라"고 호소했다. 이 후보는 ▲불로소득 근절 등 적폐 일소 ▲국가주도의 강력한 경제부흥정책 ▲기본소득 등 기본권을 보장하는 보편복지국가 등을 비전으로 제시했다. 대장동 의혹과 관련해서는 ▲개발이익 완전 국민환원제 ▲건설원가·분양원가 공개 전국 확대 등을 공약하며 정면 돌파 의지를 보였다.

이낙연 측 "결선 투표 진행해야"

한편, 이낙연 전 대표 측은 경선 사퇴 후보자의 득표를 무효 처리한 당 중앙선거관리위원회의 결정에 반발하며 사실상 경선 결과에 불복해 '원팀' 구성에 험로를 예고했다.

이 전 대표 측은 **정세균·김두관 후보가 얻은 2만 9399표를 유효투표수로 처리할 경우 이재명 후보의 득표율이 49.32%로 떨어져 결선 투표를 진행해야 한**다고 주장했지만 송영길 민주당 대표는 사전에 합의된 경선 룰이었다며 이 같은 주장을 일축했다.

이낙연 전 대표는 결국 10월 13일 "대통령 후보 경선 결과를 수용한다"며 "민주당의 승리를 위해 노력하겠다"고 밝혔다. 이낙연 전 대표가 이재명 후보 선출 후 사흘 만에 승복을 선언하면서 민주당은 이재명 대선 후보를 중심으로 한 본격적인 대선 준비에 돌입했다.

˙이재명 (李在明, 1964~)

이재명은 변호사 출신 정치인으로서 민선 5·6기 경기도 성남시장을 역임했고 현재 민선 7기 경기도지사이자 제20대 더불어민주당 대선 후보로 확정됐다. 어려운 집안 형편 때문에 소년 노동자로 일하다가 산업재해로 팔을 다쳐 장애인 6급 판정을 받았으나 공부에 힘써 검정고시를 거쳐 중앙대 법대에 장학생으로 입학한 뒤 사법시험에 합격했다. 이후 성남시에서 변호사로 개업한 후 시국사건과 노동사건 변론 등을 맡았다.
2005년 열린우리당에 입당하고 2006년 성남시장에 출마했으나 낙선했다. 민주당 부대변인으로 활동하다가 2010년 지방선거에서 성남시장에 출마해 당선됐고 2014년 연임에 성공했다. 2016년 민주당 대선 경선에 출마해 문재인, 안희정 후보에 이어 3위를 차지했다. 2018년 지방선거에서 경기도지사로 당선됐다. 강한 추진력과 직설적 발언으로 지지를 받은 가운데 청년배당 등 포퓰리즘적인 무상 정책을 앞세운다는 비판도 받고 있다.

정찬민 국민의힘 의원 제3자 뇌물 혐의 구속

▲ 정찬민 국민의힘 의원

용인시장 재직 때 지역 개발 인허가와 관련된 비위 의혹을 받고 있는 정찬민 국민의힘 의원(경기 용인갑)이 10월 5일 구속됐다. 수원지법 이기리 영장전담 부장판사는 이날 특정범죄 가중 처벌법상 **˙제3자 뇌물 공여죄** 등 혐의로 정 의원에 대한 구속 전 피의자 심문(영장실질심사)을 열고 구속영장을 발부했다.

이 영장전담부장판사는 "범죄혐의가 소명되고, 피의자의 사회적 지위, 사건 관련자들과의 관계, 수사 과정에서 나타난 여러 사정 등에 비추어 볼 때 증거인멸의 염려가 인정된다"고 영장발부 사유를 밝혔다.

정 의원은 용인시장 재직 당시인 2014~2018년 용인 기흥구 일대 건설사업 인허가의 편의를 특정 건설 시행사에게 제공하는 대신 부당이득을 취한 혐의를 받고 있다. 해당 건설 시행사는 정 의원으로부터 이 같은 편의를 제공받기 위해 헐값에 토지를 넘겼고 정 의원은 이를 차명으로 사들인 것으로 조사됐다. 이후 대규모 아파트 단지개발로 인해 10억원 이상 땅값 시세 차익이 발생한 것으로 전해졌다.

앞서 국회는 지난 9월 29일 본회의를 열고 여야 의원 251명이 참석한 가운데 찬성 139명, 반대

96명, 기권 16명으로 정 의원에 대한 **˙체포동의안**을 가결했다.

˙제3자 뇌물공여죄 (第三者賂物供與罪)

제3자 뇌물공여죄는 공무원 또는 중재인이 그 직무에 관하여 부정한 청탁을 받고 제3자에게 뇌물을 공여하게 하거나 공여를 요구 또는 약속한 때에 성립하는 범죄다. 이 범죄는 5년 이하의 징역 또는 10년 이하의 자격정지에 처한다.

˙체포동의안 (逮捕同議案)

체포동의안은 법원이 현역 국회의원을 체포하기 위해 국회에 동의를 구하는 절차다. 국회의원은 '불체포특권'에 따라 현행범인 경우를 제외하고는 회기 중에 국회의 동의 없이 체포 또는 구금되지 아니하며, 회기 중에 국회의원을 체포 또는 구금하기 위해서는 국회로부터 체포 동의를 얻어야 한다.

국감 출석한 김범수
"골목상권 침해 없을 것"

최근 '골목상권' 침해 논란을 일으킨 김범수 카카오 이사회 의장이 **˙국정감사**에 출석해 상생모델을 찾겠다며 "관련 사업이 있다면 철수하겠다"는 입장을 밝혔다. 논란이 된 개인 소유 회사에 대해서는 "사회적 기업 전환을 앞당기겠다"고 밝혔다.

10월 5일 국회에서 열린 정무위원회 국정감사에서 증인으로 나선 김 의장에 대해 카카오의 높은 수수료, 인수·합병(M&A)을 통한 문어발식 사업 확장 등에 대한 문제 제기가 집중적으로 이어졌다.

김 의장은 "케이큐브홀딩스가 총수일가의 재테크 놀이터인가"라는 윤창현 국민의힘 의원의 지적에 대해 "앞으로 논란이 없도록 가족 형태의 회사가 아니라 사회적 책임을 다하는 회사로써 전환 작업을 준비하고 있다"며 "일정을 좀 더 앞당겨서 진행하겠다"고 말했다. 케이큐브홀딩스는 김 의장의 개인 회사이자 카카오의 사실상 지주회사로 평가받고 있다. 최근 자료 허위제출 혐의로 공정거래위원회의 조사를 받은 바 있다.

케이큐브홀딩스가 계속해서 적자를 보고 있는데 결손기업으로 만들어 우회적으로 탈세하려는 의혹이 있다는 윤관석 더불어민주당 의원의 지적에는 "탈세 목적은 아니다"라고 부인했다. 케이큐브홀딩스의 대표를 지낸 김 의장의 남동생 김화영 씨가 지난해 13억9000만원의 퇴직금을 받은 것이 과도하다는 지적에 대해서는 "많다고 생각한다"고 답했다.

이날 김 의장은 수수료 인하 등 카카오모빌리티의 상생안을 내놓겠다고 강조했다. 김 의장은 "카카오모빌리티 최고경영자(CEO)도 (골목상권 침해) 논란에 대해 공감하고 있어서 시정방안이 나올 것"이라고 말했다. 최근 카카오모빌리티는 택시 기사와 이용자를 대상으로 서비스 요금을 올렸다가 비판을 받았다.

민병덕 더불어민주당 의원은 "시장지배력이 확보되자 수수료를 인상하는 등 가격을 마음대로 하는 것은 독점 행위 아닌가"라고 지적했다. 이에 대해 김 의장은 "지금은 생태계를 만드는 과정이다. 모빌리티는 수백억원씩 적자를 내고 플랫폼을 만들고 있다. 20% 수수료 중 (데이터 환급 후) 5% 정도만 부담하도록 돌려주고 있다고 들었다"고 말했다.

국정감사 (國政監査)

국정감사란 국회가 행정부의 국정 수행이나 예산 집행 등 국정 전반에 대해 벌이는 감사 활동이다. 법제사법위원회(법사위), 외교통일위원회 등 소관 상임위원회별로 해마다 30일 이내의 기간을 정해 감사를 시행한다. 국정감사의 대상 범위는 '국정감사 및 조사에 관한 법률(국감국조법)'에 따라 국정 전반이다. 이 외에도 본회의가 의결했다면 지방행정기관, 지방자치단체, '감사원법'에 따른 감사원의 감사 대상기관도 국감 대상 기관이 될 수 있다.

국감에서 부르면 무조건 출석해야 할까?

국감국조법에 따라 각 상임위원회는 감사를 위해 증인·참고인의 출석을 요구할 수 있다. 그런데 국감 증인·참고인으로 채택됐다고 하더라도 '정당한 이유'를 들어 불출석 사유서를 제출하면 출석하지 않아도 된다. 반면 증인의 경우는 다르다. 비록 불출석 사유서를 냈다 해도 상임위원회가 불출석 사유가 합당하지 않다고 판단하면 동행 명령을 받을 수 있다. 만약 동행에 응하지 않는다면 고발당할 수 있다. 실제로 2012년 신동빈 롯데그룹 회장. 정용진 신세계그룹 부회장 등 16명의 증인은 국감 불출석을 이유로 검찰에 고발당했다. 이들 16명은 모두 300만~1500만원의 벌금형을 받았다.

한국 여권 파워 세계 2위, 190개 국가 무비자 여행 가능

대한민국 여권이 가지는 힘이 미국보다 앞서 세계 2위권이란 분석이 나왔다. 국제교류 전문 업체인 헨리앤드파트너스가 10월 8일 발표한 •헨리 여권지수에 따르면, 일본과 싱가포르가 세계 1위권이다. 일본과 싱가포르 여권은 192개 국가를 비자 없이 여행할 수 있는 것으로 나타났다.

한국과 독일 여권으로는 190개 국가를 비자 없이 여행할 수 있어 세계 2위 파워 여권에 올랐다. 일본과 싱가포르 여권은 2018년에 여권 파워 순위 1위에 올랐다가 이번에 다시 정상을 탈환했다.

이어 핀란드, 이탈리아, 룩셈부르크, 스페인 여권이 무비자로 189개 국가 여행이 가능해 세계 3위 파워 여권 순위를 기록했다. 오스트리아, 덴마크 여권은 188개 국가로 세계 4위권이다.

이번 헨리 지수 발표에서 코로나19로 인한 일시적 제한은 포함되지 않았다. 헨리 여권지수 하위권에 있는 국가의 국민들은 백신 접종을 완료하더라도 여권지수 상위권 국가에 입국할 수 없다. 예를 들어 아프가니스탄, 이라크, 시리아 등 여권지수 하위권 국가의 국민들은 무비자로 여행할 수 있는 국가가 30개 이하밖에 되지 않는다.

헨리 여권지수를 개발한 헨리앤파트너스의 대표 크리스찬 칼린은 "세계 경제를 다시 회복하려면 선진국이 구시대적 이동 제한을 멈추고, 개발도상국의 이동을 장려하는 것이 필요하다"고 강조했다.

헨리 여권지수 (Henley passport index)

헨리 여권지수는 국제항공운송협회(IATA, International Air Transport Association)의 글로벌 여행 정보 자료를 바탕으로 199개국 중 특정 국가의 여권 소지자가 비자 없이 방문하거나 사실상 무비자로 갈 수 있는 국가가 얼마나 되는지를 합산해 산출한 순위다. 국제교류 전문 업체인 헨리앤파트너스의 크리스찬 칼린 대표가 만들었다.

세계 경제 복합 악재로 '시름'...
퍼펙트 스톰 우려

에너지 대란·인플레 등 겹악재

중국의 전력난 가중, 유가 등 원자재 가격 급등에 따른 인플레이션 등 복합적인 악재로 세계 경제에 **˙퍼펙트 스톰**이 올 수 있다는 우려마저 나오고 있다. 각국은 코로나19 팬데믹 상황에 따른 경제 침체를 극복하기 위해 **초저금리와 양적완화 정책으로 천문학적인 돈을 풀었고 부채 급증과 부실 확대라는 청구서**가 쌓이고 있다.

발등에 떨어진 불은 에너지 대란이다. '세계의 공장' 중국은 산시성에서 발생한 폭우와 산사태로 석탄 생산이 중단된 데다가 호주와의 무역 갈등으로 석탄 수입까지 줄어들어 심각한 전력난을 겪고 공장 가동에 차질을 빚고 있다. 중국에 생산기지를 둔 글로벌 기업도 영향을 받으면서 반도체, 자동차 부품 등 글로벌 공급망이 얼어붙었다.

여기에 국제 유가가 급등하며 세계 경제의 불안을 키우고 있다. 10월 11일(현지시간) 뉴욕상업거래소에서 11월물 서부텍사스산원유(WTI)

˙퍼펙트 스톰 (perfect storm)

퍼펙트 스톰이란 개별적으로 보면 위력이 크지 않은 태풍 등이 다른 자연현상과 동시에 발생하면서 엄청난 파괴력을 갖게 되는 현상으로, 경제 분야에서는 세계 경제가 동시에 다발적인 위기에 빠져 대공황이 초래되는 상황을 뜻한다. 월가의 대표적인 비관론자로 꼽히는 '닥터 둠(doom)' 누리엘 루비니 뉴욕대 교수가 2011년 이 용어를 처음으로 사용했다.

가격은 전 거래일보다 1.5% 오른 배럴당 80.52달러로 마감했다. 배럴당 80달러를 넘은 것은 2014년 10월 이후 7년 만이다.

코로나19 사태가 장기화된 가운데 원자재와 에너지 상승에 따른 생산과 소비 위축까지 더해지면서 성장세 약화가 우려된다. 국제통화기금(IMF)은 **올해 세계 경제 성장률 전망치를 3개월 만에 0.1% 내린 5.9%로 조정한다고** 10월 12일 발표했다. 다만 내년 전망치는 4.9%를 유지했다.

IMF는 올해 선진국 경제 성장률 전망치를 5.6%에서 5.2%로 낮췄다. 미국(7.0%→6.0%)과 독일(3.6%→3.2%)은 공급망 차질, 일본(2.8%→2.4%)은 코로나19 확산을 회복세 둔화 요인으로 지목했다. 중국 성장률 전망치는 8.0%로 0.1%p 내렸다.

국내 경제도 하방 위험 증대
한국 경제도 위기로부터 예외가 아니다. 국제 유가 상승으로 10월 첫째 주 국내 휘발유 판매 가격은 리터당 1654.4원으로 전주보다 8.7원 상승했다. 3주 연속 상승이다. 소비자 물가는 9월(2.5%)까지 6개월째 2%대 상승률을 기록했다. 농축수산물과 가공식품, 집세 등 오르지 않은 품목을 찾기 어렵다.

원·달러 환율은 10월 12일 한때 1200원까지 오르면서 장중 기준으로 작년 7월 28일 이후 1년 3개월 만에 처음으로 1200원대를 기록했다.

금융권에서는 코로나19 사태 장기화로 **경제 침체가 계속되어, 물가까지 가파르게 올라 경제적 어려움을 가중시키는** ˙**스태그플레이션** 가능성을 우려하고 있다.

한국개발연구원(KDI)은 '10월 경제동향'에서 "최근 우리 경제는 대면 서비스업 부진으로 회복세가 둔화한 가운데 글로벌 경기 불확실성도 확대되며 **하방 위험**(경제 하락을 일으킬 수 있는 위험 요인)이 증대되고 있다"고 진단했다. 그 이유로 코로나19 확산과 방역조치 장기화, 원자재 수급과 물류 불안을 꼽았다. 가계부채 급증에 따른 금융 불균형도 한국 경제의 뇌관이다.

스태그플레이션 우려로 국내외 증시도 흔들렸다. 코스피는 10월 13일 장중 2901.51까지 떨어져 올해 첫 거래일인 1월 4일(2869.11) 이후 장중 최저치를 나타냈다. ▲다우존스 30 산업평균지수 ▲**대형주 중심 스탠더드앤드푸어스**(S&P) **500 지수** ▲**기술주 중심 나스닥 지수 등 미 3대 지수**는 10월 12일(현지시간) 기준 3거래일 연속 하락했다.

˙스태그플레이션 (stagflation)
스태그플레이션은 경기 침체 시 물가 상승이 둔화되고 경기가 활성화되면 물가가 오르는 일반적인 상황과 달리, 경기 침체에도 불구하고 물가가 오히려 오르는 현상을 뜻한다. 경기 침체를 의미하는 스태그네이션(stagnation)과 인플레이션(inflation)의 합성어이다. 경제학자들은 경제가 유가 상승과 같은 공급 쇼크에 직면하거나 정부가 너무 빨리 통화량을 늘리면서 산업에 피해를 주는 정책을 만들 때 스태그플레이션을 일으킬 수 있다고 본다.

🖐 세 줄 요약
❶ 중국 전력난, 원자재 인플레이션 등으로 세계 경제가 불안정하다.
❷ IMF는 올해 세계 경제 성장률 전망치를 5.9%로 하향 조정했다.
❸ 한국 경제도 경기 침체 상황에서 물가가 급등해 스태그플레이션 가능성이 우려된다.

자동차 업계 "중고차 시장 개방 정부가 조속히 결정해야"

자동차 업계가 대기업의 중고차 시장 진출과 관련해 정부가 조속한 절차를 밟아줄 것을 촉구했다. 10월 1일 자동차산업연합회(KAIA)에 따르면 KAIA는 전날 중소벤처기업부에 중고차 판매업의 생계형 적합업종 여부를 조속히 심의해달라는 건의서를 제출했다.

KAIA는 "관련법에 따르면 생계형 적합업종은 신청일부터 심의·의결하는 날까지 최장 15개월 이내에 지정 여부에 대한 결정을 내려야 한다"며 "중고차 판매업의 경우 2019년 2월 신청일 이후 2년 이상, 법정시한(2020년 5월)으로부터 이미 1년 4개월 이상 경과했다"고 덧붙였다.

그러면서 "민간 전문가로 구성된 생계형 적합업종 심의위원회가 공정하고 객관적으로 중고차판매업의 생계형 적합업종 지정 여부를 판단해야 할 시점"이라며 중기부에 조속한 심의를 요구했다. 이번 건의문에는 한국 GM협신회와 쌍용협동회 등 자동차 부품 업계가 동참했다.

중고차 판매업은 지난 **2013년부터 중소기업 적합업종으로 지정돼 대기업의 진출이 제한된 가운데 적합업종이 2019년 2월 만료돼** 대기업의 중고차 시장 진출을 두고 찬반양론이 엇갈리고 있다. 이러

한 상황에서 부품 업체는 대기업의 중고차 사업 진출 시 인증 중고차 사업으로 차량 검사 및 부품 교체 시장 수요가 늘 것이라고 기대하는 분위기로 분석된다.

생계형·중소기업 적합업종 현황

구분	현황
생계형 적합업종*	▲서점업 ▲LPG 소매업 ▲자판기 운영업 ▲장류 4종(간장·고추장·된장·청국장) 제조업·두부 제조업 ▲면류 2종(국수·냉면) 제조업 ▲떡국떡·떡볶이떡 제조업
중소기업 적합업종**	▲자동차 단기 대여 서비스업 ▲계란 도매업 ▲사료용 유지 ▲문구소매업 ▲고소 작업대 임대업

* 2021년 9월 기준(자료 : 중기부)
** 2021년 10월 적용 기준(자료 : 동반성장위)

레몬마켓·정보의 비대칭성·도덕적 해이

레몬마켓(lemon market)은 질적으로 문제가 있는 저급한 재화나 서비스가 거래되는 시장을 일컫는 경제 용어다. 시고 맛없는 레몬만 널려 있는 시장이란 뜻으로서 중고차 시장이 레몬마켓의 대표 사례로 언급된다.

중고차 시장에서 레몬마켓이 형성되는 까닭은 판매자와 구매자가 가지고 있는 '정보의 비대칭성' 때문이다. 중고차를 팔려는 사람은 그 차가 사고 차량인지, 어느 부품에 결함이 있는지 잘 알고 있지만 구매자는 그러한 정보를 전혀 갖지 못한다. 이러한 정보 격차로 인해 구매자는 필요 이상의 금액을 레몬마켓에서 지불하지 않으려 하므로 자연스럽게 저급한 품질의 물건만 시장에 나오게 된다는 것이다.

이처럼 정보의 비대칭성이 나타나는 상황에서 나타나는 대표적인 문제가 도덕적 해이(moral hazard)다. 도덕적 해이란 정보의 비대칭성이 존재하는 상황에서 정보를 가진 측이 정보를 가지지 못한 측의 이익에 반하는 행동을 취하고 자신의 효용을 극대화하는 경향을 말한다. 법적·윤리적으로 해야 할 자기 책임을 법과 제도의 허점을 이용해 소홀히 하는 행동을 포괄한다.

예를 들어 화재보험에 가입한 보험가입자가 보험에 들지 않았더라면 주의했을 화재 예방을 소홀히 해 화재가 발생하고 보험회사가 보험금을 지불하게 되는 상황이 도덕적 해이에 해당한다.

제3 인터넷 은행 토스뱅크 출범... 사전예약만 100만 명

▲ 홍민택 토스뱅크 대표 (자료 : 토스뱅크)

▲케이뱅크와 ▲카카오뱅크에 이은 국내 세 번째 인터넷전문은행인 ▲토스뱅크가 10월 5일 정식 출범했다. 핀테크(fintech : 금융서비스와 IT기술을 결합해 기존과 차별된 금융 서비스) 업체 토스 운영사인 비바리퍼블리카가 최대 주주로 있는 토스뱅크는 이날부터 사전신청에 참여한 고객을 시작으로 수신·여신 상품 판매, 체크카드 발급 등 서비스 개시에 나섰다. 지난 9월 10일부터 시작된 사전 신청에는 약 100만 명의 고객이 몰렸다.

고객들은 사전 신청에 참여한 순서대로 토스뱅크 가입 절차를 거쳐 통장 개설과 신용 대출 조회·실행, 체크카드 발급 등 서비스를 이용할 수 있다. 토스뱅크는 고객에게 필요한 가장 단순한 상품을 통해 고객이 찾지 않아도 먼저 제시하고 기술 혁신으로 더 넓은 범위의 고객을 포용하는 은행을 추구한다.

금융 당국의 대출 조이기 속에서 관심을 모은 **토스뱅크의 신용대출 금리는 최저 연 2.76%, 최대 한도는 2억7000만원**으로 기존 은행들에 비해 파격적이란 평가다. 토스뱅크는 고신용자를 비롯해 중·

저신용자, 1300만 [●]**신파일러**(금융이력부족자)에게도 합리적인 금리와 대출 한도를 제시한다는 구상이다.

토스뱅크는 만기나 최소 납입 금액 등의 조건 없이 연 2% 이자를 지급하는 수시입출금 통장인 '토스뱅크 통장'도 선보였다. 예금과 적금 구분을 없애고 '나눠서 보관하기', '잔돈 모으기', '목돈 모으기' 기능을 넣었다.

이날 함께 선보인 토스뱅크 체크카드도 전월 실적 없이 커피·패스트푸드·편의점·택시·대중교통 등 생활밀착형 5대 카테고리에서 결제 시 매달 최대 4만6500원을 현금으로 돌려주며 온·오프라인 구분 없이 사용액의 3%를 즉시 캐시백한다. 아울러 NFC(근거리 무선통신) 기술을 활용한 [●]**OTP** 기능을 탑재해 휴대전화 뒷면에 체크카드를 접촉하면 안전하고 손쉽게 고액 송금이 가능하도록 했다.

[●]신파일러 (thin filer)

신파일러는 '파일이 얇은 사람'이란 뜻으로, 금융거래 정보가 거의 없는 사람을 일컫는다. 국내 금융권 및 신용평가 업체에서는 카드 사용 이력이나 대출 경험이 없는 자를 금융이력부족자, 즉 신파일러로 정의하고 있다. 신파일러들은 금융거래 이력이 없다는 이유로 낮은 신용 등급을 받고 있다. 이에 정부는 지난 2018년 공공요금이나 통신비 납부 실적, 체크카드 실적 등으로 개인 신용평가체제를 개선하는 방안을 공개한 바 있다.

[●]OTP (One Time Password)

OTP(일회용 비밀번호)는 무작위로 난수를 생성하는 알고리즘에 따라 시간마다 변경되는 비밀번호를 이용하는 보안 시스템이다. 주로 온라인 뱅킹 등 전자 금융 거래에서 사용된다. 다이렉트 뱅킹(영업점 방문이 아닌 온라인을 통해 은행 금융상품을 가입하는 서비스)이나 오픈뱅킹에서 OTP가 거의 필수적으로 사용되고 있다.

오픈뱅킹 (open banking)

오픈뱅킹이란 핀테크 기업과 은행권이 공동으로 이용할 수 있는 공동결제시스템이다. 스마트폰에 설치한 응용프로그램(앱)을 통해 모든 은행 계좌에서 결제를 비롯해 잔액 조회, 거래내역 조회, 계좌실명 조회, 송금인 정보조회, 입금입체, 출금이체 등의 금융서비스를 실시간으로 이용할 수 있다. 오픈뱅킹은 은행이 보유하고 있는 고객 금융데이터를 API(오픈 응용프로그래밍 인터페이스) 방식으로 제3자 서비스 제공자에게 공개해 이를 활용할 수 있도록 하는 것이다. 은행은 물론 핀테크 업체들도 은행과 개별적 제휴를 맺지 않고도 금융결제원을 통해 연결된 국내 은행 전산망에 접근할 수 있게 됐다.

▶ **기출tip** 2021년 새마을금고중앙회에서 신파일러가 출제됐다. 2020년 농협은행과 2019년 기업은행에서 오픈뱅킹에 관한 문제가 출제됐다. 2020년 국민은행, 2018년 기업은행에서 OTP가 출제됐다. 인터넷은행 출범과 핀테크의 금융 서비스는 금융권에서 민감한 이슈인 만큼 관련 개념 용어와 묶어 이해하도록 하자.

4분기 전기료 전격 인상...
4인 가구 월 최대 1050원↑

8년여 만에 대표적 공공요금인 전기요금이 전격 인상됐다. 소비자물가 상승률이 5개월 연속 2%대를 기록하는 등 인플레이션 우려가 커지는 상황이어서 정부의 물가관리에도 비상이 걸렸다.

정부와 한국전력은 10월 1일부터 적용되는 4분기(10~12월) 연료비 조정단가를 전분기(-3원)보다

3.0원 오른 kWh(킬로와트시)당 0.0원으로 책정했다고 10월 23일 발표했다. 이에 따라 전기요금은 4인 가족의 한 달 평균 전기 사용량(350kWh)을 기준으로 매달 최대 1050원씩 오르게 된다. 전기요금 인상은 지난 2013년 11월 이후 약 8년 만이다.

정부는 2021년부터 **전기 생산에 들어가는 연료비를 전기요금에 3개월 단위로 반영하는 '연료비 연동제'**를 도입한 뒤, 1분기(1~3월)에 kWh당 3.0원 내렸다. 이후 2·3분기(4~9월)에도 연료비 상승 압박이 커졌지만 물가 상승과 국민 경제 등을 고려해 1분기와 같은 수준으로 전기요금을 동결했다. 하지만 발전 연료비 상승과 한전의 경영 악화 등을 고려하면 더 이상은 한계가 있다고 정부가 판단한 것이다.

문제는 올해 소비자물가 동향이 심상치 않다는 데 있다. 통계청에 따르면 지난 8월 소비자물가지수는 1년 전보다 2.6% 상승해 연중 최고치를 기록했다. 이로써 소비자물가는 지난 4월부터 5개월 연속으로 2%대 상승률을 이어갔다. 정부는 공공요금이 일시에 오르면 시장에 부담을 미칠 수 있기 때문에 10월 가스요금을 동결하는 등 관리에 만전을 기할 방침이다.

친환경 전기요금제 3종 (자료 : 서울시)

종류	특징	선택 기준
누진 요금제 (기존 한전 요금제 동일)	사용량이 많을수록 kW당 단가가 높아지는 요금제	전력피크 시간대 전력사용량이 많은 가구
시간별 요금제	시간대별로 전기요금 단가 다름	• 전력피크 시간대 전력 사용량이 적은 가구 • 전기사용 시간 조절이 가능한 가구

녹색 프리미엄 요금제 (한전 요금보다 30% 내외 높음)	태양광 전기 단가 에 의해 조정	• 태양광 100% 사 용 요금제 • 가격보다 환경을 먼저 생각하는 에코슈머 가구

미 연준 "곧 테이퍼링 시작 가능"...
이르면 2022년 금리인상

미국 중앙은행인 연방준비제도(Fed·연준)가 9월 22일(현지시각) 테이퍼링(자산 매입 축소, 양적완화 정책의 규모를 점진적으로 축소해나가는 것)를 이르면 곧 시작할 수 있다고 밝혔다. 금리 인상 시점이 내년으로 앞당겨질 가능성도 내비쳤다.

연준은 이틀 동안의 •연방공개시장위원회(FOMC) 정례회의를 마친 뒤 성명을 내어 "(물가·고용에서) 진전이 예상대로 광범위하게 지속된다면 위원회는 자산매입의 속도 완화가 곧 타당해질 것이라고 판단한다"고 밝혔다. 연준은 코로나19 사태 속에 매달 1200억달러 규모의 채권을 매입해 시장에 돈을 풀어왔으나, 이를 축소하기 시작할 때가 됐다는 것이다.

제롬 파월 연준 의장은 이날 기자회견에서 "이 같은 언어의 목적은 그것이 이르면 다음 번 회의 때가 될 수 있다고 예고하는 것"이라고 말했다. 이를 두고 월스트리트 저널은 이르면 연방공개시장위원회의 다음 번 회의(11월2~3일)부터 테이퍼링이 시작될 수 있다고 풀이했다. 다만 전문가들은 11월 결정해 12월부터 시행에 들어갈 수 있다는 관측도 내놓고 있다.

파월 의장은 지난 8월 잭슨홀 심포지엄에서는 "2021년 안에" 테이퍼링을 시작하는 게 적절할 수 있다고 말했으나 이날은 '다음번 회의(11월)'를 언급하며 더 구체화했다. 연준이 조만간 테이퍼링 시작을 좀더 분명하게 예고한 것은 경기회복에 대한 자신감을 반영한다. 파월 의장은 2% 이상의 물가 상승이 지속되고 고용 증가에 광범위한 진전이 이뤄지면 통화정책 정상화에 들어갈 수 있다고 밝혀왔다.

연준은 이날 기준금리는 현재의 0.00~0.25%로 '제로 금리' 수준을 유지했다. 그러면서도 연준은 별도로 공개한 점도표를 통해 내년 금리인상 가능성을 내비쳤다. 18명의 위원 중 9명이 2022년 금리인상을 내다봤다. 지난 6월 7명이 내년 금리인상을 점쳤던 것에서 2명 늘어난 것이다.

•연방공개시장위원회 (FOMC, Federal Open Market Committee)

연방공개시장위원회(FOMC)는 미국 연방준비제도이사회(Fed·연준) 산하 기구로 공개시장운영 정책의 수립과 집행을 담당한다. 연준 이사 7명과 지역연방은행 총재 5명 등 총 12명의 위원으로 구성되며 금융 상황에 관한 종합적인 분석과 금융 정책의 기본방향이 제시된다. 연준이 우리나라의 한국은행에 해당한다면, FOMC는 한국은행의 정책 결정기구인 금융통화위원회와 유사하다.

▌ 카카오·네이버 금융서비스 중단 위기

네이버파이낸셜과 카카오페이가 **금융서비스 중단 위기에 놓였다.** 금융위원회는 네이버파이낸셜·카카오페이 등 금융플랫폼 업체에 대해 **°금융소비자보호법**(금소법) 위법 소지를 해소할 때까지 9월 25일 오후부터 금융상품 관련 서비스를 중단해야 한다고 9월 22일 밝혔다. 다만 계도기간 종료 후에도 연내 위법소지를 지체 없이 시정하면 원칙상 조치하지 않겠다는 방침이다.

금융위에 따르면 현장 준비상황 점검 결과 온라인 금융플랫폼은 대체로 금소법상 모집인 등록규제에 대한 대비가 원활하지 않았던 측면이 있는 것으로 나타났다. 온라인 금융플랫폼의 금융상품 관련 서비스를 금소법상 '중개'가 아닌 '광고'로 이해해 금소법상 중개업자로서 등록하지 않은 경우가 발생하고 있다는 것이다.

금융위는 "현재 관련 업체들은 위법 소지를 조속히 해소하기 위해 금융 당국과 논의하면서 서비스를 개편하는 중"이라며 "계도기간 동안 당국의 방침을 인지해 시정키로 한 업체와 그렇지 않은 업체를 구분해 대응해 나갈 계획"이라고 설명했다.

이에 따라 시정키로 한 업체의 경우엔 9월 25일

이후 위법 소지를 해소할 때까지 서비스를 중단해야 하며 그렇지 않은 업체는 25일 이후라도 연내 시정의견을 당국에 제출해 위법 소지를 지체 없이 시정하면 원칙상 조치하지 않을 방침이다.

°금융소비자보호법 (金融消費者保護法)

금융소비자보호법(금소법)은 금융소비자의 권익 증진과 금융상품판매업 및 금융상품자문업의 건전한 시장질서 구축을 위하여 제정한 법률로 3월 25일부터 시행됐다. 금융상품판매업자 및 금융상품자문업자의 영업에 관한 준수사항과 금융소비자 권익 보호를 위한 금융소비자정책 및 금융분쟁조정절차 등에 관한 사항을 규정함으로써 금융소비자 보호의 실효성을 높이고 국민경제 발전에 이바지함을 목적으로 한다.

금소법은 금융사가 금융상품을 판매할 때 ▲적합성 원칙 ▲적정성 원칙 ▲설명의무 ▲불공정영업금지 ▲부당권유금지 ▲광고 규제 등 6대 판매원칙을 준수하도록 했다. 이를 위반한 금융사에는 관련 수입의 최대 50%까지 '징벌적 과징금'을 부과하고, 판매한 직원에게도 최대 1억원의 과태료를 물린다. 또한 보험 혹은 펀드에 들거나 대출을 받은 경우 소비자가 14일 내에 청약을 철회할 수 있는 권한을 갖게 되며 위법한 계약은 해지하고 원금을 모두 돌려받을 수 있게 된다.

▌ 월 10만원 카드 캐시백
▌ 10월 1일부터 시행

신용카드를 이전보다 더 많이 쓰면 더 쓴 사용액 중 일부를 월 최대 10만원까지 포인트로 돌려주는 신용카드 캐시백(상생소비지원금) 신청이 10월 1일 시작됐다. 첫날인 1일에는 출생연도 끝자리 1 또는 6인 사람이 신청할 수 있다. 10월 5일(2·7년생), 10월 6일(3·8년생), 10월 7일(4·9년생), 10월 8일(5·0년생) 순이다. 이후로는 출생연도와 상관없이 신청할 수 있다.

캐시백 프로그램에 참여하려면 롯데, 비씨, 삼성, 신한, 우리, 하나, 현대, KB국민, NH농협 등 9곳 가운데 한 곳의 온라인 채널 등을 통해 전담 카드사로 지정해야 한다. 만 19세 이상 성인이고 2021년 2분기(4~6월) 카드 사용 실적이 있으면 신청 가능하다. 국내 소비 증진이 목적이기 때문에 외국인도 혜택을 받을 수 있다.

캐시백은 신용·체크카드를 2분기 월평균 사용액보다 3% 이상 많이 쓰면 초과분의 10%(월 10만원 한도)를 환급해 주는 구조다. 2분기 월평균 사용액보다 103만원을 더 쓰면 10만원을 포인트로 받는다. 10월과 11월 두 달 동안 시행될 계획이며 10월 캐시백은 11월 15일, 11월 캐시백은 12월 15일에 지급된다. 캐시백으로 받은 카드포인트는 사용처 제한이 없으며, 2022년 6월 30일까지 사용하지 않으면 자동 소멸된다.

자신이 캐시백 대상처에서 2분기에 얼마나 썼는지는 캐시백 프로그램 참여 신청 후 이틀 안에 확인할 수 있다. 이후 캐시백 사용처에서 10~11월 얼마나 썼는지, 또 자신이 얼마나 캐시백을 받을 수 있는지도 카드사 홈페이지에서 확인할 수 있는 시스템이 구축되어 있다고 정부는 밝혔다.

일부 업종은 캐시백 계산에서 제외된다. ▲대형마트(이마트, 홈플러스, 롯데마트, 코스트코 등 창고형 매장) ▲대형백화점 ▲대형 종합 온라인몰(쿠팡, G마켓, 옥션, G9, 11번가, 위메프, 티몬, 인터파크, SSG, 롯데온) ▲대형 전자전문판매점(하이마트, 전자랜드, 삼성디지털프라자, LG베스트샵, 애플판매전문점) 등이 제외 업종이다.

▲명품전문매장 ▲면세점 ▲홈쇼핑 ▲유흥업종(단란주점, 유흥주점, 룸살롱) ▲사행업종(카지노, 복권방, 오락실) ▲실외골프장 ▲신규 자동차 구입 ▲해외 직구에 쓴 돈도 캐시백 대상에서 제외된다.

카드 캐시백 적립 가능 업종

▲전통시장 ▲동네마트 ▲중대형 슈퍼마켓 ▲영화관 ▲놀이공원 ▲배달의민족 등 배달앱 ▲노랑풍선·예스24·마켓컬리·야놀자등 전문온라인몰 ▲호텔 ▲병원 ▲약국 ▲편의점 등 프랜차이즈 매장 ▲주유소 ▲정비소 ▲노래방 ▲음식점 ▲미용실 등

OECD, 한국 성장률 전망치 4.0%로 상향

코로나19 4차 확산세에도 국제기구인 경제협력개발기구(OECD)가 한국의 경제 성장률 전

망치를 상향 조정했다. 코로나19 사태 이후인 2020~2021년 평균 성장률은 주요 선진국 중 1위 수준이다. 반면 변이 바이러스 등 경기 변동성이 지속되는 점을 반영해 미국 등 주요 선진국을 비롯해 전세계 경제 성장률은 하향 조정했다.

OECD는 9월 21일(현지시간) 중간 경제전망을 발표하고 한국의 2021년 경제 성장률을 5월(3.8%)보다 0.2%p 높은 4.0%로 제시했다. OECD는 5월 경제전망에서 2021년 한국의 경제 성장률을 주요 전망기관 중 가장 낮은 수준으로 전망했지만 올해 1·2분기 성장률 잠정치가 속보치를 0.1%p씩 상향하는 등 빠르고 강한 경제 회복세와 예상을 웃도는 성과를 감안했다는 판단이다.

전망치를 높인 국가는 한국, 이탈리아(4.5%→5.9%), 프랑스(5.8%→6.3%) 등 일부다. 중국은 8.5%로 변동이 없다. 코로나19 위기 이후인 2020~2021년 평균 성장률은 한국이 1.6%로 미국(1.3%), 호주(0.8%) 등을 앞서면서 G20개국(G20) 전체 국가 중 3위, 선진국 사이에서는 가장 높은 수준을 기록했다.

2022년 경제 성장률도 한국은 2.8%에서 2.9%로 0.1%p 높였다. 하반기 주춤했던 경기 둔화 모멘텀이 회복될 것으로 예상하면서 세계 경제 성장률 전망치도 4.4%에서 4.5%로 상향 조정했다. 다만 OECD는 백신 보급·정책 여력 등에 따라 불균등한 회복이 지속될 수 있다고 예상했다.

"완화적 통화정책, 유연한 재정정책 필요"

OECD는 빠른 속도로 확산하는 델타 변이에 대해 백신 접종률에 따라 국가별 경제적 영향이 상이하다고 평가했다. 백신 접종률이 높은 국가들의

경제적 영향은 아직 미미한 수준이지만 아시아 등 접종률이 낮은 지역은 봉쇄조치를 다시 도입해 공급 차질, 운송비용 상승 등을 초래할 것으로 예상했다.

향후 정책 방향으로는 백신 보급을 위한 국제적 협력, 적극적 거시정책 지속, 구조개혁 등을 권고했다. 우선 바이러스의 통제를 위해 전 세계적으로 신속하게 백신을 보급하는 것이 중요하다고 역설하면서 이를 위한 국제적 협력을 촉구했다.

통화정책은 명확한 °포워드 가이던스 아래 완화적 기조를 유지하고 재정정책은 단기 불확실성을 감안해 성급한 정책전환을 지양하고 경기 상황 등에 따라 유연하게 적용해야 한다고 강조했다.

°**포워드 가이던스 (forward guidance)**
포워드 가이던스란 미리 향후 정책에 대한 방향을 제시한다는 뜻으로, 경제 분야에서 중앙은행이 미래 정책 방향을 미리 외부에 알릴 때 쓰이는 말이다. 중앙은행 통화정책 방향을 미리 시장에 공표하여, 통화정책 변경에 따른 시장 혼란을 최소화하겠다는 취지를 담고 있다. 2008년 글로벌 금융위기 이후 미국, 영국 등 선진 중앙은행들이 도입했으며, 미국 연방준비제도(연준)는 2012년 12월 당시 실업률 6.5%, 기대 인플레이션 2.5%가 금리 인상에 나설 수 있는 조건이라며 처음으로 포워드 가이던스를 제시한 바 있다.

○ **기출tip** 2020년 연합인포맥스 필기시험에서 포워드 가이던스를 약술하라는 문제가 출제됐다.

우유 가격 도미노 인상... '밀크플레이션' 우려

서울우유협동조합과 동원F&B, 매일유업에 이어 남양유업까지 우유 가격을 인상했다. 가장 먼저

우유 가격 인상을 발표한 곳은 시장 점유율 1위인 서울우유협동조합이다. 서울우유는 10월 1일부터 우유 제품을 평균 5.4% 인상했다.

이어 동원F&B는 10월 6일부터 우유 제품 가격을 평균 6% 인상했으며, 매일유업은 10월 7일부터 우유 가격을 평균 4~5% 올렸다. 또, 남양유업은 10월 14일부터 우유 제품 가격을 평균 4.9% 인상했다.

남양유업 관계자는 "이번 인상은 지난 8월 원유 가격이 L당 평균 21원 오른 데다 원부자재와 물류비, 인건비 등 전반적인 생산 비용 증가에 따른 불가피한 결정이었다"고 말했다. 우유 가격이 도미노로 인상되며 우유를 원료로 하는 치즈, 버터, 빵, 아이스크림, 커피 등의 가격도 인상이 불가피할 것으로 전망돼 *밀크플레이션이 예상된다.

우윳값 인상에 대체 우유 시장 주목

원유 가격 인상으로 우윳값이 도미노 인상된 가운데 대체 우유 시장이 주목받고 있다. 식품업체들은 관련 제품을 발 빠르게 내놓으며 대체 우유 시장도 빠른 성장세를 보이고 있다.

시장조사업체 유로모니터에 따르면 국내 대체 우유 시장은 2016년 83억원 수준에서 지난해 431억원 규모로 약 5배 성장했다.

이 같은 성장세는 우윳값 인상 외에도 코로나19 이후 건강에 대한 소비자들의 관심이 늘어나면서 *비건 시장과 함께 식물성 단백질로 이루어진 대체 우유 시장이 성장한 영향인 것으로 분석된다. 우윳값 상승에 부담을 느껴 차라리 **상대적으로 가격이 저렴하고 유통 기한이 긴 수입산 멸균 우유로** 눈길을 돌리는 소비자도 늘고 있다.

---

*밀크플레이션 (milkflation)

밀크플레이션은 우유를 뜻하는 밀크(milk)와 인플레이션(Inflation)의 합성어로서, 우윳값이 오르면 우유가 들어간 아이스크림, 커피, 빵, 치즈 등의 가격이 동시에 올라 장바구니 물가 인상을 불러오는 것을 일컫는 말이다.

*비건 (vegan)

비건은 채소, 과일, 해초 따위의 식물성 음식 이외에 동물성 음식을 아무것도 먹지 않는 철저하고 완전한 채식주의자를 일컫는 말이다. 최근 동물 복지와 환경에 대한 소비자들의 관심이 높아지며 비건 식단을 지향하는 사람들이 늘어나는 추세다. 한편, 채식주의자는 먹는 음식과 정도에 따라 다양하게 분류되는데, 상세한 종류로는 ▲프루테리언(채식 중에서도 과일과 견과류만 허용하는 극단적 채식주의자) ▲락토 베지테리언(채식을 하면서 우유, 유제품, 꿀은 허용) ▲페스코 베지테리언(채식을 하면서 유제품, 가금류의 알, 어류는 허용) ▲플렉시테리언(채식을 하지만 아주 가끔 육식을 겸하는 준채식주의자) 등이 있다.

▶ **기출tip** 2019년 연합뉴스에서 철저하고 완전한 채식주의자(비건)를 묻는 문제가 출제됐다.

역대 최저 가산금리 외평채 13억달러 발행

기획재정부는 13억달러 규모의 외국환평형기금채권(외평채)을 역대 최저 가산금리로 발행했다고 10월 7일 밝혔다. 기재부는 이날 10년 만기 미국

달러화 표시 외평채 5억달러와 5년 만기 유로화 표시 외평채 7억유로를 발행했다.

발행금리는 10년물 달러채의 경우 10년물 미국 국채 금리에 25bp(1bp=0.01%p)를 더한 1.769%, 5년물 유로채의 경우 유로 미드 스왑(5년)에 13bp를 더한 −0.053%다. 가산금리 축소에 따라, 최근 지표금리가 상승했는데도 발행금리는 역대 두 번째로 낮은 수준을 기록했다.

달러화 표시 외평채 가산금리는 지난해 50bp에서 이번에 25bp로 낮아졌고 **유로화 표시 외평채 가산금리도 지난해 35bp에서 이번에 13bp로 축소돼 모두 역대 최저 수준을 경신했다.** 특히 유로화 표시 외평채는 지난해에 이어 두 번 연속 마이너스 금리 발행에 성공했다. 기재부는 액면가인 7억유로보다 많은 7억190만유로를 수취하고 이자 지급 없이 만기에 액면가만 상환할 수 있다.

첫 유로화 녹색채권 발행

유로화 표시 외평채는 아시아 정부 최초의 유로화 **˙녹색채권**(그린본드)으로 발행됐다. 유로화 녹색채권 외평채는 영국 정부의 적극적 요청에 따라 우리나라 국채로는 처음으로 런던증권거래소(LSE)에 상장될 예정이다. 그간 유로화 외평채는 독일 프랑크푸르트 증권거래소에 상장돼왔다.

김성욱 기재부 국제금융국장은 "글로벌 자산운용 시장에서 환경·사회·지배구조(ESG)에 대한 관심이 매우 커지고 있는데 ESG 중 그린에 집중된 그린본드를 발행해 우량 투자 유치 효과가 꽤 있을 것으로 생각한다"며 "대세 투자 분야가 평균적으로 수익률이 더 높은 측면이 있어 외환보유액 운용에 도움이 될 것"이라고 말했다.

˙녹색채권 (green bond)

녹색채권은 재생에너지나 전기차 등 환경개선 목적의 '녹색 프로젝트'에 사용되는 특수 목적 채권을 말한다. 일반 채권과 동일한 구조로 발행, 유통되지만 조달된 자금은 무조건 친환경 사업에만 사용된다. 녹색채권을 발행하는 기업은 친환경 활동을 대외적으로 공개하여 기업 가치를 높일 수 있고, 낮은 금리와 같은 좋은 조건으로 자금을 조달할 수 있다.

▌암호화폐 거래소 재편, 미신고 코인거래소 36곳 모두 영업종료

특정금융거래정보법(특금법)에 따른 가상자산(암호화폐) 사업자 신고 기한이 지난 9월 24일 마감되면서 **업비트·빗썸·코인원·코빗 등 암호화폐 거래소 '4강 체제'**가 본격적으로 막을 올렸다. 미신고로 영업을 중단한 거래소뿐 아니라 '코인마켓 운영자'로 신고를 마친 거래소에서도 이용자들이 대거 이탈 움직임을 보이고 있다.

금융위원회 산하 금융정보분석원(FIU)은 전날 1차 점검을 한 결과 미신고 거래소 37곳 중 미영업 신규사업자 1곳을 제외한 36곳이 모두 영업을 종료한 것으로 확인했다고 9월 26일 밝혔다. 9월 24일까지 당국에 신고한 암호화폐 사업자는 거래소 29곳, 기타사업자(지갑·보관관리업자 등) 13곳 등 모두 42곳으로 집계됐다.

이 중 **4대 거래소만이 실명계좌를 확보해 원화마켓 운영자로 신고했다.** 나머지 거래소 25곳은 주류 암호화폐를 결제 수단으로 활용하는 코인마켓으로 신고했다. 코인마켓은 정보보호관리체계(ISMS) 인증만 갖추면 사업자 신고가 가능하다.

암호화폐 관련 온라인 카페에는 "이용하던 거래소의 원화 거래가 정지됐다고 하는데, 보유 코인을 빅4 거래소로 전송하는 법을 알려 달라"는 문의가 쇄도했다. 특히 신고 마지막 날까지 실명계좌를 받을 것으로 기대를 모았던 거래소 고팍스의 경우 결국 실패해 BTC(코인)마켓으로 전환을 발표하면서 뒤늦은 '탈출 행렬'이 이어지기도 했다.

투자자 입장에서는 거래소를 이용할 유인이 대폭 줄었다는 분석이 나온다. 이전까지는 대부분의 거래소에 원화 마켓이 있고 원화 입출금도 가능해 4대 거래소에는 없지만 유망하다고 판단되는 코인을 상장한 중소 거래소를 이용하는 사람이 적지 않았다. 중소 거래소도 •에어드롭(코인 무상 지급) 이벤트를 통해 고객을 끌어 모았다. 하지만 개정 특금법이 본격 시행되면서 이들 거래소에서 원화 마켓 자체가 사라졌다.

다만 금융 당국은 거래소 영업 종료로 인한 피해는 제한적일 것으로 봤다. 실제로 9월 21일 기준 ISMS 인증을 신청했으나 획득하지 못한 거래소 13곳의 시장점유율은 전체의 0.1% 미만인 것으로 나타났다. 이들 거래소의 원화 예치금 잔액도 지난 4월 2600억원대에서 41억8000만원으로 크게 줄었다.

•에어드롭 (airdrop)

에어드롭이란 공중(air)에서 떨어뜨린다(drop)는 뜻으로서, 기존 암호화폐 소유자들에게 무상으로 코인을 배분하여 지급하는 행위를 말한다. 주식에서 '무상증자'와 유사한 개념이다. 2017년 8월 중국의 우지한 대표가 이끄는 비트메인 등 채굴업체들이 비트코인캐시(bitcoin cash)라는 신규 코인을 생성한 후 기존 비트코인 소유자에게 1：1 개수 비율로 비트코인캐시를 무상 지급한 사례가 유명하다. 이처럼 신규 코인 개발자는 에어드롭이라는 마케팅 방식을 활용하여 신규 암호화폐를 널리 홍보하고 급속히 확산시킬 수 있다. 다만 무분별한 에어드롭이 진행될 경우 전체 암호화폐 시장에 거품이 발생하여 중장기적으로 큰 문제를 발생시킬 가능성이 있다.

▌코스피, 6개월여만에 장중 3000선 붕괴

코스피 3000선이 반년 만에 무너졌다. •**인플레이션 우려 고조, 미국 부채한도 불확실성 확대, 헝다 그룹 불안 등 여러 악재가** 동시다발로 글로벌 증시를 뒤흔들면서 코스피에도 하방 압력을 가했다. 10월 5일 오전 10시 기준 코스피는 전 거래일보다 64.99p(2.15%) 내린 2954.19를 나타냈다.

시가총액 상위 10개 종목 중에서는 전 종목이 하락했다. 대장주인 삼성전자는 0.68% 하락했고 SK하이닉스도 0.80% 내리며 약세를 나타냈다.

NAVER(-1.57%), 삼성바이오로직스(-5.70%), LG화학(-2.21%), 카카오(-2.58%), 삼성SDI(-2.69%), 현대차(-0.78%), 셀트리온(-5.44%) 등 주요 대형주가 약세를 보였다.

올해 상승분 모두 반납

10월 6일 기준 코스피는 2908.31로 마감됐다. 종가 기준으로 연저점이자 작년 마지막 거래일인 12월 30일의 2873.47 이후 최저치다. 올해 상승분을 모두 반납한 셈이다. 이날 **주식·원화·채권이 동반 약세를 보이는 '트리플 약세' 현상**이 나타났다.

금융시장 변동성이 커지면서 안전자산 선호는 확대되고 위험자산 선호는 위축됐다. 그러면서 신흥 시장인 한국 시장에서는 외국인 자금이 빠져나갔다. 주식시장에서 외국인 자금이 유출되는 급락장이 펼쳐지며 수조원어치를 사들이며 증시 하단을 지지한 '동학 개미' 개인 투자자들의 기세도 예전만 못했다.

이경민 대신증권 연구원은 "미국 채권금리가 상승하고 달러가 강세를 보이는 등 글로벌 금융시장 변동성이 확대됐다"며 "이로 인해 한국 채권금리 상승과 원화 약세가 전개되고, 채권시장과 외환시장의 급격한 변화는 코스피 하락 반전과 낙폭 확대로 이어졌다"고 설명했다.

좀처럼 악재가 해소되지 않는 가운데 국내 주식시장이 당분간 불안한 장세를 이어갈 수 있다고 전문가들은 보고 있다. 이 연구원은 "물가, 금리, 경기 불안 등 최근 조정을 야기한 재료가 해소되지 않은 상황에서 새로운 변수가 붙으니 시장이 불안해하고 변동성이 커지고 있다"고 설명했다.

*인플레이션 (inflation)

인플레이션이란 화폐가치가 하락하여 물가 수준이 전반적으로 높아지는 현상을 말한다. 인플레이션이 발생하면 금융 자산보다 실물 자산을 소유한 사람이 유리하기에 저축은 감소하고, 토지 등 실물에 대한 투자가 증가한다. 또한 인플레이션으로 재화와 서비스의 가격이 상승하면 수출품에 대한 외국인들의 수요는 감소하고, 수입품에 대한 내국인들의 수요는 증가하여 경상수지가 악화될 수 있다.

◐ **기출tip** 언론사 필기시험에서 인플레이션과 파생된 용어를 묻는 문제가 자주 출제된다.

'파산 위기' 헝다그룹 주식, 홍콩 증시서 거래 정지

파산설에 휩싸인 중국 부동산 개발업체 *헝다그룹의 주식이 10월 4일 홍콩 증시에서 거래 정지됐다. 이날 장 시작 전 헝다그룹과 헝다물업, 허성창잔은 거래를 잠정 중단한다고 공시했다.

헝다는 현재 부채가 3000억달러(한화 약 356조원) 이상으로 알려졌으며 헝다채권은 *디폴트(채무불이행)에 대비할 수준으로 떨어진 상태다.

디폴트 위기설 속에서 헝다 주가는 올해 들어 80% 가까이 폭락했고, 헝다는 현금 확보를 위해

자산 매각을 추진 중이다. 앞서 헝다는 9월 29일에도 보유 중이던 성징(盛京)은행 지분 19.93%를 99억9300만위안(약 1조8300억원)에 국유기업에 매각하기로 한 바 있다.

헝다 2대 주주 자진 상장 폐지 추진

중국 2위 부동산개발업체인 헝다그룹의 2대 주주인 홍콩 부동산업체 화런즈예가 자진 상장 폐지를 추진한다고 홍콩 사우스차이나모닝포스트(SCMP)가 10월 7일 보도했다. 헝다가 파산 위기에 몰리고 주가가 폭락하면서 대규모 손실을 본 화런즈예도 비상장사로 전환키로 한 것이다.

홍콩 증시 상장사인 화런즈예는 10월 6일 오후 이 회사의 지분 75%를 보유한 류란슝 가문이 현재 유통하고 있는 나머지 지분 25%를 주당 4홍콩달러에 매입해 상장을 폐지하기로 했다고 공시했다. 총 매입 금액은 19억1000만홍콩달러(약 2892억원)이다.

중국 부동산 업계 연쇄 디폴트 우려

헝다그룹 파산 위기설을 계기로 중국 부동산 업계의 재무 건전성에 대한 우려가 증폭되는 가운데 올해 중국 부동산업계의 채권 디폴트 규모가 1년 전보다 무려 150% 넘게 늘어났다는 조사 결과가 나왔다.

현재 채무불이행 리스크가 있는 중국 부동산개발업체는 헝다그룹, 화샤싱푸, 란광발전, 북대자원, 양광100중국, 시닉홀딩스, 화양년홀딩스 등 10여 개에 달한다. 채무를 상환하지 못한 부동산업체들은 자산 매각을 통한 현금 확보에 나섰다.

당분간 중국 부동산개발업체의 자금난은 계속될 전망이다. 중국 부동산 연구기관인 커얼루이는 4분기에도 중국 정부의 **디레버리징**(deleveraging : 부채 정리) 기조가 지속될 것이며 대다수 부동산개발업체가 투자에 신중을 기할 것으로 내다봤다.

헝다그룹 (恒大集團 · Evergrande Group)

헝다그룹은 중국 선전시에 본사를 두고 있는 중국 최대 규모의 부동산 건설사다. 헝다는 영어로는 Evergrande로 쓰는데, '항상(恒) 크다(大)'는 뜻의 그룹명을 그대로 영어로 바꾼 것이다. 완커, 컨트리가든과 함께 중국 3대 부동산 건설사로 불리었지만, 그동안 문어발식으로 사업을 확장하다가 2020년 8월 중국 정부의 강력한 부동산 개발업체 대출 규제로 자금난에 빠져 도산 위기에 처했다.

디폴트 (default)

디폴트(채무불이행)는 공사채의 이자 지불이 지연되거나 원금상환이 불가능해지는 것을 말한다. 일반적으로 국가 부도 상황을 의미하며 정부가 부채 상환 만기일이 도래했는데도 이를 갚지 못해 파산하는 것을 일컫는다. 디폴트가 발생했다고 채권자가 판단하여 채무자나 제3자에게 통지하는 것을 디폴트 선언이라고 한다.

▷ **기출tip** 2021년 경인일보 필기시험에서 디폴트에 대해 묻는 문제가 출제됐다.

▌3분기 신라면 해외 매출, 국내 매출 추월

한국 라면이 세계적으로 맛과 품질을 인정받으면서 해외 매출이 크게 늘고 있다. 농심은 2021년

3분기까지 신라면 해외 매출이 국내 매출을 넘어섰고 삼양식품도 불닭볶음면 인기로 수출이 급증했다.

10월 5일 식품업계에 따르면 신라면의 3분기 누적 국내외 매출은 6900억원으로 이 중 해외 비중은 53.6%(3700억원)다. 1986년 **신라면 출시 이후 해외 매출이 국내를 앞서기는 처음이다.** 이러한 추세를 이어간다면 신라면은 2021년 총 9300억원 매출을 기록할 것으로 예상된다. 단일 제품으로 연간 매출 1조원 달성을 목전에 둔 것이다.

불닭볶음면도 국내보다 해외에서 인기가 더 많다. 삼양식품은 수출이 증가하기 시작한 2016년부터 지난해까지 전체 매출에서 해외 매출이 차지하는 비중도 26%에서 57%로 대폭 증가했다. 한국 영화와 K팝 등 한국 문화에 관한 관심이 커진 가운데 코로나19로 **외식보다 내식을 선호하는 홈쿡**(home cook) **트렌드**와 맞물려 간편하고 맛있는 한국 라면이 주목받게 된 것이다.

신라면은 작년 뉴욕타임즈를 비롯해 다양한 매체에서 '세계 최고의 라면'으로 꼽히며 맛과 품질을 인정받았다. 농심은 여세를 몰아 세계 각국에서 온라인 중심으로 신라면을 알렸다. 미국에서는 '신라면의 맛있는 본능'(Instinct of Delicious - Shin Ramyun)이라는 제목의 애니메이션 광고가 유튜브 조회수 1400만 건에 달할 정도로 화제를 모았다.

농심은 이번 성과를 바탕으로 글로벌 시장 공략에 박차를 가한다는 계획이다. 올 연말 미국 제2공장 가동이 시작되면 미국과 캐나다는 물론, 멕시코와 남미 지역까지 공급량을 늘릴 수 있을 것으로 기대하고 있다.

멕시코, 일부 한국 라면 회수 조치

한편, 멕시코 정부는 한국 제품을 비롯해 시중에 유통되는 일부 라면을 성분 표시 위반 등을 이유로 회수하기로 했다. 10월 6일 식품업계에 따르면 멕시코 연방 소비자보호청은 10월 4일(현지시간) 33개 인스턴트 면 제품 중 9개 제조사의 12개 제품을 회수하기로 했는데 여기에는 삼양식품 치즈 불닭볶음면과 오뚜기라면 닭고기 맛, 신라면 컵라면 등 한국 제품이 포함됐다.

보호청은 치즈 붉닭볶음면의 **실제 성분에 닭고기는 전혀 없고 닭고기맛 분말만 함유**된 것, 오뚜기라면 닭고기 맛 포장 이미지에 당근이 있지만 실제로 들어있지 않은 것, 신라면 컵라면은 영양 정보가 제대로 표기되지 않은 것 등을 문제점으로 지적했다. 업체 측은 제품을 회수하고 포장을 고쳐 판매할 계획으로 알려졌다.

MSG (Mono Sodium Glutamate)

MSG는 우리 몸을 구성하는 필수 아미노산의 한 종류인 글루탐산이 88%, 나트륨이 12% 들어간 발효 조미료로서 본래 명칭은 L-글루탐산나트륨이다. 글루탐산은 단백질을 구성하는 20가지 아미노산 중 하나로, 모유나 우유, 육류, 감자, 옥수수 등 자연식품에도 들어가 있는 성분이다. MSG는 사탕수수에서 추출한 원당(설탕)을 발효시켜 만든다. 1995년 미국 식품의약국(FDA)과 세계보건기구(WHO)는 공동 연구조사 결과 MSG를 평생 먹어도 안전한 식품첨가물로 판명했으며 우리나라 식약처도 일일 섭취허용량에 제한이 없는 안전한 물질로 규정하고 있다.

한때 많은 소비자가 유해성 우려로 MSG를 기피하면서 농심 신라면의 경우 일본, 중국 판매 제품에는 MSG가 들어있지만 2007년 이후 국내 제품에는 사용하지 않고 있다. 최근에는 MSG 조미료인 미원 제조사인 대상에서 MSG의 감칠맛을 살린 '미원 라면'을 내놓아 인기를 끌기도 했다.

▌ 9월 외환보유액 4639억달러 '사상 최대'

지난 9월 우리나라 외환보유액이 한 달 만에 4000만달러 늘면서 또다시 사상 최대 기록을 세웠다. 미국 달러화 강세로 기타통화 표시 외화자산의 미 달러화 환산액이 감소했음에도 불구하고 외화자산 운용수익이 증가하면서 외환보유액은 3개월째 증가 흐름을 이어갔다.

한국은행의 10월 6일 발표에 따르면 9월 외환보유액은 4639억7000만달러로 한 달 사이 4000만달러 늘었다. 직전 역대 최대 기록이었던 지난 8월 4589억3000만달러를 넘어섰다.

다만 증가폭은 8월(52억달러)에 비해 크게 줄었다. 미 달러화가 강세를 보이면서 유로화·파운드화·엔화 등 다른 외화자산의 달러 환산액이 감소했기 때문이다. 9월 주요 6개국 통화 대비 **˚달러 인덱스(DXY)**는 94.34로 전월 대비 1.8% 올랐다. 이에 유로화는 1.7%, 파운드화는 2.4%, 엔화는 1.8%, 호주달러화는 1.6% 절하됐다.

국채, 정부기관채, 회사채, 자산유동화증권 등을 포함한 유가증권은 4193억5000만달러로 전체의 90.4%를 차지했다. 한 달 전에 비해 10억 5000만달러 증가했다. 이어 예치금 198억5000만 달러(4.3%), 국제통화기금(IMF) **˚특별인출권(SDR)**

153억8000만달러(3.3%), 금 47억9000만달러 (1.0%), IMF포지션 46억달러(1.0%)가 외환보유액을 구성했다.

8월 말 기준 우리나라의 외환보유액 규모는 전달에 이어 세계 8위를 기록했다. 1위 중국은 3조 2321억달러로 한 달 동안 38억달러 줄었다. 2위 일본은 1조4243억달러, 3위 스위스는 1조942억달러를 보유 중인 것으로 나타났다.

˚달러 인덱스 (DXY, Dollar indeX)

달러 인덱스는 ▲유로(유럽연합) ▲엔(일본) ▲파운드(영국) ▲캐나다 달러 ▲스웨덴 크로나 ▲스위스 프랑 등 경제 규모가 크고 통화가치가 안정적인 6개국 통화에 대한 미국 달러화의 평균적인 가치를 보여주는 지표다. 지수 산출을 위한 6개국 통화의 비중은 경제 규모에 따라 결정된다. 1973년 3월을 기준점인 100으로 하여 미 연방준비제도 이사회(FRB)가 작성·발표한다. 달러 인덱스가 상승하면 미 달러화 가치가 오른다는 뜻이다. 특정 시점의 달러 인덱스가 80이라면 주요국 통화 대비 미 달러화 가치가 1973년 3월 대비 20%가량 떨어졌다는 뜻이다.

˚특별인출권 (SDR, Special Drawing Right)

특별인출권(SDR)이란 국제통화기금(IMF)의 공적 준비자산으로서 제3의 화폐라고 불린다. 1968년 4월 IMF 이사회 결의에 따라 1970년부터 도입됐다. SDR 도입에 따라 IMF에 출자금을 낸 가맹국은 국제수지가 악화됐을 때 무담보로 외화를 인출할 수 있는 권리를 갖게 된다. SDR의 가치는 당초 금에 의해 표시돼 1달러와 같은 0.888671g의 순금과 등가(等價)로 정해졌으나 달러의 평가절하로 1973년 2월 1SDR=1.2635달러가 됐다. 그러나 이후 주요 선진국 통화가 변동환율제로 이행됨에 따라 1974년 7월 이후 잠정적 조치로서 SDR의 가치기준이 표준 바스켓 방식(standard basket system)으로 변경됐다. 표준 바스켓 방식은 주요 16개 통화의 시세를 가중평균해 결정하는 방식이다. SDR이 국제기준통화로서의 요건을 갖추게 됐으므로 국제거래를 SDR 표시로 하자는 움직임도 있으나, 실제 외국환시장에서 기준통화는 여전히 달러화이다.

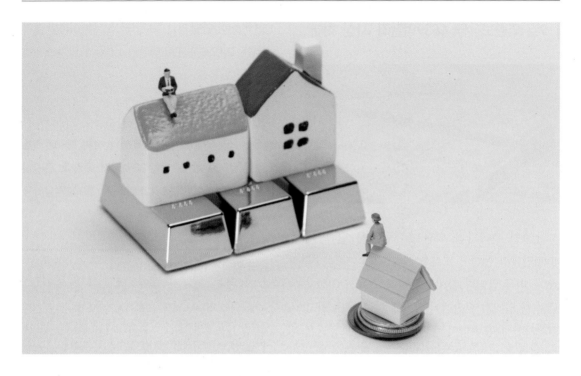

심각한 MZ세대 자산 양극화...
상위 20%가 하위 20%의 35배

2030 평균 자산은 3억1849만원

•MZ세대의 자산 격차가 심각한 수준으로 벌어진 것으로 나타났다. 지난 10월 11일 김회재 더불어민주당 의원이 통계청 가계금융복지조사 마이크로데이터를 분석한 결과에 따르면 지난해 20~30대 가구주의 가구 평균 자산은 3억1849만원이었다.

이 가운데 하위 20%에 해당하는 1분위의 평균 자산은 2473만원으로 전년 대비 64만원(2.6%) 증가했다. 반면 상위 20%에 해당하는 5분위의 평균 자산은 8억7044만원으로 전년 대비 7031만원(8.8%) 늘어났다. 이에 따라 **5분위 평균을 1분위 평균으로 나눈 자산 5분위 배율은 2019년 33.21배에서 지난해 35.20배로 더 크게 벌어졌다.**

'부모 찬스'로 20대에서 자산 격차 더 커

30대보다 20대에서 자산 격차가 더욱 컸다. 20대 가구 1분위 평균 자산은 115만원(-11.9%) 감소한 844만원, 5분위 평균 자산은 817만원

•MZ세대 (MZ generation)

MZ세대는 1980년부터 2004년 생까지를 일컫는 밀레니얼(M) 세대와 1995년부터 2004년 출생자를 뜻하는 Z세대를 합쳐 일컫는 말이다. 통계청에 따르면 MZ세대는 2019년 기준 약 1700만 명으로 국내 인구의 약 34%를 차지한다. MZ세대는 디지털 환경에 익숙하고, 트렌드에 민감하며 이색적인 경험을 추구한다. 특히 SNS 활용에 능숙한 MZ세대는 유통시장에 강력한 영향력을 발휘하고 있다.

▶ **기출tip** 2020년 TV조선 제작PD 필기시험에서 MZ세대를 단답형으로 묻는 문제가 출제됐다.

(2.5%) 늘어난 3억2855만원이었다. 5분위 배율은 같은 기간 33.42배에서 38.93배로 악화했다.

반면 소득 격차는 20대가 30대보다 더 작았다. 20대 가구의 자산 분위별 소득의 경우 1분위 가구의 평균 경상소득은 2145만원, 5분위 가구의 평균 경상소득은 5262만원이었다. 5분위 배율은 2.45배로 30대의 5분위 배율(3.05배)보다 낮았다.

이 같은 결과는 부모로부터 물려받은 자산인 '부모 찬스'가 빈부격차를 키운 것으로 해석된다. **기획재정부에 따르면 지난해 주택 증여 건수는 15만2000건으로 역대 최대를 기록했다.**

탈세 등 정당하지 않은 부의 대물림도 성행했던 것으로 보인다. 최근 국세청은 고가의 부동산이나 주식 등을 부모로부터 편법 증여받거나 부모 돈을 빌려 집을 구입한 뒤 이를 갚지 않은 30대 이하 446명을 대상으로 세무조사에 들어갔다. 국세청 관계자는 "자산시장 과열로 재테크에 대한 청년들의 관심이 높아진 가운데 변칙 증여가 청년층의 상대적 박탈감을 더 키우고 있다"고 말했다.

이번 분석 결과를 내놓은 김 의원은 "20대 가구의 자산 격차가 소득 차이가 아닌 부의 대물림 때문이라는 점이 간접적으로 드러났다"며 "부모의 재력에 따라 출발점이 달라지는 기회의 불공정, 부의 대물림의 고리를 이제는 끊어야 할 때"라고 강조했다.

정책 대안 마련해야

코로나19는 MZ세대의 양극화에도 영향을 크게 끼쳤다. **˚K자형 회복**이 MZ세대에도 뚜렷하게 나타나고 있는 셈이다. 코로나19 사태 이후 유동성

이 풍부해지면서 자산시장이 과열된 상황에서 부동산과 주식 같은 자산 가격이 급등한 가운데 부모의 도움으로 이를 보유한 청년 세대의 자산 가치가 커졌다.

반면 부모의 도움을 받지 못한 청년들의 경우 '영끌'('영혼까지 끌어모은다'의 준말로, '영끌 대출', '영끌 투자'라는 식으로 주로 사용됨) 등 온갖 수단을 동원해 자산을 불리기 위해 발버둥 쳐도 역부족이다. MZ세대의 양극화가 심각한 가운데 기회의 불공정 고리를 끊는 한편, 양극화 해소를 위한 근본적인 정책 대안을 서둘러 마련할 것이 촉구된다.

˚K자형 회복

K자형 회복이란 경기 침체로 모든 주체의 소득이 한꺼번에 위축됐지만, 고소득층 집단은 침체에서 빨리 회복하거나 더 부유해지는 반면 저소득층은 회복이 더디거나 소득이 감소하는 양극화 현상을 말한다. 2020년 코로나19 충격 이후 주식 시장은 사태 초반 급락을 모두 회복했고 부동산 시장은 오히려 활성화됐다. 이에 따라 사회적 거리두기에 영향을 크게 받지 않은 고학력·고소득층의 소득은 더 늘었지만, 외식·접객 등 전통산업에 종사하는 저학력·저소득층은 생계가 어려워졌다.

◑ **기출 tip** 2020년 서울경제, 2021년 인베스트조선 필기시험에서 K자형 회복을 묻는 문제가 출제됐다.

🖐 세 줄 요약

❶ MZ세대의 자산 격차가 심각한 수준으로 벌어진 것으로 나타났다.

❷ 부모로부터 물려받은 자산인 '부모 찬스'의 영향으로 30대보다 20대에서 자산 격차가 더욱 컸다.

❸ MZ세대의 양극화가 심각한 가운데 기회의 불공정 고리를 끊는 한편, 양극화 해소를 위한 근본적인 정책 대안을 서둘러 마련할 것이 촉구된다.

밀가루 반죽에 기름때 '뚝뚝'... 던킨도너츠 위생 논란

SPC그룹 비알코리아가 운영하는 유명 도넛 °**프랜차이즈** 업체인 던킨도너츠 공장 내부의 비위생적인 환경을 폭로하는 영상이 공개됐다. 9월 29일 KBS는 던킨도너츠 안양공장 5층에서 내부 직원에 의해 촬영된 영상을 공개했다.

이 영상에는 기름때가 잔뜩 낀 도넛 제조시설 환기장과 바로 그 아래 있는 밀가루 반죽에 누런 물질이 잔뜩 떨어진 모습이 등장했다. 도넛을 기름에 튀기는 기계와 시럽 그릇 안쪽에는 정체를 알 수 없는 시커먼 물질이 장갑에 묻어 나왔다.

도세호 비알코리아 대표이사는 던킨도너츠 공식 홈페이지를 통해 사과하면서 식품의약품안전처의 조사 결과 등에 따라 대내외적인 조치를 공유하고 진행하겠다고 밝혔다.

비알코리아 "폭로 영상은 자작극"

사과문을 발표한 비알코리아가 9월 30일 안양 공장 제보 영상에 대한 조작 의심 정황이 발견됐다고 주장하면서 사건은 반전됐다. 비알코리아는 "공장 내 CCTV를 확인한 결과 2021년 7월 28일 한 현장 직원이 아무도 없는 라인에서 카메라를 사용해 몰래 촬영하는 모습이 발견됐다"고 밝혔다.

이어 "해당 직원은 설비 위에 묻은 기름을 고의로 반죽 위에 떨어뜨리려고 시도했다"며 "해당 직원은 민주노총 소속 지회장으로 당시 해당 생산라인 근무자가 아니었다"고 밝혔다. 비알코리아는 해당 영상의 직원을 고소하고 경찰에 수사를 의뢰했다. 민노총은 비알코리아의 모회사인 SPC그룹이 "노조탄압을 하고 있다"고 주장하며 SPC 측과 갈등을 빚고 있다.

한편, 식약처는 제보 영상 조작 논란과 별도로 던킨도너츠를 불시에 조사한 결과 일부 시설이 청결하게 관리되지 않는 등 식품위생법 위반이 적발됐다며 관할 지자체에 행정처분을 요청했다고 9월 30일 밝혔다.

°프랜차이즈 (franchise)

프랜차이즈는 제조업자나 판매업자가 독립적인 소매점을 가맹점으로 하여 운영하는 영업 형태를 말한다. 상표·상호·특허·기술 등을 보유한 제조업자나 판매업자가 소매점과 계약을 통해 상표의 사용권·제품의 판매권·기술 등을 제공하고 대가를 받는 시스템이다. 이때 기술을 보유한 자를 프랜차이저(franchisor : 본사), 기술을 전수받는 자를 프랜차이지(franchisee : 가맹점)라 한다.

10월 5일부터 부스터샷 사전예약 시작

코로나19 부스터샷(추가 접종) 사전예약이 10월 5일부터 시작됐다. 부스터샷 접종 대상은 접종 완료 후 6개월이 지난 만 60세 이상 고령층 등 고위험군이다.

정은경 질병관리청장은 전날 특별브리핑을 통해 "접종 완료 후 6개월부터 면역력이 다소 떨어지고

돌파감염(백신 접종을 완료한 후에 확진되는 경우)이 증가하는 점 등을 고려해 추가 접종을 실시하게 됐다"고 설명했다.

부스터샷이란 백신의 면역 효과를 강화하거나 효력을 연장하기 위해 일정 시간이 지난 뒤 추가 접종을 하는 것을 의미한다. 2020년 말부터 접종이 시작된 코로나19 백신의 경우 화이자·모더나 등 대부분의 백신이 2번 접종하는 방식인데, 여기에 한 번 더 추가해 3차 접종을 하는 것이다.

부스터샷은 화이자 또는 모더나 백신으로 이뤄지며 아스트라제네카 백신으로 접종 완료한 사람도 추가 접종 시 화이자 또는 모더나 백신을 접종 받는다. 아울러 10월 5일부터 29일까지 만 16~17세 청소년에 대한 코로나19 백신 사전예약이 진행될 예정이다.

코로나19 백신 접종 후 크고 작은 부작용을 겪는 사례가 증가하면서 부스터샷은 고사하고 1차 접종 후 2차 접종을 거부하는 사람들도 적지 않은 가운데 청와대 게시판에 백신 패스 도입을 반대하는 국민청원이 올라왔다. 정부는 지난 9월 29일 **백신 접종 미완료자의 다중이용시설과 행사 참여에 제한을 두는 백신 패스** 도입을 검토한다고 발표했다.

부스터샷으로 백신 회사 돈방석…'탐욕' 논란

주요국에서 코로나19 백신 부스터샷이 시작되면서 화이자, 모더나 등 백신 제조업체가 막대한 추가 수익을 올릴 것으로 전망된다. 코로나19 팬데믹이 장기화되면서 백신 기업들은 엄청난 수익과 권력을 쥐었다.

특히 화이자 최고경영자(CEO)인 앨버트 불라는 그 위상이 일국의 국가원수급이다. 지난 4월 일본 백신 접종 총책임자인 고노 다로 특명담당대신이 화이자와 백신 수급을 협상하려 했지만 불라 CEO가 만나 주지 않자 스가 요시히데 총리가 직접 전화를 걸기도 했다. 문재인 대통령도 미국 뉴욕 방문 시 불라 CEO를 만난 적이 있다. 그러나 막대한 돈벌이를 하며 기술 이전을 극도로 꺼리는 백신 회사의 탐욕을 비판하는 목소리도 나온다. 톰 프리든 미국 질병통제예방센터(CDC) 전 국장은 최근 한국 언론과의 인터뷰에서 화이자·모더나가 부자 나라에 백신을 판매하는 데만 집중하는 것은 부끄러운 일이며 끔찍한 비극을 막대한 돈 버는 데만 이용한다고 일갈했다. 프리든 전 국장은 이 두 회사가 내년까지 우리 돈으로 약 154조원을 벌어들일 예정이지만 저소득 국가에 공급한 백신은 화이자가 생산량의 1%, 모더나는 전혀 없다고 맹비난했다.

해외 백신 접종자도 10월 7일부터 접종 인센티브 누린다

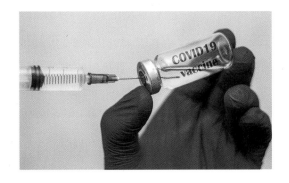

해외에서 코로나19 백신을 접종한 사람 가운데 격리면제서를 가진 사람은 10월 7일부터 국내 접

종자와 마찬가지로 사적 모임 기준에서 제외되는 혜택을 누리게 된다. 또 국내에서 자체 예방접종을 마친 주한미군과 주한외교단, 이들의 가족도 국내 접종자와 마찬가지의 혜택을 누린다.

질병관리청 중앙방역대책본부는 이런 내용의 해외 예방접종 완료자 확인서 발급 개선방안을 10월 5일 중앙재난안전대책본부 회의에서 보고했다. 그간 해외에서 접종을 완료한 사람은 일상에서 사실상 미접종자로 분류돼 접종 이력을 인정받지 못했다.

이들은 이미 접종을 완료한 상태라 국내에서 추가 접종도 불가능했다. 이런 불편을 해소해달라는 요청이 지속적으로 제기됨에 따라 정부는 이들에 대한 접종 이력도 단계적으로 인정하고 접종 확인서를 발급하기로 결정했다.

한편, 해외 예방접종 인정 백신은 **세계보건기구**(WHO)의 승인을 받은 코로나19 백신인 ▲화이자 ▲얀센 ▲모더나 ▲아스트라제네카(AZ·코비실드 포함) ▲시노팜 ▲시노백 백신 등이다. 이 중 시노팜, 시노백 등 중국산 백신은 국내에서 접종이 이뤄지지 않는 백신이다.

손영래 중앙사고수습본부 사회전략반장은 국내에서 접종하지 않는 백신도 접종 이력 인정 대상에 포함한 것을 두고 "입국 시 격리면제제도를 검토하면서 WHO의 공식 승인 백신을 기준으로 했다. 이번 조치도 이와 동일한 연장선상"이라고 밝혔다.

그는 "앞으로도 WHO 인증 백신을 중심으로 제도를 검토하게 될 것"이라며 "외국에서 백신을 접종하고 자가격리서 없이 입국했던 내국인, 우리 국민에 대해서도 동일한 기준으로 조속한 시일 내 접종 이력을 인정하는 체계를 강구할 예정"이라고 덧붙였다.

방대본은 또 격리면제서 없이 입국한 해외 예방접종자 가운데 외국인에 대해서는 이른바 '위드 코로나'로 불리는 단계적 일상 회복 방안과 연계해 확인서 발급에 대한 세부 계획을 마련할 예정이다.

백신 패스 (vaccine pass)

백신 패스는 위드 코로나 방안 중 하나로 정부가 준비하고 있는 제도로, 코로나19 백신 접종 완료자가 공공시설이나 다중시설을 이용할 때 방역 조치로 인한 제한을 받지 않는 인센티브를 주는 것을 말한다. 백신 패스는 미국이나 유럽 국가에서 이미 시행 중인 조치다. 백신 패스에는 포지티브 방식과 네거티브 방식이 있는데, 포지티브 방식은 접종 완료자의 인센티브를 늘려주는 것이고, 네거티브 방식은 미접종자들에게 불이익을 주는 방식이다.

한편, 일각에서는 알레르기나 개인 질환, 체질 등으로 백신을 접종할 수 없는 사람들도 있는데 백신 패스를 도입해 미접종자에게 불이익을 주는 것은 인간 기본권을 침해하는 것이라고 반발한다. 또, 백신을 맞지 않는 것도 개인의 선택인데 불이익을 주는 것은 개인의 자유를 침해하는 것이라는 의견이 있다.

보이스피싱 1세대 '김미영 팀장' 잡았다... 잡고 보니 '전직 경찰관'

자신을 '김미영 팀장'이라고 소개하면서 약 400억 원 규모의 보이스*피싱 사기를 벌였던 조직의 총책인 박 모 씨가 필리핀에서 검거됐다. 검거된 박

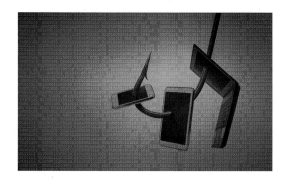

올해 9월 25일 현지에서 그를 붙잡았다.

A 씨를 붙잡은 경찰은 박 씨가 두 개의 가명을 사용해 도피 중인 사실을 확인하고는 2주간 잠복 후 필리핀 수사기관과 함께 검거했다. 한편, 경찰청은 주필리핀 대사관, 필리핀 당국과 협의해 박 씨 등 피의자들을 국내로 신속히 송환하기로 했다.

씨는 경찰 출신으로, 과거 수사 과정에서 알게 된 범행 수법을 그대로 이용한 것으로 알려졌다.

경찰청은 2012년 필리핀에 콜센터를 개설해 '김미영 팀장'을 사칭해 수백억원을 가로챈 사기 혐의로 조직 총책 박 씨를 10월 4일 검거했다고 밝혔다. 박 씨는 한국에서 경찰관으로 근무하다가 수뢰(受略 : 뇌물을 받음) 혐의로 2008년 해임된 후 범행을 저질렀다. 그는 마닐라 남동쪽으로 약 400km 떨어진 곳에서 거주하며 도피 생활을 해 온 것으로 전해졌다.

박 씨가 총책을 맡은 이 조직은 '김미영 팀장' 명의의 문자메시지를 불특정 다수에게 보낸 뒤 자동응답전화(ARS)를 통해 대출 상담을 하는 척하며 피해자의 개인정보를 빼내 돈을 가로챘다. 지난 2013년 보이스피싱에 연루된 국내 조직원들을 대거 검거했지만, 박 씨를 비롯한 주요 조직 간부들은 해외로 도피했다.

경찰청 인터폴국제공조과는 박 씨 등 간부들을 붙잡기 위해 첩보를 수집했고, 필리핀 코리안데스크는 추적 끝에 피의자들의 동선 등 주요 정보를 확보했다. 경찰은 국가정보원과 함께 박 씨를 검거하기 위해 그의 측근으로 대포통장 확보 역할을 한 A 씨 첩보 수집에 집중했고, 코리안데스크는

*피싱 (phishing)

피싱은 무작위로 전자 우편이나 메신저를 통해 거짓메일을 발송하여 허위로 만든 금융기관 웹사이트로 접속을 유인한 후 개인의 인증번호, 신용카드번호, 계좌정보 등을 빼내 불법적으로 이용하는 사기 수법을 말한다. 개인정보(private data)와 낚시(fishing)의 합성어로, 사용자를 유인하여 개인정보를 낚아채는 것이 낚시와 유사하여 붙여진 이름이다. 전화를 이용한 보이스피싱, 메신저를 이용한 메신저피싱 등의 수법이 점점 고도화되며 피해자가 꾸준히 발생하고 있다.

파밍(pharming)·스미싱(SMishing)

파밍은 고객이 정상적으로 은행 인터넷 뱅킹 사이트에 접속해도 위조 사이트로 자동으로 이동하도록 만들어 예금을 탈취하는 해킹 수법이다. 은행 고객 컴퓨터에 악성코드 등을 설치해 정상적인 주소를 입력해도 위조 사이트로 이동하게 된다. 가짜 사이트로의 접속을 유도하는 피싱보다 한 단계 진화한 수법이다.
스미싱은 SMS와 피싱(Phishing)의 합성어로 문자메시지를 이용한 새로운 휴대폰 해킹 기법을 말한다.

▌코로나19 신규 확진 3000명대 사상 최대

정은경 질병관리청장이 역대 최다 코로나19 확진자 발생과 관련해서 국민에게 선제 검사와 모임 자제·취소를 요청했다. 9월 25일 0시 기준으로

코로나19 신규 확진자는 3273명으로 역대 최다를 또 갈아치웠다.

방역당국과 서울시 등 각 지방자치단체에 따르면 9월 28일 0시부터 오후 9시까지 전국에서 코로나19 양성 판정을 받은 신규 확진자는 총 2659명으로 집계됐다. 1주일 전인 9월 21일의 중간 집계치 1541명과 비교하면 1118명이나 많다.

2659명은 화요일 확진자(수요일 0시 기준)로 이미 최다 기록이다. 종전 최다는 8월 10일 기준의 2221명이었다. 발표일 기준으로 9월 24일부터 엿새 연속 '요일 최다' 기록이 이어지게 되는 셈이다.

4차 대유행이 7월 초 시작된 지 석 달이 지나가고 사회적 거리두기 강화와 함께 **°집단면역**을 위한 전 국민 백신 접종률이 계속 높아지고 있지만 확진자는 좀처럼 줄지 않고 있다.

코로나19 예방접종대응추진단에 따르면 9월 28일 0시 기준 국내 누적 1차 접종자는 3851만 1292명으로, 전체 인구의 75.0%(18세 이상 기준 87.2%)가 백신을 맞았지만 확진자는 더욱 늘어나는 양상이다. 2차 접종까지 모두 마친 사람은 총 2395만 1629명으로 전체 인구의 46.6%(54.2%)가 백신 접종을 완료했다.

정부는 백신 접종이 사실상 막바지에 이르는 10월 말이나 11월에는 독감처럼 중증환자 위주로 관리하는 '위드(with) 코로나'로 간다는 계획이지만 확진자 속도가 예상대로 줄어들지는 미지수다.

권덕철 보건복지부 장관은 이날 방송기자클럽 토론회에 참석해 방역체계 전환 시점에 대해 "백신 접종률이 고령층 90% 이상, 성인의 80% 정도가 되는 10월 말이 전환할 수 있는 시기로 보인다"면서 "10월 말 접종을 마치고 면역효과가 나타나는 2주를 고려하면 11월 초쯤이 될 것"이라고 말했다.

°집단면역 (集團免疫)

집단면역이란 감염이나 예방접종을 통해 집단의 상당 부분이 전염병에 대한 면역을 가진 상태가 되어 전염병으로부터 간접적인 보호를 받는 상태를 말한다. 집단 내의 다수가 면역을 가지고 있으면 전염병의 전파가 느려지거나 멈추게 된다. 집단면역이 어느 정도 수준에 도달하면, 질병이 그 집단으로부터 점차 사라지게 된다. 이 같은 방법이 1977년에 종결된 천연두의 박멸과 다른 질병들의 지역적인 박멸에 실제로 활용되었다.

▌ 법원, 강제징용 피해자가 압류한 미쓰비시 자산 첫 매각 명령

법원이 일제 강제징용 피해자들이 **°압류**한 일본 미쓰비시중공업의 상표권과 특허권에 대한 매각 명령을 결정했다. **한국 법원이 일본 °전범기업 자산을 매각 명령 내린 것은 처음**이다. 피해자 측이 실제로 자산 매각에 나설 경우 한일 관계에도 파장이 미칠 것으로 예상된다.

대전지방법원 김용찬 판사는 9월 27일 상표권 특별현금화명령 사건에서 일제강점기 강제징용 피해자인 양금덕 씨(92)와 김성주 씨(92) 측과 미쓰비시중공업 측에 미쓰비시중공업의 한국 내 상표권과 특허권을 매각할 것을 명령했다.

양 씨와 김 씨의 변호인 측은 "법원이 미쓰비시중공업 자산에 대한 매각을 허가한 것"이라면서 "채권자(피해자 측)가 요청하면 바로 매각 절차를 밟을 수 있게 된 것"이라고 밝혔다.

매각 대상은 양 씨가 압류한 상표권 2건과 김 씨가 압류한 특허권 2건이다. 법원은 양 씨 측과 관련해 미쓰비시중공업이 2015년 4월 15일 국내에 등록한 상표 2건(서비스표 등록번호 제0323955호, 서비스표 등록번호 제0323956호)을 매각하도록 명령했다. 김 씨 측과 관련해서는 2012년 6월 25일과 2015년 2월 16일 특허결정이 난 특허권 2건(특허등록번호 1183505, 특허등록번호 1521037)을 매각하도록 명령했다.

법원은 양 씨와 김 씨에 대해 이들 상표권과 특허권을 매각해 1명당 2억973만1276원을 확보하도록 했다. 이 중 1억2000만원은 양 씨와 김 씨가 당초 청구한 금액이고 나머지는 이자와 지연손해금 등이다.

양 씨와 김 씨 측은 조만간 상표권 매각에 들어갈 것으로 보인다. 양 씨와 김 씨 변호인 측은 "상표권과 특허권에 대한 감정평가를 바탕으로 가격을 산정한 뒤 경매를 붙이는 등 여러가지 방법이 있을 수 있다"고 말했다.

이들의 미쓰비시중공업 자산 매각이 본격화할 경우 한일 관계는 더 얼어붙을 수 있다. 법원이 최근 미쓰비시중공업 거래 대금에 압류·추심 명령 결정을 내리자 일본 정부는 자국 기업 자산이 현금화되면 한일 관계가 심각해질 것이라는 입장을 거듭 밝히고 있다.

수원지법 안양지원은 8월 12일 미쓰비시중공업이 국내 기업인 LS엠트론에 대해 보유한 8억5310여만원 상당의 물품대금 채권에 대해 압류 및 추심 명령 결정을 내린 바 있다.

한편, 양 씨 등 근로정신대 피해자 11명(생존 6명)은 2012년 10월, 2014년 2월, 2015년 5월 등 모두 세 차례에 걸쳐 미쓰비시중공업 등 전범기업을 상대로 국내 법원에 손해배상 청구소송을 제기했다. 이들은 이후 2018년 11월~12월 대법원에서 최종 승소했다. 하지만 피고 기업들은 배상 이행을 거부하며 대화 요구에도 응하지 않았다.

이에 양 씨와 김 씨 등은 특허청이 있는 대전지법에 미쓰비시중공업이 한국 내에서 소유한 상표권 2건과 특허권 6건에 대해 압류명령을 신청했고, 대전지법은 2019년 3월 이를 받아들였다.

미쓰비시중공업은 압류조치가 부당하다며 항고했으나 지난 2월과 3월 각각 기각됐으며 대법원에서도 압류 조치가 정당하다는 판결이 나온 바 있다.

압류 (押留)

압류란 체납처분의 제1단계가 되는 행정처분으로서 국세채권의 강제징수를 위해 체납자의 특정재산에 대해 법률상 또는 사실상의 처분을 금하고 그 재산을 환가할 수 있는 상태에 두는 처분을 말한다. 압류는 체납자의 의사에도 불구하고 경우에 따라서 수색, 출입제한 등 강제적인 처분권도 행사하면서 세무공무원이 집행하는 강제절차이다.

전범기업 (戰犯企業)

전범기업은 전쟁범죄에 적극적으로 가담해 그를 기반으로 성장한 기업을 말한다. 일제 강점기 조선인들을 강제 징용하여 막대한 이익을 쌓아 올린 일본 전범기업은 우리 주변에서도 많이 찾아볼 수 있다. 미쓰비시는 디지털카메라로 유명한 니콘과 기린맥주 등의 계열사를 거느리고 있고 2008년 파나소닉으로 기업 이름을 바꾼 마쓰시타도 일제 강점기 조선인들을 강제 동원한 전력이 있다. 그러나 현재까지 전범기업의 사과나 보상은 없었다.

'119 구급차 사적 이용'
덕진소방서장 직위해제

전북도 소방본부는 응급환자를 이송해야 할 119구급차를 사적으로 이용해 물의를 빚은 윤병헌 전주 덕진소방서장이 9월 29일 **직위해제**됐다고 밝혔다. 9월 28일 전북소방본부에 따르면 윤병헌 전주덕진소방서장에 대해 감찰을 진행했다. 감찰 내용은 윤 서장의 사적 지시에 의한 119구급차 환자 이송 관련 사건이다. 전북소방본부는 윤 서장과 해당 119센터장, 구급대원 등을 상대로 조사를 진행했다.

조사 결과 윤 서장은 8월 22일 부하직원에게 119구급차로 자신의 매제 A 씨를 서울의 한 병원으로 이송하라고 지시한 것으로 확인됐다. A 씨는 사건이 발생하기 며칠 전 심정지가 발생해 119구급대에 의해 익산 원광대병원으로 이송돼 치료를 받고 있었다.

이후 A 씨가 "서울의 병원에서 치료를 받은 적이 있는데 해당 병원에서 치료를 받고 싶다"는 뜻을 전달하자 윤 서장이 금암119센터 부하직원에게 A 씨를 서울 병원으로 이송하도록 지시한 것이다. 금암119센터는 윤 서장의 지시로 전주덕진소방 119구급차를 익산 원대병원으로 이동시켜 A 씨를 서울의 한 병원으로 이송했다.

소방서장의 직위를 이용한 부당 지시에 따라 A 씨는 치료받던 병원의 이송요청서도 없이 서울 병원으로 옮겨졌다. 특히 덕진소방서 119구급차는 소방서장 매제의 병원 이송에 투입되는 바람에 장시간 공백상태였다.

윤 서장의 부당 지시 사건은 노조가 먼저 사실 관계를 파악하고 문제를 제기하면서 불거졌다. 전북소방본부는 최근 노조의 강력한 처벌 요구에 이 같은 사실을 확인하고 우선 금암119센터장을 전보조치했다. 또 당시 서울로 환자를 이송했던 구급대원들에 대한 경위를 조사했다. 윤 서장도 정확한 사건경위에 대한 조사를 받은 것으로 알려졌다.

직위해제 (職位解除)

직위해제란 공무원에게 그의 직위를 계속 유지시킬 수 없다고 인정되는 사유가 있는 경우에 이미 부여된 직위를 소멸시키는 것을 말한다. 대기명령(待機命令)이라고 부르기도 한다. 직위해제는 공무원법상의 징계처분에는 포함되지 않으나 사실상 징계와 같은 목적에 사용되고 있기 때문에 법적으로 이를 엄격히 제한하고 있다. 직위해제의 사유로는 직무수행능력이 부족한 경우, 근무성적이 불량한 경우, 근무태도가 불성실한 경우, 징계의결이 요구 중인 경우, 형사사건으로 기소된 경우 등이다.

주민등록상 '1인 세대' 936만으로 사상 최다

전국의 다섯 세대(가구) 중 두 세대 이상이 '1인'으로 구성된 세대로 나타났다. 2008년 6월부터 1인 세대는 국내에서 가장 큰 비중을 차지하기 시작했지만 고령화, 비혼 문화 확산 등의 영향으로 그 비율이 사상 처음 40% 선을 넘어섰다.

10월 6일 행정안전부가 발간한 3분기 주민등록 인구통계에 따르면, 9월 말 기준 전체 주민등록 세대 수는 2338만3689세대로 집계됐다. 이 중 1인 세대는 936만7439세대로, 전체 세대의 40.1%를 기록했다. 2인 세대(23.8%)와 4인 이상 세대(19.0%), 3인 세대(17.1%)가 뒤를 이었다.

1인 세대는 통계 집계를 시작한 2008년 31.6%에서 매년 증가하다 지난 9월 들어 처음으로 40%대를 기록했다. 13년 전과 비교했을 때 1, 2인 세대는 각각 8.5%p, 5%p 상승한 반면 4인 이상 세대는 11.9%p 감소한 것으로 조사됐다. 1, 2인 세대가 증가하면서 전체 평균 세대원 수 역시 2008년 9월 2.61명에서 2021년 9월 2.21명으로 낮아졌다.

1인 세대의 증가 배경으로는 고령화가 꼽힌다. 연령대별로 보면 1인 세대 비율은 70대 이상에서 가장 높게(18.6%) 나타났다. 60대와 50대가 각각 17.7%, 17.2%를 차지하며 뒤를 이었고, 30대 16.5%, 20대 15.7% 순으로 나타났다. 즉, 1인 세대 대부분이 60세 이상의 고령층(36.3%)이거나 2030 청년 세대(32.2%)인 셈이다.

성별에 따른 1인 세대 비중은 남성이 483만5000세대(51.6%)로 453만3000세대인 여성(48.4%)보다 조금 더 많았다. 특히 1인 세대 중에서 남성은 30대(20.4%)가, 여성은 70대 이상(28.2%)이 가장 많은 것으로 나타났다.

지역별 1인 세대 비중은 전남(45.6%)이 가장 높았다. 강원(43.7%), 경북(43.5%), 충북(43.0%), 충남(42.9%), 전북(42.9%), 서울(42.8%), 제주(42.1%), 대전(40.9%) 등 9곳 시도에서도 40%를 넘어서며 비슷한 양상을 보였다. 반면 정부의 국토균형발전 정책에 따라 계획도시로 조성된 세종의 1인 세대 비중은 34.5%로 전국 최저를 기록했다.

사고·범죄에 취약한 1인 가구

우리나라의 전통적 가치체계가 바뀌고 1인 가구가 늘면서 저출산, 고독사 등과 같은 문제점도 이어지고 있다. 1인 가구는 사고와 질병 등에 취약하다. 독거노인의 경우 갑작스레 질병이 발생할 시 즉각 병원으로 이송이 어렵기 때문에 심각할 경우 사망에 이르기까지 한다. 고독사가 대표적 사례다. 고독사는 가족·이웃·친구 간 왕래가 거의 없는 상태에서 혼자 살던 사람이 사망한 후 통상 3일 이상 방치됐다가 발견된 경우를 말한다.

1인 가구는 범죄에도 취약하다. 2017년 형사정책연구원이 발표한 자료에 따르면 1인 가구의 범죄 피해율(5.4%)은 가구 유형별 전체 피해율(3.7%)에 비해 높았는데, 그 중에서도 청년(33세 이하) 1인 가구 피해율은 월등히 높았다. 특히 여성 청년 1인 가구의 경우 남성에 비해 범죄 피해를 당할 가능성은 2.276배로 높은 것으로 나타났다.

일부 자치구에서는 1인 가구의 고독사와 범죄 피해를 막기 위한 정책들을 내놓고 있다. 서울시는 2020년 17개 자치구 26개 지역에서 '이웃살피미'를 꾸려 주거취약 지역을 중심으로 중장년 1인가구 실태조사를 벌이고, 주위 사정을 잘 아는 동네 이웃들이 고립된 1인가구를 찾아가 사회와의 연결고리를 회복할 수 있도록 살피는 사회망을 확대시켰다. 서울시는 또한 지난 ADT캡스와 업무협약을 맺고 지난 9월부터 1인 가구에 1년간 월 1000원 이용료로 외부 CCTV를 설치해주는 '도어지킴이' 사업도 진행했다.

▌언론중재법 8인 협의체 결렬

°언론중재법 개정안 처리를 위해 구성된 언론중재법 8인 협의체가 11차례에 걸친 회의에도 불구하고 핵심 쟁점에 대한 이견을 좁히지 못하고 끝났다. 8인 협의체는 9월 26일 마지막 회의 후 입장문을 내고 "징벌적 손해배상제도, 열람차단청구권

도입에 대해서 이견을 좁히지 못했다"고 밝혔다.

다만 8인 협의체는 "신속하고 실효적인 피해 구제를 위해 정정보도 및 반론 보도를 활성화해야 한다는 점에서 의견을 같이 했다"며 "구체적인 방법에 대한 그간의 논의 내용을 양당 원내지도부에 건의하기로 했다"고 했다.

8인 협의체는 9월 8일 첫 회의를 시작으로 9월 26일까지 총 11차례 열렸다. **더불어민주당은 징벌적 배상 한도를 당초 최대 5배에서 3배로 완화하고 고의·중과실 추정 규정을 삭제하는 수정안을 제시했지만, 국민의힘은 징벌적 손해배상과 열람차단청구권 조항을 전면 삭제하자는 기존 입장을 고수했다.**

민주당은 앞서 여야 협의 후 9월 27일 본회의에 상정하기로 합의했던 만큼 일단 수순대로 진행하겠다는 입장이다.

다만 문재인 대통령이 최근 언론중재법 개정안에 대해 "언론이나 시민단체, 국제사회에서 문제제기를 하고 있기 때문에 그런 점들이 충분히 검토될 필요가 있다"고 했던 점은 당내 속도조절론을 뒷받침할 것으로 보인다. 법안 처리가 다시 연기될 여지가 있다는 이야기다.

한편, **민주당은 9월 29일 언론중재법 개정안의 본회의 상정을 결국 철회했다.** 민주당은 야당과의 합의안 타결에 실패하자 올해 말까지 활동하는 국회 내 특위를 꾸려 언론중재법과 정보통신망법, 방송법, 신문법 등을 함께 논의하기로 했다. 일각에서는 법안 처리 시한도 못 박지 않은 점을 지적하며, 사실상 연내 처리가 무산되는 것이라고 관측하고 있다.

•언론중재법 (言論仲裁法)

언론중재법이란 언론사 등의 언론보도 또는 그 매개로 인하여 침해되는 명예나 권리, 그 밖의 법익에 관한 다툼을 조정·중재하는 등 실효성 있는 구제제도 확립을 목적으로 제정된 법률이다. 논란이 되는 언론중재법 개정안은 고의·중과실에 의한 허위·조작 보도에 대해 5배까지 징벌적 손해배상이 가능하도록 했다. 일정한 사유가 인정되면 언론의 고의·중과실을 추정토록 하는 것을 주 내용으로 하는 부분도 있다. 2021년 7월 27일 민주당 주도로 국회 문화체육관광위원회 법안심사 소위를 통과했고 8월 30일 국회 본회의에 상정할 예정이었으나 야당인 국민의힘이 본회의 상정 시 필리버스터(무제한 토론을 통한 합법적 의사진행 방해)에 나서겠다고 강력 반발하면서 처리를 9월로 연기했다. 하지만 해당 법안은 9월에도 본회의에 상정되지 않았다.

▌인천공항, '2021 올해의 공항' 선정

▲ 인천공항

인천공항이 코로나19 유행에도 선제적 방역 인프라를 구축한 것과 여객 편의를 개선한 점 등을 인정받아 '올해의 공항상(Airport of the Year)'을 수상했다. 인천국제공항공사는 미국의 글로벌 항공전문지 에어 트랜스포트 월드(ATW)가 주관한 제47회 'ATW 항공사 시상식'에서 올해의 공항상을 받았다고 10월 7일 밝혔다.

인천공항은 코로나19 위기 상황에서도 수하물 스마트 방역 시스템 개발과 비대면 발열체크 로봇·키오스크, 소독 및 방역안내 로봇 도입 등 선제적 방역 인프라를 구축해 이용객들에게 안전한 서비스를 제공했다는 평가를 받았다.

앞서 인천공항은 2020년 8월 아시아·태평양 공항 중 최초로 '•국제공항협의회(ACI) 공항 방역 인증'을 받은 바 있다.

김필연 인천국제공항공사 부사장은 "코로나19 위기 극복과 선제적 방역 인프라 구축 등 그동안 인천공항의 노력을 인정받아 기쁘다"며 "포스트 코로나 시대와 항공수요 회복에 대비해 4단계 건설사업 등 인천공항의 미래 경쟁력을 더욱 강화하겠다"고 말했다.

•국제공항협의회 (ACI, Airports Council international)

국제공항협의회(ACI)는 공항 관리 및 운영에 관한 공항의 공동 이익을 달성하고, 우수성을 홍보하기 위해 설립된 비영리 단체이다. 1991년 1월 1일 국제공항운영협의회(AOCI)와 공항협의조정위원회(AACC), 국제민간공항협회(ICAA) 등 공항 관련 3개 단체를 통합해 설립됐다. 전 세계 회원 공항들의 대변인 격으로, 공항의 안전과 효율성, 재정적 자립 및 환경정책에 기여하고, 공항 상호 간 협력 및 상호지원, 정보교환 등 협력 체제를 유지하기 위한 활동을 주로 한다. ACI는 매년 세계 153개 공항에서 30만 명의 고객을 대상으로 청결도, 체크인 효율성, 직원의 친절도 등을 조사해 우수 공항 순위를 매긴다.

대한민국 공항 현황

구분	공항명
국내 공항	▲원주공항 ▲군산공항 ▲광주공항 ▲여수공항 ▲사천공항 ▲울산공항 ▲포항공항
국제 공항	▲인천국제공항 ▲김포국제공항 ▲김해국제공항 ▲제주국제공항 ▲청주국제공항 ▲대구국제공항 ▲무안국제공항 ▲양양국제공항

'대기 커피 수 650잔'... 스타벅스 직원들 시위 나섰다

▲ 10월 7일 서울 강남구 강남역 인근 도로에 스타벅스 직원들의 처우개선을 요구하는 문구가 적힌 트럭이 정차해 있다.

스타벅스 매장 직원들의 트럭 시위가 10월 7일 시작됐다. 서울 강북과 강남에서 각각 트럭 1대가 순회하며 이틀간 진행된 트럭 시위에서 스타벅스 직원들은 전광판의 메시지를 통해 업무 환경을 설명하고 요구사항을 알렸다.

노동조합도 없는 스타벅스 직원들이 단체행동을 한 것은 1999년 스타벅스가 국내에 진출한 이후 22년 만에 처음이다. 이들이 단체행동에 나선 까닭은 스타벅스가 진행하는 셀 수 없이 많은 이벤트로 업무량이 폭증하고 제대로 쉴 수가 없다고 호소하기 위해서다.

스타벅스 직원들에 따르면 지난 9월 28일 스타벅스의 **°리유저블**컵 대란' 당시 일부 매장에서는 대기 커피 수가 650잔에 달했다. 매장 직원들은 **°번아웃 증후군**을 호소하며 직장인 익명 커뮤니티 게시판을 통해 트럭 시위를 준비했다.

이들은 "지난 몇 년간 부족한 현장 인력으로 회사를 운영해오며 파트너들이 소모품 취급당한 직접

적 원인을 제공했음을 인정하고 더 나아가 인력난을 해소할 방안들을 구체적으로 제시하고 개선할 것을 요구한다"고 밝혔다.

트럭 시위는 스타벅스 직원들은 참여하지 않고 트럭 순회로 진행된다. 트럭 한 면에는 "스타벅스코리아는 창립 22년 만에 처음으로 목소리 내는 파트너들을 더 이상 묵인하지 마십시오"라고 적혀 있고 다른 한편은 전광판을 통해 전달하고자 하는 10개 정도의 메시지가 주기적으로 나타났다.

내용은 "리유저블컵 이벤트 대기 음료 650잔에 파트너들은 눈물짓고 고객들은 등을 돌립니다", "연 매출 2조 기업에서의 인력 부족 문제, 무리한 신규점 확장보다는 내실을 다질 때입니다", "우리는 1년 내내 진행하는 마케팅 이벤트보다 매일의 커피를 팔고 싶습니다", "플라스틱 대량생산하는 과도한 마케팅, 중단하는 게 환경보호입니다" 등이다.

°리유저블 (reusable)

리유저블이란 '다시 사용할 수 있는'이라는 뜻으로서 한 번 쓰고 버리는 일회용품과 반대의 개념이다. 리유저블컵은 종이로 만든 일회용컵과 달리 폴리프로필렌이나 유리, 플라스틱으로 만들어 씻어서 계속 쓸 수 있는 컵을 말한다. 그러나 생산·운송·폐기 시 에너지, 세척에 필요한 물과 세제로 인한 오염을 고려한다면 리유저블컵을 많이 모으는 것 또한 친환경적이지 않다는 지적이 있다.

°번아웃 증후군 (burnout syndrome)

번아웃 증후군은 한 가지 일에만 몰두하던 사람이 극도의 신체적·정신적인 피로감을 겪으며 무기력증, 자기혐오, 직무 거부 등에 빠지는 증상이다. 연소 증후군, 탈진 증후군이라고도 불리며, 복잡한 현대 사회에서 자주 발생하는 현대인의 질병으로 볼 수 있다. 이러한 증상은 심할 경우 우울증을 동반해 자살 충동까지 이어질 수 있다.

성착취물 소지·유포자한 '박사방' 무료회원 검찰 송치

텔레그램 단체 대화방 '박사방'(n번방)에서 무료회원으로 활동하면서 성착취물을 소지하고 유포한 이들이 속속 검찰에 송치됐다. 경찰이 지난해 밝혀낸 박사방 무료회원 305명 중 70여 명은 텔레그램 고유 ID가 특정된 것으로도 확인됐다.

서울경찰청은 관할에 있는 피의자 17명을 올해 들어 모두 검찰에 송치했다. 이들은 박사방 대화방에 돈을 내고 들어간 것이 아니라 홍보용으로 만든 무료방에서 성착취물을 내려받아 소지하고 배포, 방조한 혐의(아동·청소년의 성보호에 관한 법률 위반)를 받는다.

경찰청에 따르면 전국으로 흩어져 경찰 조사를 받은 무료회원 288명도 대부분 검찰에 송치된 것으로 파악됐다. 경찰은 무료회원들을 중심으로 추가 피의자들을 찾아내면서 계속 수사를 벌이고 있다.

언론이 공개한 수사보고서에 따르면 경찰은 무료회원들의 텔레그램 ID(닉네임)와 휴대폰 번호를 일일이 대조해 텔레그램 고유 ID(신분이 식별된 ID) 77개를 찾아냈고, 복수의 고유 ID를 사용한 인물 등 무료회원 70여 명을 검거했다.

이를 위해 경찰이 추적한 ID만 1만5436개에 달했다. 경찰은 박사방 운영진이 무료회원들에게 피해자 이름을 실시간 검색어 순위에 올리도록 지시한 것을 단서로 피의자들을 찾았다고 밝힌 바 있는데, 이외에도 새로운 수사기법으로 무료회원을 특정한 것이다.

수사보고서에 따르면 무료회원들은 텔레그램 메신저의 익명성에 기대 박사방 운영진의 음란물 배포를 적극적으로 방조했다. 박사방 운영자 조주빈(징역 42년 확정)의 지시 없이 자발적으로 성착취물을 재배포하기도 했다.

작년 4월 °n번방 금지법이 국회를 통과했지만 전문가들은 입법뿐만 아니라 유관기관의 공조가 중요하다는 입장이다. 방송통신심의위원회와 경찰청 등 유관기관이 협업은 물론 각종 공조 시스템을 활용해 불법 촬영물을 제작하고 유통하는 공급자와 구매·소지·시청자 모두 엄벌해야 한다는 것이다.

°n번방 금지법

n번방 금지법은 n번방 성착취물 제작 및 유포 사건의 재발 방지를 위해 발의되어 2020년 4월 29일 국회 본회의를 통과한 ▲성폭력범죄의 처벌 등에 관한 특례법 일부개정법률안 ▲형법 일부개정법률안 ▲범죄수익은닉의 규제 및 처벌 등에 관한 법률 일부개정법률안을 말한다. 이 법은 미성년자 의제강간 기준연령을 기존의 13세에서 16세로 상향했으며, 13세 미만 미성년자 강제추행 범죄에 대해 벌금형을 삭제하고 5년 이상의 징역형만으로 처벌할 수 있도록 규정했다. 13세 미만 미성년자에 대한 의제강간·추행죄의 공소시효도 폐지했다.

n번방 사건과 같은 성착취 영상물 제작·배포 행위에 대한 처벌 수위도 7년 이하 징역 또는 5000만원 이하 벌금으로 상향 조정했다. 영리목적으로 배포할 경우 기존 7년 이하 징역에서 3년 이상 징역으로 처벌을 강화했다.

성적 촬영물을 이용한 협박·강요는 각각 1년 이상 징역, 3년 이상 징역으로 처벌 수위를 높였다. 성착취 영상물·제작 배포, 딥페이크, 성적 촬영물을 이용한 협박·강요 행위 상습범은 가중처벌된다. 성인 대상으로 한 불법 촬영물을 소지하거나 구입, 저장, 시청하는 행위에 대한 처벌 규정(3년 이하 징역 또는 3000만원 이하 벌금)도 신설됐다. 합동강간, 미성년자강간 등 중대 성범죄를 준비하거나 모의만 해도 처벌하는 예비·음모죄도 새로 생겼다.

일본 새 총리에 기시다 후미오...
사실상 '아베 3기' 내각

한일 위안부 합의 주역

기시다 후미오(사진) 전 자민당 정무조사회장이 새로운 일본 지도자로 뽑혔다. 기시다 전 정조회장은 9월 29일 일본 집권당인 자민당 총재 선거에서 국회의원 145표와 당원 110표로 총 256표를 얻어 총재로 선출됐다. **일본은 총리를 간접 선출하는 의원내각제 국가로서 집권당 총재가 총리를 맡는다.**

일반 유권자와 당원들의 지지율이 높은 고노 다로 행정개혁담당상이 1차 투표에서 1위를 할 것으로 예상됐으나 당원 169표, 국회의원 86표로 255표를 얻는 데 그쳐 1표 차이로 기시다 전 정조회장이 1위를 차지했다. 극우 성향인 다카이치 사나에 전 총무상은 1차 투표에서 국회의원 표를 114표 얻었지만 당원 표는 74표에 그쳤다.

국회의원 표가 결과를 결정하는 결선 투표에서 기시다가 전체 428표 가운데 과반인 257표를 얻어 당선됐고 고노는 170표에 그쳤다. 1차

●한일 위안부 문제 협상 합의

한일 위안부 문제 협상 합의는 박근혜 정부 시절인 2015년 12월 28일 일본군 위안부 문제와 관련해 한일 양국 정부 간에 타결된 합의. 일본 정부가 사죄를 표명하고 위안부 피해자 지원 재단에 피해자 위로금 등으로 10억엔(약 107억원)을 출연하는 대신 위안부 문제를 최종적·불가역적으로 해결했다고 인정했다. 박근혜 정부는 합의를 이행하기 위해 화해·치유재단을 설립했으나 일본의 진정성 문제와 위안부 피해자 배제 논란 등이 제기됐고 2017년 문재인 정부가 재단을 해산하며 사실상 합의를 파기했다.

투표에서 다카이치를 지지했던 호소다파 등 자민당 보수 주류 세력들이 기시다에게 표를 몰아준 결과였다. 기시다는 10월 4일 임시국회에서 제100대 일본 총리로 취임했다. 기시다 신임 총리는 아베 내각에서 외무상을 지내며 2015년 12월 28일 *한일 위안부 문제 협상 합의를 발표한 바 있다.

'상왕'으로 돌아온 아베

아베 신조 전 총리는 이번 자민당 총재 선거를 통해 자신의 건재함을 알렸다. 자민당 내 최대 파벌인 호소다파를 이끌고 있는 아베는 존재감이 약했던 다카이치를 총재 선거에 출마시켜 1차 투표에서 표를 분산시킴으로써, 개혁을 내세우며 아베 전 총리와 대립각을 세운 고노의 과반수 득표를 막았고 결선 투표에서 기시다에게 표를 몰아줬다.

아베가 **킹메이커**(kingmaker : 다른 사람을 권좌에 올릴 수 있을 정도의 정치력을 지닌 정치계의 실력자를 일)를 넘어 '**상왕**(上王 : 자리를 물려주고 들어앉은 임금을 이르는 말)'이 된 격이다.

건강상 이유에 따른 아베의 퇴임으로 급작스럽게 총리직을 맡은 **스가 요시히데 전임 총리**와 마찬가지로, 기시다 후미오 새 총리 또한 아베 내각에서 핵심 요직에서 함께하며 아베 노선을 충실히 따랐던 인물인 만큼 새 내각도 '아베 노선'을 이어갈 것으로 예상된다. 기시다 총리는 아베와 마찬가지로 *평화헌법 개정을 외쳤으나 *야스쿠니 신사 참배에 대한 입장은 현재로서 분명하지 않다.

향후 정국 운영에서도 아베를 중심으로 한 우익 세력의 영향력이 더욱 확대될 전망인 만큼 한일 관계도 큰 변화를 기대하기 힘들 전망이다. 기시다 총리는 위안부와 역사 문제에 대해서도 "한국이 약속을 지켜야 한다"며 아베 정부의 입장과 변함이 없는 태도를 보였다.

*평화헌법 (平和憲法)

평화헌법은 일본이 1945년 전쟁에서 패망한 뒤 공포한 헌법을 말한다. 이 헌법을 평화헌법이라고 부르는 이유는 제9조 때문이다. 제9조는 "①국제 분쟁을 해결하는 수단으로써 무력의 행사를 영구히 포기한다. ②제1항의 목적을 달성하기 위하여 육해공군, 그 밖의 전력을 보유하지 아니한다. 국가 교전권은 인정하지 아니한다"고 규정했다. 평화헌법에 따라 일본은 군대를 보유할 수 없지만 1954년부터 '자신을 지키기 위한 부대'라는 명목으로 사실상 군대와 다름없는 조직인 자위대(自衛隊)를 만들었다. 아베 내각 이후 일본 보수 세력은 '동맹국인 미국이 공격을 받을 경우 미국을 도와 다른 나라를 공격할 수 있도록 한다'는 명분으로 평화헌법을 개정하고 전쟁이 가능한 이른바 '정상국가화'를 꾀하고 있다.

*야스쿠니 신사 (靖國神社)

야스쿠니 신사는 도쿄 지요다구에 있으며 일본에서 전쟁으로 사망한 자들을 신(神)으로 모시고 제사를 지내는 시설이다. 도조 히데키와 같은 A급 전범 14명이 안치돼 있음에도 불구하고 일본 정치인들의 참배가 끊이지 않아 주변국으로부터 지탄을 받는다. 한국인 전몰자 2만1000명도 일방적으로 합사했고 신사 내부 박물관에서는 일본의 아시아 침략 전쟁을 '식민지 해방전쟁'이라고 묘사했다.

🖐 세 줄 요약

❶ 기시다 후미오가 일본 자민당 총재로 선출되며 총리로 취임했다.

❷ 아베 신조 전 총리가 이번 총재 선거를 통해 자신의 건재함을 알렸다.

❸ 기시다 새 내각이 아베 노선을 이어가고 한일 관계는 큰 변화가 없을 것으로 보인다.

전 세계 지도자 탈세·불법 논란...
판도라 페이퍼스 공개

전 세계 정치 지도자와 억만장자 등 오피니언 리더들이 조세 회피처에 거액을 숨겨놓고 탈세와 불법을 일삼았다는 내용의 '**판도라 페이퍼스**'가 10월 3일 공개돼 파문이 일고 있다. 지난 2016년 유사한 내용인 이른바 '**파나마 페이퍼스**' 공개 당시 이름이 오른 이들 일부가 사임과 수사에 직면하는 등 국제적으로 적지 않은 파문을 일으켰던 만큼 이번에도 파장이 일고 있다.

파나마 페이퍼스를 공개한 단체인 **°국제탐사보도언론인협회(ICIJ)**는 이날 전 세계 14개 기업에서 입수한 약 1200만 개의 파일을 검토한 결과 수백 명의 지도자와 힘 있는 정치인, 억만장자, 유명 연예인, 종교지도자 등이 지난 25년간 저택과 해변 전용 부동산, 요트 및 기타 자산에 대해 '몰래 투자'를 해왔다고 AP통신과 워싱턴포스트(WP) 등 외신이 보도했다.

보고서에 등장하는 대표적인 전·현직 정치인은 336명으로, 압둘라 2세 요르단 국왕, 토니 블레어 전 영국 총리, 안드레이 바비시 체코 총리, 우후루 케냐타 케냐 대통령, 기예르모 라소 에콰도르 대통령 등 전·현직 국가수반 35명이 포함됐다. 이

들은 부패, 돈세탁, 글로벌 조세회피 등 여러 의혹에 직면해 있다. 블라디미르 푸틴 러시아 대통령의 측근과 임란 칸 파키스탄 총리의 측근도 포함됐다.

억만장자로는 터키의 건설업계 거물 에르만 일리카크와 소프트웨어사 레이놀즈 앤드 레이놀즈 전 CEO 로버트 브로크만 등이 들어 있다. 이들은 역외 계좌, 비밀 재단, 페이퍼컴퍼니 등에 자산을 보유하면서 재산 일부를 은닉하는 형태로 큰돈을 관리하고 세금 포탈 등 혜택을 누렸다. 이들 소유의 상당수 계좌는 자산 은닉이나 탈세를 위해 만들어졌다는 의심을 받는다.

저명인사의 치부가 드러나자 논란 속에 후폭풍도 이어졌다. 사임 요구에 직면한 칸 총리는 문서에 나온 자국민을 모두 조사하겠다고 밝혔다. 세바스티안 파녜라 칠레 대통령은 광산 매각 관여 의혹을 부인했다. 일부 러시아 국영 언론은 보도에서 푸틴 대통령 이름을 뺐다고 외신은 전했다.

이수만·전경환 등 탈세 의혹

판도라 페이퍼스에는 한국인도 275명이 거론된다. 여기에는 '케이팝의 대부'로 불리는 이수만 SM 엔터테인먼트그룹 명예회장과 전두환 전 대통령의 동생 전경환 씨, 노무현 전 대통령의 후원자로서 지난해 세상을 떠난 박연차 태광실업 전 회장 등이 해외에 유령 법인을 운영한 실태가 드러났다.

이수만 회장은 일신회계법인을 통해 페이퍼컴퍼니 다섯 곳을 설립하고 미국 캘리포니아주에 고급 별장을 매입했다는 의심을 사고 있다. 전 씨 역시 유령회사를 세워 형의 비자금을 은닉하고 유용한 것으로 의심된다.

언론 보도에 따르면 이 회장은 부친이 해외에서 모은 재산으로 투자금을 마련한 것이고 부친 사후 재단에 기부했다고 반박했다. 전 씨는 요양병원에 입원 치료 중이라며 해명하지 않았다. 이와 관련해 국세청이나 검찰이 불법 의도를 확인해 엄벌·추징해야 한다는 지적이 나온다.

°판도라 페이퍼스 (Pandora Papers)

판도라 페이퍼스는 국제탐사보도언론인협회(ICIJ)가 엘리트와 부패인사들의 숨겨진 거래와 그들이 어떻게 역외 계좌를 활용해 수조 달러에 달하는 자산을 보호했는지를 밝힌 보고서를 말한다. 파나마, 스위스, 아랍에미리트를 포함한 나라의 14개 금융 서비스 회사의 문서, 이미지, 이메일, 스프레드시트를 포함하는 가장 광범위한 금융 기밀 문서로, 전 세계 38개 관할지역에서 사업하는 14개 서비스 제공업자로부터 유출된 자료를 기반으로 했다. ICIJ는 역외 회피처에 등록된 계좌를 파헤친 결과 연루된 회사는 956개에 달하며, 이 중 3분의 2 이상이 버진아일랜드에 설립됐다고 밝혔다.

°국제탐사보도언론인협회 (ICIJ, International Consortium of Investigative Journalists)

국제탐사보도언론인협회(ICIJ)는 미국의 비영리 탐사보도 단체인 공공진실센터(CPI, Center for Public Integrity)의 하부 조직이다. ICIJ는 2016년 전 세계 조세 회피처 계좌 관련 정보를 입수해 폭로하면서 유명해졌다. 당시 ICIJ가 국내 독립언론 뉴스타파와 함께 폭로한 국내 조세 회피처 이용자 명단에는 대기업 회장 등 유명인들이 포함된 것으로 나타났다.

▎코로나 사태 속에도 ▎미국 억만장자 자산 40% 증가

미국 억만장자들의 재산이 코로나19 사태 속에 더욱 불어난 것으로 나타났다. 10월 5일(현지시간) 미국 경제 전문지 '포브스'는 '2021년 포브스 400대 미국 부자' 순위를 발표하며, 이들의 총자산이 전년도 3조2000억달러(약 3800조원)에서 올해 4조5000억달러(약 5344조원)로 40% 증가했다고 보도했다. 다만, 올해 순위는 지난 9월 3일 주가 등 자산 평가액을 기준으로 매겨졌는데 당시 뉴욕증시의 °S&P 500 지수는 사상 최고치에 근접한 상태였다.

베이조스, 4년 연속 1위

제프 베이조스 아마존 창업자는 작년 대비 220억달러 늘어난 2010억달러(약 287조7000억원)의 순자산을 기록하며 4년 연속 1위 자리를 지켰다. 포브스가 집계하는 부자 순위에서 개인 자산이 2000억달러를 초과한 것은 베이조스가 사상 최초다.

테슬라 최고경영자(CEO) 일론 머스크는 주가 급등에 힘입어 자산을 크게 불리며 1905억달러(약 226조2000억원)로 2위를 기록했다. 마크 저커버그 페이스북 CEO는 지난해에 이어 3위 자리를 지켰으나, 최근 연이은 악재로 자산 8조원가량이 증발하기도 했다.

빌 게이츠 마이크로소프트(MS) 창업자는 이혼과 사생활 논란을 겪으며 4위까지 밀려났다. 포브스는 빌 게이츠가 '톱2'에 이름을 올리지 못한 것은

30여 년 만에 처음이라고 전했다. 빌 게이츠와 이혼하며 57억달러 상당의 주식을 넘겨받은 멀린다 프렌치 게이츠는 추정 자산이 63억달러(약 7조5000억원)로 158위에 랭크됐다. 멀린다 프렌치 게이츠가 순위에 포함된 것은 이번이 처음이다.

'신입 부자' 가상화폐 기업가 주목

포브스는 올해 순위에 처음 진입한 44명의 '신입 부자' 중 가상화폐 기업가들에 주목했다. 가상화폐 거래소 FTX 창업자인 샘 뱅크먼-프리드 CEO는 올해 29세로 최연소 부자가 됐고, 지난 4월 상장한 미 최대 가상화폐 거래소 코인베이스의 공동 창업자인 브라이언 암스트롱과 프레드 어삼도 새롭게 진입했다.

또 유명 가상화폐 투자자인 캐머런 윙클보스와 타일러 윙클보스 형제 등도 이름을 올리면서 **지난해 1명에 불과했던 가상화폐 관련 억만장자가 올해 7명**으로 늘어났다고 포브스는 밝혔다.

부동산 거물인 **도널드 트럼프 전 미국 대통령은 코로나19 사태 여파로 부동산 가치가 하락한 탓에 25년 만에 처음으로 포브스 400대 부자 순위에 오르지 못했다.** 400대 부자에 포함된 여성은 작년과 마찬가지로 56명이었고, 월마트 상속인인 앨리스 월턴이 7년 연속 미 최고 여성 부자로 조사됐다.

•S&P 500 지수

S&P 500 지수는 세계 3대 신용평가기관[▲무디스(Moody's investors service) ▲스탠더드 앤드 푸어스(S&P, Standard&Poor's) ▲피치(Fitch)] 중 한 곳인 S&P에서 500종목을 대상으로 작성해 발행하는 주가지수를 말한다. ▲S&P 500 지수는 ▲다우존스 지수와 ▲나스닥 지수와 더불어 뉴욕증시의 3대 주가지수로 일컬어진다.

프랑스 가톨릭, 70년간 33만 명 아동 성 학대 악행 드러나

프랑스 가톨릭교회에서 지난 70년간 아동 성 학대가 광범위하게 자행됐다는 충격적인 보고서가 공개됐다. **사제와 교회 관계자 등에게 성적 학대를 당한 아동이 무려 33만 명**에 달하는 것으로 알려졌고 가톨릭 당국은 성직자의 아동 성 학대 문제를 지난 수십 년간 체계적으로 은폐한 것으로 조사됐다.

AP통신 등에 따르면 프랑스 가톨릭 성 학대 독립조사위원회(CIASE)는 지난 10월 5일(현지시간) 2500장에 이르는 방대한 분량의 조사 결과를 담은 보고서를 공개했다. 해당 보고서에는 프랑스 가톨릭교회에서 성적 학대를 당한 미성년자가 21만6000명이고, 교회가 운영하거나 교회와 연계된 기관에서 발생한 학대까지 합하면 피해자가 33만 명으로 늘어난다는 내용이 적혔다.

1950~2020년 사이 가톨릭 내부에서 발생한 아동 성 학대 가해자는 최소 3000명으로 파악됐으며 이 중 3분의 2는 성직자였다. 피해자의 80%는 10~13세 소년이었고, 가해자가 법적인 처분을 받기는커녕 가톨릭교회 내부 징계조치 받지 않은 사례가 수두룩했다.

이날 열린 기자회견에서 장마르크 소베 조사위원장은 가톨릭 측이 피해자들에게 보여준 태도가

"심각하고, 잔인하고, 무관심했다"고 지적했다. 이어 '침묵의 베일'이 마침내 벗겨진 것은 "피해자들의 용기 덕분"이라고 덧붙였다. 조사위원회는 보고서에 교회법 개정, 피해자를 인정하고 보상하는 정책 등을 담아 가톨릭 내 아동 학대 예방을 위한 권고사항 45개를 제시했다.

교황, 직접 사과..."나의 수치"

충격적인 보고서와 관련해 프란치스코 교황은 직접 사과의 뜻을 밝히고 재발 방지를 당부했다. 교황은 10월 6일(현지시간) 바티칸시국 바오로 6세 홀에서 진행한 수요 일반알현에서 전 세계 가톨릭교회 책임자로서 해당 사안에 대한 입장을 밝혔다.

교황은 "트라우마를 겪은 피해자들에게 내 슬픔과 고통을 표하고 싶다. **그렇게 오랫동안 이 문제를 방치한 교회의 무능력함은 나의 수치이자 우리 모두의 수치**"라고 지적했다. 이어 "지금은 치욕의 순간"이라며 "유사한 비극이 되풀이되지 않도록 고위 성직자들이 최선의 노력을 기울여달라"고 촉구했다.

그루밍(grooming) 성범죄

그루밍 성범죄는 가해자가 피해자에게 호감을 얻거나 돈독한 관계를 만들어 심리적으로 지배한 뒤 성폭력을 가하는 유형의 성범죄를 뜻한다. 보통 어린이나 청소년 등 미성년자를 세뇌해 성폭력이 이뤄지는데 피해자들은 자신이 성범죄 대상이라는 것조차 인식하지 못하는 경우가 많다. 그루밍 성범죄는 피해자들 자신이 학대당한 것을 인식하지 못하고 표면적으로는 피해자가 성관계에 동의한 것처럼 보여 수사나 처벌이 어려운 경우가 많아 그 문제가 심각하다. 주로 교사와 학생, 성직자와 신도, 복지시설의 운영자와 아동, 의사와 환자 등의 관계에서 나타나는 경우가 많다.

○ **기출tip** 각종 상식시험에서 그루밍 성범죄에 대해 묻는 문제가 종종 출제된다.

캘리포니아 남부 해안서 57만L 기름 유출 사고...생태계 재앙 우려

미국 캘리포니아주 남부 해안에서 57만L에 달하는 대규모 기름 유출 사고가 발생했다. 이 여파로 물고기 등이 폐사하고 해수욕장이 무기한으로 폐장했다. 해당 해안 지역이 야생동물의 주된 서식지라서 생태계 재앙에 대한 우려도 커지고 있다.

미국 CNN 방송은 지난 10월 3일(현지시간) 미국 캘리포니아 남부 헌팅턴비치에서 약 8km가량 떨어진 해상에서 대규모 기름 유출 사고가 발생해 환경 재앙이 우려된다고 보도했다. 기름 유출은 전날 오전 미 해안경비대에 처음으로 보고됐다.

미 석유회사 앰플리파이 에너지의 자회사 베타 오프쇼어가 운영하는 **석유 굴착 장치에 연결된 송유관에 구멍이 생겨 기름이 흘러나온 것**으로 알려졌다. 이 송유관은 1970년대 후반에서 1980년대 초반에 설치됐다.

앰플리파이 에너지는 해당 송유관을 즉각 폐쇄하고 잠수부들을 투입해 사고 원인을 조사 중이다. 마틴 윌셔 앰플리파이 에너지 최고경영자(CEO)는 "이 사태의 최대한 빠른 회복을 위해 우리 권한 내의 모든 일을 할 것"이라고 말했다.

유출된 기름은 90종의 조류가 서식하는 생태계의 보고인 인근 '탤버트 습지' 전체에도 상당량이 스며든 것으로 파악돼 더 큰 피해가 우려된다. 한편, 헌팅턴 비치에서는 지난 1990년 2월에도 대형 유조선이 160만L의 기름을 유출하면서 수천 마리의 새와 물고기가 떼죽음을 당한 바 있다.

지구의 날 (Earth Day)

지구의 날은 지구 환경오염 문제의 심각성을 알리기 위해서 자연 보호자들이 제정한 지구 환경보호의 날로, 매년 4월 22일이다. 1970년 4월 22일 미국 위스콘신주의 게이로드 넬슨 상원의원이 1969년 미국 캘리포니아주에서 발생한 해상원유 유출 사고를 계기로 환경문제에 관한 범국민적 관심을 불러일으키기 위해 '지구의 날'을 주창한 것이 계기가 되어 만들어졌다. 한편, 우리나라 환경부는 지난 2009년부터 지구의 날을 전후한 일주일을 기후변화주간으로 정하고, 기후변화의 심각성을 국민에게 상기시키고 있다.

미, 대중 무역정책 공개 고율 관세 유지·1단계 합의 준수 압박

조 바이든 미국 행정부가 도널드 트럼프 전 행정부 시절의 고율 관세 유지와 1단계 무역합의 준수를 골자로 하는 대중국 통상전략의 골격을 공개했

다. 통상 분야에서도 트럼프 전 행정부와 크게 다르지 않은 대중 강경책을 고수한다는 방침을 재확인했다. 동맹과의 긴밀한 협력을 통해 중국과의 경쟁에 나서겠다는 뜻도 분명히 밝혔다.

캐서린 타이 미 무역대표부(USTR) 대표는 10월 4일(현지시간) 전략국제문제연구소(CSIS) 연설에서 대중 통상정책의 세부를 처음으로 제시했다. 타이 대표는 트럼프 전 행정부 시절인 작년 1월 체결된 미중 1단계 무역합의의 준수를 중국과 논의하겠다고 밝혔다.

미중 1단계 무역합의란 중국이 2020~2021년 미국 제품과 서비스를 2017년 대비 2000억달러(약 237조원) 추가 구매하도록 한 합의다. 타이 대표는 1단계 합의 집행의 필요성을 강조, 중국에 준수를 촉구했다. 타이 대표는 중국과 솔직한 대화를 하겠다면서 광범위한 정책적 우려를 중국에 제기하고 보유한 수단을 모두 동원하는 한편 필요시 신규 수단도 개발할 것이라고 강조했다.

타이 대표는 문답에서 '**무역법 301조**를 새로 발동할 것이라는 관측이 있다'는 질문에 "상황에 달려 있다. 가능한 모든 수단이 내게 있다. 301조는 아주 중요한 수단이고 우리의 우려를 다루는 데 있어 모든 가능한 수단을 살필 것"이라며 여지를 열어뒀다.

타이 대표는 미국과 중국의 **탈동조화**(decoupling·디커플링) 여부에 대해서는 "국제 경제의 관점에서 현실적 결과라 보지 않는다"면서 미국이 추진하는 건 일종의 **재동조화**(recoupling·리커플링)라고 했다.

로이터통신은 바이든 대통령의 새 대중 무역정책

이 트럼프 시절을 연상시킨다고 평했다. 폴리티코는 8개월간의 범정부적 검토를 거쳐 나온 전략이라며 중국에 엄격하면서도 더 침착하고 신중한 접근법이라고 분석했다.

트럼프 전 대통령은 취임 후 중국에 폭탄 수준의 고율 관세를 부과하면서 압박하다가 지난해 1월 1단계 무역 합의를 체결했다. 코로나19 확산 등과 맞물려 중국의 합의 이행률은 60% 정도에 머물고 있다는 게 외신의 평가다.

---

*무역법 301조

무역법 301조란 외국이 미국을 차별하거나 무역상의 합의를 준수하지 않거나 또는 비합리적인 관행을 갖는 경우 미국은 그 수정을 요구하고 만일 상대국이 그것을 받아들이지 않는 경우 미국은 보복 조치를 강구할 수 있다는 조항을 뜻한다. 해당 무역법은 1974년 입법됐으며 1988년 종합무역법에 의해 강화돼 슈퍼 301조라고도 불린다.

▌미국 연방정부 가까스로 셧다운 회피

미국이 **연방정부의 일시적 업무정지**(셧다운·shut-down) 사태 현실화를 막판에 가까스로 막았다. 백악관은 조 바이든 대통령이 연방정부 기관들에 한

시적으로 예산을 지원하는 임시지출 법안을 승인했다고 9월 30일(현지시간) 밝혔다. 바이든 대통령의 서명으로 법안이 발효됨에 따라 연방정부는 12월 3일까지 정상적으로 운영될 수 있게 됐다.

미 연방정부는 2021회계연도가 9월 마지막 날인 이날 끝나지만 2022회계연도 예산안이 의회에서 처리되지 않은 터라 10월 1일부터 셧다운에 들어갈 위기였다 **셧다운이 시작되면 필수 기능만 남기고 연방정부 운영이 중단돼** 공무원 등 정부에 고용된 인력 수십만 명이 휴직하고 임금을 받지 못한다. 그 결과 일부 공공서비스 중단으로 국민이 불편을 겪고 국가 경제도 충격을 받는다.

도널드 트럼프 행정부 시절에도 멕시코 장벽 예산안을 둘러싼 여야 갈등 때문에 연방정부 셧다운 상황이 2018년 12월부터 2019년 1월까지 35일간 지속된 적이 있었다. 미국의 최장기 셧다운이었다.

예산 갈등 문제는 여전

셧다운을 막기 위한 급한 불은 껐지만 예산 문제를 둘러싼 의회 내 복잡한 갈등은 계속되고 있다. **연방정부 부채한도 상향 법안과 바이든 대통령의 핵심 어젠다인 인프라 및 사회복지 예산안이 문제다.**

미 연방정부 부채한도는 28조7800억달러인데 이를 상향하는 데 실패하고 비상 수단이 소진되면 10월 18일 미 연방정부가 채무불이행 사태에 빠질 수 있다는 우려가 제기된 상태다. 1조2000억달러 규모 인프라 법안은 상원을 통과해 하원 통과만 남겨두고 있지만, 민주당 진보 성향 의원들이 3조5000억달러 규모 사회복지 예산안과 분리해 처리할 수 없다며 버텨왔다.

만약 민주당이 진보파 설득에 실패해 인프라 법안이 하원 문턱을 넘지 못하게 되면 아프가니스탄 사태의 후폭풍에서 인프라와 사회복지 예산으로 국민의 시선을 돌리려는 바이든 대통령에게 상당한 타격이 될 수밖에 없다. 공화당도 3조5000억 달러 예산의 규모가 너무 크다며 강력하게 반대하고 있다.

시퀘스터 (sequester)

시퀘스터란 미국 연방 정부가 재정 긴축을 위하여 지출 예산을 자동으로 삭감하는 조치를 말한다. 재정 적자의 규모가 다음 회계연도에 허용된 최대 재정 적자 규모를 초과하면, 지출 예산을 처음에 설정한 목표에 따라 삭감되도록 법으로 규정했다.

시퀘스터가 현실화되면 정부의 재정적자는 줄어들지만 국방·교육·복지 분야 등에서 예산이 대규모로 삭감되어 고용 상황이 악화하고 기업투자와 소비지출이 위축됨으로써 경기가 침체할 우려가 있고, 그 여파가 미국뿐 아니라 전 세계 경제에도 미칠 가능성이 있다.

▎화웨이 부회장 멍완저우, 3년 만에 석방

▲ 멍완저우 화웨이 부회장

미국 요청으로 캐나다 경찰에 체포된 뒤 가택연금 상태에 있던 중국 최대 통신장비회사 화웨이의 **멍완저우** 부회장이 3년 만에 석방됐다. 9월 24일

미 법무부와 멍 부회장 측은 이날 멍 부회장의 기소유예에 합의했다. 뉴욕 브루클린 연방법원에서 공개된 합의 내용에는 미 법무부가 2022년 12월까지 멍 부회장에 대한 기소를 연기하고, 특정 조건들을 이행할 경우 2022년 12월 사건을 기각한다는 내용이 담겼다.

멍 부회장은 런정페이 화웨이 창업자의 딸로 지난 2018년 12월 미국 정부 요청을 받은 캐나다 현지 경찰에 체포됐다. **홍콩 위장회사를 활용해 이란에 장비를 수출하는 등 미국의 대이란 제재를 위반한 혐의다.** 이를 두고 중국 정부는 "중국 국민에 대한 정치 박해 사건이자 중국의 하이테크 기업을 탄압하려는 미국 정부의 의도"라고 주장했다.

멍 부회장 석방에 엇갈린 시선

멍 부회장이 석방된 데 대해 미국과 중국의 시선이 엇갈렸다. 중국은 멍 부회장을 '미국의 중국 때리기 희생양'으로 보는 만큼 그의 석방이 미국과의 관계 개선을 상징한다는 입장인 반면, 미국에선 오히려 미중갈등 격화를 예고한다고 보고 있다.

중국 매체들은 일제히 멍 부회장 석방 소식에 환호하고 나섰다. 관영 CCTV는 "패권에 반대하는 중국 인민의 위대한 의지를 보여줬다"고 전했다. 인민일보도 "어떤 힘도 위대나 조국의 지위를 흔들 수 없으며 어떤 힘도 중국의 전진하는 발걸음을 막을 수 없다"며 자찬했다.

반면 미국에선 정반대 해석이 나온다. CNN은 "멍 부회장 석방은 초강대국 대결의 새로운 시대를 예고하는 골치 아픈 신호"라고 논평했다. 멍 부회장은 시진핑 중국 국가주석을 미화하기 위한 선전 도구일 뿐 아니라, 중국이 다른 나라들과 겪는 분쟁을 중국의 세계 강대국 진입을 막기 위한 견제한다고 묘사하는 데 이용됐다는 설명이다.

멍완저우 (孟晚舟, 1972~)

멍완저우는 화웨이 부회장이다. 화웨이 회장인 런정페이의 장녀이지만 어머니인 멍쥔의 성을 따랐다. 창사 초기 회사 내 비서 3명 중 한 명으로, 1998년 화중이공대에서 회계학 석사학위를 받으면서 재무통으로 성장했다. 2018년 미중 무역 갈등 상황에서 미국은 미국 기업의 기밀 도용 및 대이란 제재 위반 혐의로 캐나다 당국에 요청해 멍 부회장을 체포했고 2년 9개월간 가택연금 했다.

▍독일 총선, 중도좌파 사민당 박빙 승리

▲ 올라프 숄츠 독일 부총리

독일 연방의회 총선에서 야당인 사회민주당(사민당)이 앙겔라 메르켈 총리가 이끄는 기독교민주당·기독교사회당(기민·기사당) 연합을 근소한 차이로 제치고 승리했다. 사민당은 16년 만의 정권 교체를 천명하며 과반의석 확보를 위한 연립정부 구성에 나서겠다고 밝혔다.

독일 선거관리위원회는 9월 27일 299개 선거구에 대한 개표 결과 사민당이 25.7%의 득표율을 기록해 24.1%를 득표한 기민·기사당보다 1.6%p 앞섰다고 밝혔다. 이어 녹색당, 자민당, 독일대안당

(AfD), 좌파당(링케) 순이다. 의석수로 환산하면 전체 735석 중 사민당이 206석, 기민·기사당은 196석(기민 151석, 기사 45석), 녹색당은 118석, 자민당은 92석, AfD는 83석, 좌파당은 39석을 각각 차지했다.

독일 부총리 겸 기재부 장관으로 메르켈 총리와 함께 대연정을 이끌어온 올라프 숄츠 사민당 대표는 정부를 이끌 안정적인 후보라는 이미지를 부각시키며 선거에서 승리했다. 사민당이 연정 구성에 성공한다면 16년 만에 보수 연합에서 중도 좌파 정당으로 정권 교체가 이뤄지고 숄츠 대표가 메르켈을 이을 차기 총리가 될 수 있다.

반면 올 초까지 37%의 지지율로 1위를 달리던 기민·기사당은 코로나19, 서부 지역 대홍수 등 잇따른 악재 속에서 1949년 독일연방공화국 설립 이후 역대 최악의 선거 결과를 받아들였다.

연정 구성은 안개 속

사민당이 승리했지만 차기 정부가 어떻게 구성될지는 아직 안개 속이다. 독일에서는 최다 득표 정당에 연정 협상의 우선권을 주지 않고 모든 정당이 협상에 참여할 수 있다. 이에 연정 성사를 위한 캐스팅보트를 쥔 녹색당과 자민당의 몸값은 한층 올라가게 됐다.

사민당이 이들 두 당과 손을 잡으면 이른바 '신호등 연정'(사민당 빨강·자민당 노랑·녹색당 초록)을 구성하며 정권 교체가 가능해진다. 사민당이 이번 총선에서 내건 매년 10만호 사회주택 공급, 최저임금 인상, 부유세 부활 등 진보적 공약들이 힘을 받을 수 있다.

문제는 세 정당의 정책 차이가 크다는 점이다. 녹색당은 최저임금 인상에 동의하고, 난민에 대한 인도주의적 대응을 지지한다는 점에서 사민당과 성향이 비슷하다. 하지만 중국·러시아와는 날을 세워야 한다는 등 외교적 입장은 사민당과 반대다. 자민당 역시 세율 인상 등 경제 정책에 있어서 사민당과 평행선을 달리고 있다.

사민당과 기민·기사당 오는 12월 크리스마스 전까지 연정 협상을 마무리하겠다는 방침이다. 하지만 연정 협상이 타결되지 않아 대통령이 나서는 시나리오도 배제할 수 없다는 전망도 나온다. 4년 전 총선 이후에도 오랜 협상 끝에 연정이 타결됐으며, 2017년 총선 때는 약 6개월만에 메르켈 총리가 다시 선출됐다. 새 총리가 선출되기 전까지 메르켈은 총리직을 유지한다.

독일 역대 총리

총리	재임 기간	정당
콘라드 아데나워	1949~1963	기민당
루트비히 에르하르트	1963~1966	기민당
쿠르트 게오르크 키징거	1966~1969	기민당(대연정)
빌리 브란트	1969~1974	사민당
헬무트 슈미트	1974~1982	사민당
헬무트 콜	1982~1998	기민당
게르하르트 슈뢰더	1998~2005	사민당
앙겔라 메르켈	2005~2021	기민당

▌미·영·호주, 안보 파트너십 '오커스' 출범

미국과 영국, 호주가 9월 15일(이하 현지시간) 인도태평양 지역에서 새로운 3자 안보 파트너십 출범에 합의했다. 이 성명은 **조 바이든 미국 대통령,**

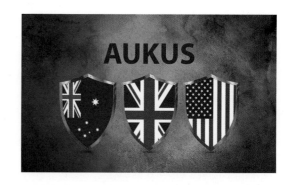

보리스 존슨 영국 총리, 스콧 모리슨 호주 총리 명의로 발표됐다.

미 행정부 고위 당국자는 이날 언론 브리핑에서 인도태평양 지역의 평화와 안정을 유지하려는 노력의 일환으로 영국, 호주와 새로운 안보 파트너십인 **˚오커스(AUKUS)를 출범한다고 밝혔다. 오커스는 호주, 영국, 미국의 국가명을 딴 명칭이다.**

이 당국자는 영국과 호주가 미국의 가장 오래된 동맹이라면서 이 파트너십은 인도태평양에서 3국의 능력을 강화하고 연결하기 위해 고안됐다고 설명했다. 구체적으로 국방과 외교 정책의 고위 관료 간 회의와 관여는 물론 사이버, 인공지능, 수중 능력 분야의 협력 촉진, 정보기술 공유의 심화 등을 추진한다고 밝혔다.

미국, 호주 핵잠수함 지원
오커스는 첫 구상으로 **미국이 호주의 핵 추진 잠수함 보유를 지원키로 했다고** 밝혔다. 최적의 방법을 찾아내기 위해 3국의 유관 팀들로 회의체를 꾸려 18개월간 공동 연구를 진행키로 했다.

호주에 대한 핵잠수함 지원은 매우 예외적인 일이다. 이 당국자는 이 기술이 '극도로 민감한' 기술이라며, "우리는 단 한 번 있는 일(one off)로 이를 한다"고 밝혔다. 실제로 미국은 1958년 영국이 마지막이었을 정도로 핵 추진 기술 공유를 꺼리고 있다.

이 당국자는 호주는 핵무기를 개발할 의향이 없고 핵 비확산 노력의 선두에 있다면서 핵 비확산에 대한 미국의 의지는 변함이 없다고도 강조했다. 미국이 핵확산에 나섰다는 비판을 차단하려는 의도로 보인다.

미국, 영국, 호주의 새로운 파트너십은 미중 갈등이 격화하는 와중에 중국 견제와 억제를 염두에 둔 것으로 보이지만, 표면적으로 미국은 중국과 연결시키는 것을 거부했다. 또 인도태평양 국가가 아닌 영국이 참여한 데 대해 "영국은 아시아와 깊은 역사적 유대를 갖고 있다"며 "그들은 앞으로 더 많은 일을 하고 싶다는 점을 우리에게 보여줘 왔다"고 설명했다.

뒤통수 세게 맞은 프랑스 격노
미국이 호주에 핵잠수함 기술을 지원하기로 함에 따라 날벼락을 맞은 프랑스는 "미국이 등 뒤에서 칼을 꽂았다"며 분노했다. 프랑스는 호주에 최대 12척의 디젤 잠수함을 공급하는 560억유로(77조원) 규모의 초대형 계약을 추진하고 있었는데 **미국의 핵잠수함 기술 지원으로 호주는 이 계약을 일시에 파기했다.**

프랑스는 이례적으로 오랜 우방국인 미국과 호주 주재 자국 대사를 소환했다. 장이브 르드리앙 프랑스 외교 장관은 미국과 호주 등의 결정을 두고 "동맹·협력국 사이에 용납될 수 없는 행위"라며 "이번 결정이 잔혹하고 일방적이고 예상 불가능했다"고 분노를 표출했다.

토니 블링컨 미 국무장관이 10월 5일 에마뉘엘 마크롱 프랑스 대통령을 만나 동맹 달래기에 나섰지만 프랑스의 분노는 쉽게 가라앉지 않았다.

미 언론 일각에서는 바이든 행정부가 프랑스에 굴욕을 준 까닭은 **프랑스가 미국과 중국 간 전략적 균형을 운운하고 독자노선을 강조하며 미국의 신경을 건드렸기 때문**이라고 분석했다.

한편, 중국은 오커스 출범에 반발하며 아시아 우호국들에 반미 규합을 촉구했다. 10월 13일 중국 외교부에 따르면 왕이 외교부장은 전날 열린 '아시아 교류 및 신뢰 구축회의(CICA)'에서 "오커스의 핵잠수함 계획은 핵확산 위험을 초래하고 군비 경쟁을 유발하는 냉전 사고 방식"이라고 비판했다. **미중 갈등이 아태 지역 군사 동맹으로 확전되는 가운데는 한국 외교가 시험대에 올랐다는 관측이 나온다.**

•오커스 (AUKUS)
오커스(AUKUS)는 호주, 영국, 미국(Australia, United Kingdom, United States) 세 국가가 2021년 9월 15일 공식 출범한 삼각동맹을 말한다. 미국의 대중국 포위망 강화와 영국의 브렉시트 전략에 따른 아시아·태평양 지역에서의 역할 증대, 그리고 중국 팽창에 대비해 국방력 증가를 추진하고 있는 호주의 이해관계가 맞아 떨어져 탄생했다. 영미 양국은 오커스를 통해 호주에 고농축 우라늄을 원료로 하는 핵 추진 잠수함 기술을 지원하기로 했으며 호주는 8척의 핵 추진 잠수함을 건조할 예정이다.

문 대통령 유엔총회에서 종전선언 제안

이산가족 상봉·동북아 보건 협력 제안

문재인 대통령이 임기 마지막 유엔총회에서 다시 종전선언을 제안했다. 문 대통령은 9월 21일(현지시간) 미국 뉴욕 유엔총회의장에서 열린 제76회 총회의 기조연설을 통해 "나는 오늘 한반도 종전선언을 위해 국제사회가 힘을 모아주실 것을 다시 한번 촉구하며 **남·북·미 또는 남·북·미·중 4자가 모여 한반도에서의 전쟁이 종료되었음을 함께 선언하길** 제안한다"고 강조했다.

문 대통령은 "종전선언이야말로 한반도에서 화해와 협력의 새로운 질서를 만드는 중요한 출발점이 될 것"이라며 "한국전쟁 당사국들이 모여 종전선언을 이뤄낼 때, 비핵화의 **불가역적**(不可逆的 : 주위 환경 변화에 따라 쉽게 변하지 않는) 진전과 함께 완전한 평화가 시작될 수 있다고 믿는다"고 말했다.

문 대통령은 "올해는 **남북한이 유엔에 동시에 가입한 지 30년**이 되는 뜻 깊은 해다. "(남북이) 서로를 인정하고 존중할 때 교류도, 화해도, 통일

ODA (Official Development Assistant)

ODA(공적개발원조)는 선진국 정부나 공공기관이 개발도상국의 경제발전과 복지증진을 돕기 위한 목적으로 공여하는 증여나 차관을 말한다. 우리나라는 2009년 경제협력개발기구(OECD) 공여국 모임인 DAC(Development Assistance Committee) 가입이 결정되며 세계 역사상 유일하게 피원조국에서 공여국으로 도약한 국가가 되었다.

로 나아가는 길도 시작할 수 있다"며 이산가족 상봉 추진, 동북아 방역·보건 협력체 등 협력 사업을 제시했다.

한편, 문 대통령은 코로나19와 관련해 '지구공동체 시대'라는 화두를 던졌다. 문 대통령은 "코로나를 이기는 것은 경계를 허무는 일이다. 우리의 삶과 생각의 영역이 마을에서 나라로, 나라에서 지구 전체로 확장됐다"면서 "나는 이것을 지구공동체 시대의 탄생이라고 생각한다"고 전했다.

문 대통령은 "지구공동체가 해야 할 당면 과제는 코로나 위기로부터 포용적 회복을 이루는 일"이라며 "개발도상국들이 함께 **지속가능발전목표**(SDGs, Sustainable Development Goals)를 향해 나아갈 수 있도록 코로나 이후 수요가 높아진 그린·디지털·보건 분야를 중심으로 **˚ODA(공적개발원조)**도 확대하겠다고 말했다.

김여정 "종전선언은 좋은 발상"

김여정 북한 노동당 제1부부장은 문 대통령의 종전선언 제안 뒤인 9월 24일 "종전선언은 흥미 있는 제안이고 좋은 발상"이라고 화답했다. 이튿날인 9월 25일 김 부부장은 한 발 더 나아가 남북 정상회담, 공동연락사무소 재설치 문제 등을 거론하며 "건설적인 논의를 거쳐 빠른 시일 내에 해결될 수 있다고 생각한다"며 호의적인 메시지를 연달아 냈다.

김 부부장은 "종전이 선언되자면 쌍방 간 서로에 대한 존중이 보장되고 타방에 대한 편견적인 시각과 지독한 적대시 정책, 불공평한 이중기준부터 먼저 철회돼야 한다"고 말했다. 이어 "이러한 선결조건이 마련되어야 서로 마주앉아 의의 있는 종전도 선언할 수 있을 것"이라고 밝혔다.

2019년 2월 2차 북미 정상회담 결렬 후 단절됐던 남북 대화가 재개될 수 있다는 관측 속에서 여권 내부에서는 **문 대통령 임기 말 남북정상회담 성사와 한반도 평화 프로세스 재가동**에 대한 기대 섞인 전망이 나오고 있다. 다만 북측이 적대시 정책 철회 등의 조건을 제시한 만큼 북미 비핵화 협상 과정에서 미국을 설득하는 문제가 관건이 될 것으로 보인다.

남·북·미 정상회담 일지 (2018년 이후)

날짜	참가자	구분	장소
2018. 4. 27.	문재인 대통령–김정은 국무위원장	1차 정상회담	판문점
2018. 5. 26.	문재인–김정은	2차 정상회담	판문점
2018. 6. 12.	도널드 트럼프 미국 대통령–김정은	1차 정상회담	싱가포르 센토사섬
2018. 9. 19.	문재인–김정은	3차 정상회담	북한 평양
2019. 2. 28.	트럼프–김정은	2차 정상회담	베트남 하노이
2019. 6. 30.	• 트럼프–김정은 • 문재인–트럼프–김정은	정상 회동	판문점

🖐 세 줄 요약

❶ 문재인 대통령이 유엔총회 기조연설에서 지난해에 이어 올해도 종전선언을 제안했다.

❷ 김여정 북한 노동당 부부장은 종전선언 제안에 대해 호의적인 메시지를 냈다.

❸ 문 대통령 임기 말 남북정상회담 성사에 대한 기대 섞인 전망이 나오고 있다.

3000톤급 잠수함 3번함 '신채호함' 진수

▲ 3000톤급 잠수함 3번함 신채호 (자료 : 해군)

해군의 3000톤급 잠수함 3번함인 신채호함이 9월 28일 진수(進水 : 새로 만든 배를 조선대에서 처음으로 물에 띄움)됐다. 해군과 방위사업청은 이날 오후 울산 현대중공업에서 3000톤급 잠수함인 '장보고-Ⅲ 배치(Batch)-Ⅰ' 3번함 신채호함 진수식을 거행했다.

신채호함은 도산안창호함(1번함), 안무함(2번함)에 이어 **세 번째로 국내에서 독자적으로 설계·건조한 3000톤급 잠수함**이다. 2016년 건조계약 체결 이후 2017년 착공식과 2019년 기공식을 거쳤다.

특히 9월 15일 잠수함에서 발사돼 비행시험에 성공한 SLBM(잠수함발사탄도미사일)을 **탑재**한다. 당시 시험 성공으로 한국은 세계에서 7번째 SLBM 운용국이 됐다. 3000톤급 잠수함에는 SLBM 수직발사관 6개가 장착된다. SLBM 최소 6발을 탑재하고 운항해 유사시 지상 핵심표적에 대한 전략적 타격 임무도 수행할 수 있다. 기뢰, 어뢰 등도 탑재된다.

음향무반향코팅제, 탄성마운트 등 최신 소음저감 기술을 적용해 선체의 크기가 커졌음에도 기존 잠수함과 유사한 수준의 음향 스텔스 성능을 확보했다. 국산화 비율은 76%로 기존 장보고급 잠수함(33.7%)과 손원일급 잠수함(38.6%)보다 약 두 배 이상 높아졌다.

해군은 3000톤급 잠수함의 함명으로 독립운동에 공헌했거나 광복 후 국가발전에 기여한 인물로 정하고 있으며, 이번에 함명 제정위원회를 거쳐 3번함을 신채호함으로 명명했다. 신채호함은 앞으로 시운전평가 기간을 거쳐 2024년 해군에 인도되며 전력화 과정을 거친 뒤 실전 배치될 예정이다.

한국 잠수함 명칭

배수량을 기준으로 300톤 이상은 잠수함, 이하는 잠수정으로 분류된다. 한국 잠수함의 명칭은 통일신라부터 조선 말 해상에서 큰 공을 세운 인물 또는 주요 독립운동가 및 국가 발전에 기여한 인물을 따서 명명한다. 장보고급 잠수함(독일 HDW사 209형 잠수함)에는 장보고함, 이천함, 최무선함, 박위함, 이순신함 등이 있다. 손원일급 잠수함(독일 HDW 2014형 잠수함)에는 손원일함, 정지함, 안중근함, 김좌진함, 유관순함 등이 있다.

법원 "변희수 전 하사 전역 취소해야"... 육군 1심 패소

성전환 수술을 했다는 이유로 강제전역된 후 극단

적 선택을 한 고(故) 변희수 전 육군 하사의 전역 처분을 취소하라는 판결이 법원에서 내려졌다. 지난 10월 7일 대전지법 행정2부(부장 오영표)는 변 전 하사가 생전에 육군참모총장을 상대로 낸 전역 처분 취소 청구 사건 선고공판에서 변 전 하사의 청구를 인용해 원고 승소 판결을 했다.

재판부는 성전환 수술을 고의 심신장애 초래 사유로 본 육군 전역 심사 과정이 부적절했다고 판결했다. 재판부는 "성전환 수술을 통한 성별 전환이 허용되는 상황에서 수술 후 원고 성별을 여성으로 평가해야 한다"며 "수술 직후 법원에서 성별 정정 신청을 하고 이를 군에 보고한 만큼 군인사법상 심신장애 여부 판단 당시에는 당연히 여성을 기준으로 했어야 한다"고 밝혔다.

나아가 재판부는 "전환된 여성으로서 현역 복무에 적합한지는 궁극적으로 군 특수성 및 병력 운영, 성소수자 기본 인권, 국민 여론 등을 종합적으로 고려해야 한다"며 "심신장애는 원고의 경우 처분 사유에 해당하지 않는다"고 밝혔다.

한편, 성전환 후 전역 조치된 변 전 하사는 지난 3월 3일 청주시 상당구 자택에서 숨진 채 발견됐다. 경찰에 따르면 변 전 하사가 이날 오후 5시 49분께 자택에 숨겨 있는 것을 출동한 소방대가 발견했다. 현장에서 유서 등은 발견되지 않았다.

변 전 하사는 지난해 1월 22일 성전환 수술 이후 군으로부터 전역 처분을 받자 언론 앞에 모습을 공개하며 여군으로 복무할 수 있게 해달라고 호소한 바 있다. 그러나 군은 변 전 하사 신체 변화에 대한 의무조사를 시행해 심신장애 3급 판정을 내리고, 지난해 1월 전역을 결정했다.

장혜영 "차별금지법 반드시 통과"

장혜영 정의당 의원은 이번 법원 판결과 관련해 "법원의 상식적인 판결에 힘입어 국회는 이번 정기국회에서 반드시 **차별금지법**을 통과시켜야 할 것"이라고 말했다. 장 의원은 자신의 SNS에 "국방부의 시대에 역행하는 차별적 전역 처분을 바로잡은 법원의 지극히 상식적인 결정을 진심으로 환영한다"고 밝혔다.

장 의원은 이어 "국방부는 또 다른 억지 논리를 쥐어짜내 항소할 생각 말고 군대 내 인권 침해와 차별의 실태부터 되돌아보기를 바란다"고 했다. 나아가 "다시 한번 마음 깊이 변희수 하사의 명복을 빈다"고 덧붙였다. 한편, 남영신 육군참모총장은 법원 판결과 관련해 항소 여부를 신중히 검토 중이라는 입장을 밝혔다. 나아가 "변희수 하사의 명복을 빌고 유가족께도 애도를 표한다"고 말했다.

차별금지법 (差別禁止法)

차별금지법은 합리적 이유 없이 성별·장애·병력·나이·성적지향 등의 이유로 고용·교육기관의 교육 및 직업훈련 등에서 차별을 받지 않도록 하는 내용이 담긴 법률이다. 해당 법안은 지난 2007년 17대 국회에서 처음 발의된 후 20대 국회까지 14년 동안 여러 차례 논쟁의 불씨만 당기고 사라졌다. 한편, 21대 국회 들어서는 지난해 6월 30일 장혜영 정의당 의원이 차별금지법을 대표 발의했다. 해당 법안은 현재 국회에서 계류 중이다.

▌남북 통신연락선 55일 만에 재가동

북한이 10월 4일 한미연합훈련에 반발하며 일방적으로 단절했던 남북통신연락선을 다시 복원했다.

▲ 남북공동연락사무소 개시통화 중 자료 : 통일부)

통일부는 이날 "오전 9시 남북공동연락사무소의 개시통화가 이뤄지면서 **남북통신연락선이 복원됐다**"고 알렸다. 군 측 역시 같은 시각에 동·서해지구 군통신선을 통해 남북 간 정상적으로 통화가 이뤄졌다고 밝혔다.

북한이 남북공동연락사무소 및 군 통신선을 통해 남측의 통화 시도에 응답한 건 55일 만이다. 북한은 지난 7월 27일 13개월 만에 남북통신연락선을 전격 복원했지만, 한미연합훈련 사전연습 격인 위기관리 참모훈련(CMST)이 시작된 지난 8월 10일 오후부터 다시 남측의 통화 시도에 응답하지 않아왔다.

이날 남북공동연락사무소 남측 연락대표는 북측과의 통화에서 "남북 간 통신연락선이 복원돼 매우 기쁘게 생각한다"며 "남북관계가 새로운 단계로 발전할 수 있기를 기대한다"고 말했다. 통화는 오전 9시 1분부터 2분간 진행됐다.

통신선 복원 속 '동상이몽'

남북이 55일 만에 통신연락선을 복원했지만 **향후 남북관계 방향에 대해선 '동상이몽'**을 드러냈다. 통신연락선 복원을 계기로 남북대화를 조속히 재개해 한반도 평화정착 문제를 논의하자고 화답한 남측과 달리, 북측은 여전히 적대정책 철회 등의 '중

대과제'를 남측이 먼저 해결해야 한다는 점을 상기시키며 온도 차를 보였다.

이종주 통일부 대변인은 "한반도 정세 안정과 남북관계 복원을 위한 토대가 마련됐다"며 "남북 간 통신연락선의 안정적 운영을 통해 조속히 대화를 재개해 남북 합의 이행 등 남북관계 회복 문제와 한반도 평화 정착을 위한 실질적 논의를 시작하고 이를 진전시켜 나갈 수 있기를 기대한다"고 밝혔다.

그러나 북한은 남측을 향해 "통신연락선의 재가동 의미를 깊이 새기고 북남관계를 수습하며 앞으로의 밝은 전도를 열어나가는 데 선결돼야 할 중대 과제들을 해결하기 위해 적극 노력해야 한다"고 강조했다.

한동안 끊겼던 남북 채널이 김정은 국무위원장의 의지에 따라 재가동되면서 관계 복원의 길로 나아갈 가능성이 있지만, 남북이 서로 다른 지점에 방점을 찍고 있는 만큼 향후 대화가 순탄치만은 않을 것이란 전망도 나온다.

북한이 제시한 '중대 과제'란

북한이 남북 간 통신연락선을 복원하면서 우리 정부에 남북 관계 수습과 함께 이른바 '중대 과제' 해결을 요구하며 '중대 과제'가 무엇인지 관심이 쏠린다. 중대 과제는 김정은 국무위원장이 9월 29일 최고인민회의 시정연설에서 사용한 용어다. 김 위원장은 당시 "서로에 대한 존중이 보장되고 타방에 대한 편견적인 시선과 불공정한 이중적인 태도, 적대시 관점과 정책들부터 먼저 철회되어야 한다는 것이 우리가 계속 밝히고 있는 불변한 요구"라면서 "이것은 남북 관계를 수습하고, 앞으로의 밝은 전도를 열어나가기 위해서 선결되어야 할 중대 과제"라고 말한 바 있다.

북한, "극초음속미사일 화성-8형 시험 발사"

북한이 '차세대 게임체인저'로 불리는 극초음속미사일을 새로 개발해 시험발사했다고 9월 29일 공개보도했다. 조선중앙통신에 따르면 북한 국방과학원은 전날 오전 자강도 룡림군 도양리에서 극초음속미사일 화성8형을 첫 시험발사했다.

9월 11~12일 신형 장거리 순항미사일, 15일 열차 발사 탄도미사일에 이어 새로운 무기 체계를 또 선보인 것이다.

극초음속미사일은 탄도미사일에 실려 발사됐다가 고도 30~70km에서 분리된 뒤 코스를 바꿔 가며 비행하는 것이 특징이다. 마하 5(음속 5배) 이상의 속도로 활강하고, 코스를 바꿀 수 있어 **˙미사일방어체계(MD)**로 타격이 어렵다. 다만 전날 한미 정보 당국에 탐지된 미사일의 속도는 마하 3 안팎인 것으로 알려졌다.

합동참모본부는 북한 보도 이후 "현재까지 우리 군은 9월 28일 북한이 시험발사했다고 공개한 극초음속미사일의 탐지된 속도 등 제원을 평가해 볼 때 개발 초기 단계로 실전배치까지는 상당 기간 소요될 것으로 판단된다"고 했다. 이어 "현재 한

미 연합자산으로 탐지 및 요격이 가능한 수준으로 평가하고 있다"고 밝혔다.

그러나 북한이 시험 과정을 거쳐 전력화하면 요격이 쉽지 않아 보인다. 신종우 한국국방안보포럼 전문연구위원은 "북한은 앞으로 정밀한 유도 기능, 사거리 연장 등을 위한 추가 시험을 할 수 있다"면서 "북한이 이를 언제쯤 실전배치할 수 있을지 예측해 대비를 하는 게 중요하다"고 말했다.

미 정부 당국자는 9월 28일(현지시간) 전날 북한의 미사일 시험 발사와 관련해 입장을 묻는 언론의 서면질의에 "최근 발사의 구체적인 성격을 확인하기 위해 노력 중"이라며 "우리는 어떠한 새로운 능력에 대한 보도도 심각하게 받아들이며, 지역 및 국제 사회를 불안정하게 만드는 모든 불법적인 미사일 발사를 규탄한다"고 답했다.

킨 모이 미국 국무부 동아태 수석부차관보도 이날 워싱턴D.C.에서 한국국제교류재단(KF)과 미 싱크탱크 애틀랜틱 카운슬이 공동주최한 연례 포럼의 화상 기조연설에서 "북한의 불법 대량살상무기(WMD)와 탄도미사일은 국제 평화와 안보에 심각한 위협이며, 비확산 체제를 약화한다"고 비판하며 한국 및 일본과의 협력을 강조했다.

˙미사일방어체계 (MD, Missile Defense)

미사일방어체계(MD)는 대륙간탄도미사일 공격을 막기 위한 방어체계다. 적군의 미사일이나 미사일의 탄두가 목표물에 도달하기 전에 요격미사일을 발사해 적군의 미사일을 파괴하는 방어 전략이다. 미국이 주도하고 있는 MD 미사일 공격을 원천적으로 봉쇄하는 것을 목표로 하고 있지만 실효성에 의문이 존재하며 오히려 전 세계적 군사적 긴장상태와 군비경쟁을 불러올 것이라는 비판도 존재한다.

이등병 없어지고 '일병-상병-병장' 계급 개편 추진

▲ 민·관·군 합동위원회 (자료 : 국방부)

지난 59년간 군의 막내 계급을 지칭해온 '이등병'이 사라질 것으로 보인다. 병영문화 개선을 위해 출범한 민·관·군 합동위원회가 9월 28일 병사 계급체계를 현재 4단계에서 3단계로 단순화하는 방안을 권고했다. 민·관·군 합동위는 9월 28일 오후 국방컨벤션에서 박은정 공동위원장과 서욱 국방부 장관 주관으로 제4차 정기회를 열고 21개 권고안을 의결했다.

합동위는 병사의 복무 기간이 과거의 절반 수준으로 단축된 점을 고려해, 복무 기간에 비해 과도하게 계층화된 계급체계를 개선하는 안을 내놨다. 권고안에는 **현재 이등병**(2개월)**-일등병**(6개월)**-상등병**(6개월)**-병장**(4~7개월)**으로 나눠진 계급을 일병**(5~7주)**-상병**(9개월)**-병장**(8~11개월)**으로 변경하는** 내용이 담겼다.

합동위는 또 서열적 의미가 강한 병사의 계급명칭의 '등'자를 삭제할 것을 제안했다. 합동위는 이를 통해 "불필요한 행정 소요와 예산 낭비를 방지"하는 한편 "진급 심사 준비 및 후속 조치 등 계층을 단순화해 소통 여건을 보장하고 악습 감소가 가능하다"고 설명했다.

1971년 제정 이후 50년간 그대로 사용 중인 병사의 일자형 계급장도 변경이 예고됐다. 합동위가 병사들이 국가에 헌신한다는 자부심을 갖고 복무할 수 있도록 일자형으로 된 현행 계급 표식 아래에 무궁화 표지를 추가하거나 새로운 태극문양 계급장을 제정할 것을 주문했기 때문이다.

합동위는 "병사의 일자형 계급장은 지구의 지표면을 상징하고 부사관의 'V자'형은 지표면 상에 성장하는 식물을 상징한다"며 "병사와 부사관 계층을 지표하와 지상의 관계로 표현"해 "병사가 부사관의 아래에 있는 존재라는 부정적 인식을 초래할 가능성이 있다"고 설명했다.

대한민국 국군 군사 계급

군인사법 제2장(계급 및 병과)에 따르면 군 계급은 다음과 같이 이루어져 있다.

제3조(계급) ① 장교는 다음 각 호와 같이 구분한다.
1. 장성(將星) : 원수(元帥), 대장, 중장, 소장 및 준장
2. 영관(領官) : 대령, 중령 및 소령
3. 위관(尉官) : 대위, 중위 및 소위
  ② 준사관은 준위(准尉)로 한다.
  ③ 부사관은 원사(元士), 상사, 중사 및 하사로 한다.
  ④ 병은 병장, 상등병, 일등병 및 이등병으로 한다.

유엔 안보리 "북한, 경제난에도 핵·미사일 개발 지속"

˙유엔 안전보장이사회는 북한이 경제난과 대북제재에도 불구하고 핵과 탄도미사일 기술 개발을 지속하고 있다고 평가했다. 또한 안보리는 코로나19로 인한 국경봉쇄로 인해 북한의 석유류 수입과 석탄 불법 수출 사례는 급격히 줄었지만 해상

에서 선박 간 불법 거래 등 제재 위반 행태는 지속되고 있다고 지적했다.

유엔 안보리 대북제재위원회는 10월 4일(현지시간) 이 같은 내용의 전문가 패널 연례 중간보고서를 공개했다. 대북제재위는 북한의 안보리 결의 이행 여부 및 국제사회의 대북제재 이행 여부를 감시하기 위해 설치된 기구다.

보고서는 특히 유엔 회원국이 제공한 정보를 토대로 영변 핵단지 내 다양한 활동이 포착됐다고 지적했다. 영변의 5MW짜리 원자로는 가동이 중단된 상태지만 **우라늄 농축시설은 가동 중이며, 사용 후 연료 재처리 시설인 방사화학실험실에서도 활동이 관측됐다는 것이다.**

북한이 코로나19 바이러스 유입을 막기 위해 국경을 봉쇄하면서 수출입이 급감한 것으로 파악됐다. 특히 안보리 제재에 이해 연간 정유제품 수입 상한선이 50만 배럴로 제한된 북한은 해마다 이를 초과했지만 국경 봉쇄 여파로 수입량이 뚝 떨어진 것으로 관측됐다.

사치품과 소비재 수입 역시 급감한 것으로 나타났다. 특히 북한으로의 주류 운송은 지난해 거의 이뤄지지 않았다.

北, 유엔 안보리 소집 비난 "명백한 이중기준"

한편, 북한은 10월 3일 유엔 안전보장이사회가 북한의 극초음속 미사일 발사와 관련한 비공개 긴급회의를 소집한 것에 대해 "명백한 이중기준"이라고 비난했다.

조철수 외무성 국제기구국장은 조선중앙통신에 발표한 담화에서 "유엔 안보리가 미국과 추종세력들의 대규모 합동군사연습과 빈번한 공격용 무기 시험들에 대해서는 함구무언하면서 우리의 정상적이고 계획적인 자위적 조치들을 걸고 들었다"며 **"유엔 활동의 생명인 공정성과 객관성, 형평성에 대한 부정이며 명백한 이중기준"**이라고 했다.

한편, 북한은 9월 28일 극초음속미사일 '화성-8형'을 시험발사했다. 이와 관련해 유엔 안보리는 지난 10월 1일(현지 시각) 미국 뉴욕 유엔본부에서 비공개 긴급회의를 열었다. 중국과 러시아의 반대로 북한의 미사일 발사에 관한 공동성명 채택은 이뤄지지 않은 것으로 알려졌다.

°유엔 안전보장이사회 (UNSC, United Nations Security Council)

유엔 안전보장이사회는 분쟁의 평화적 해결, 평화에 대한 위협과 파괴 및 침략 행위의 방지, 진압을 임무로 한다. 집단안전보장을 위해서는 경제적 제재 뿐 아니라 군사적 제재도 가할 수 있다. 유엔 안보리는 5개 상임이사국과 10개 비상임 이사국의 15개 국가로 구성된다.
상임이사국은 안전보장이사회에서 임기의 제약을 받지 않고 계속해서 의석을 보유하는 이사국이다. 국제연합 헌장 제23조에 따라 미국, 중국, 프랑스, 러시아연방, 영국 등 5개국이다. 10개국인 비상임이사국은 유엔의 목적에 공헌한 정도와 공평한 지리적 분포를 감안하여 총회에서 해마다 반수인 5개국을 새로 선출한다. 임기는 2년이며 재선을 허용하지 않는다. 한국은 1996년부터 1997년까지 비상임이사국으로 활동했다.

'사막에 핀 꽃' 두바이 엑스포 개막...
182일간 대장정

중동지역 최초 엑스포

'2020 두바이 엑스포(세계박람회)'가 10월 1일(현지시간) 개막과 함께 182일간의 대장정에 돌입했다. **중동·아프리카 지역에서 처음 열리는 이번 엑스포**는 코로나19 여파로 1년 연기돼 이날부터 내년 3월까지 6개월간 열린다. '마음의 연결, 미래의 창조'라는 주제로 191개국이 참가해 각국의 문화와 기술 등을 선보일 예정이다.

지난해 열릴 예정이던 두바이 엑스포는 팬데믹으로 인해 올해로 미뤄졌으나, 5년 단위로 개최되는 엑스포 특성을 고려해 그대로 '2020 월드 엑스포'라고 부르게 됐다. 이번 엑스포는 미래 세대에 영감을 주고 분야·조직·지역 파트너십을 개발하기 위한 글로벌 협업 필요성을 강조하며 ▲**기회**(Opportunity) ▲**이동성**(Mobility) ▲**지속가능성**(Sustainability)**을 소주제로** 정했다.

중동 아랍에미리트(UAE) 7개 토후국 중 하나인 두바이는 이번 엑스포

°모라토리엄 (moratorium)

모라토리엄(채무 상환 유예)은 '한 국가가 외국에서 빌려온 차관에 대해 일시적으로 상환을 연기하는 것을 말한다. 모라토리엄을 선언하면 채권국들에서 채무 상환을 연기받고, 부채를 탕감하는 협상에 나설 수 있다는 장점이 있다. 그러나 해당 국가의 신용도가 크게 하락하여 외부거래가 사실상 불가능하고 환율이 급등하고 통화 가치가 급락하여 극심한 인플레이션이 일어나 심각한 경제적 혼란을 겪는다.

◐ **기출tip** 2020년 경향신문 필기시험에서 모라토리엄을 묻는 문제가 출제됐다.

에 사활을 걸었다. 2009년 국영기업 두바이월드의 *모라토리엄(채무 상환 유예) 선언으로 경제 위기를 겪은 뒤 엑스포를 경제 부활과 재도약의 발판으로 삼겠다는 전략에서다. 조직위는 엑스포로 인한 장기적 경제 효과는 335억달러(약 40조원), 고용 창출 효과는 90만 명에 이를 것으로 분석했다.

두바이 엑스포 한국관 개관

두바이 엑스포의 소주제 중 하나인 '모빌리티존'에 속한 한국관은 191개 참가국 가운데 5번째로 큰 규모로 조성됐다. 한국관 주제는 모빌리티 기술로 세계를 선도하는 모습을 보여주기 위해 '스마트 세상, 한국이 선사하는 무한한 세상(Smart Korea, Moving the World to You)'으로 정했다.

지상층에는 '마당'이라 불리는 너른 공간에서 한국의 흥과 멋, 풍류를 표현한 퍼포먼스가 매일 10회씩 열린다. 자율주행 기술로 움직이는 3개의 대형 모바일 칼럼과 K팝, 비보잉 등이 결합한 공연이 펼쳐져 눈길을 사로잡을 예정이다. 지상층부터 3층에 걸쳐 구현한 전시는 관람객들이 모바일 디바이스를 통해 증강현실(AR)을 체험할 수 있도록 꾸며졌다. '버티칼 시네마'라 불리는 영상관에서는 거대한 세로 스크린에서 현대적인 한국의 모습과 문화를 선보인다.

부산, 2030 엑스포 개최 출사표

2030부산세계박람회 유치위원회는 두바이엑스포를 계기로 2030부산세계박람회 유치를 위한 해외홍보전에 본격적으로 나섰다. 정부는 러시아 모스크바에 이어 2번째로 6월 국제박람회기구(BIE)에 2030부산세계박람회 유치 신청서를 제출한 상태다. 현재까지 유치 신청서를 공식 제출한 곳은 부산과 모스크바 2개 도시이지만, 최근 이탈리아 수도 로마가 2030년 등록엑스포 유치를 선언했고, 사우디아라비아 리야드도 출사표를 낼 것이라는 전망이 나온다.

BIE는 내년 상반기 현지실사를 거쳐 2023년 중 회원국 투표로 개최지를 선정한다. 부산이 유치에 성공하면 한국에서 처음으로 *등록엑스포가 열리게 된다. 지금까지 한국에서 열린 1993년 대전, 2012년 여수엑스포는 *인정엑스포였다.

등록엑스포는 2010년 상하이, 2015년 밀라노에서 각각 개최됐고 2025년에는 오사카에서 열릴 예정이다.

---

*등록엑스포·인정엑스포

등록엑스포란 사람과 관련된 모든 것을 주제로 5년마다 열리는 세계박람회를 말한다. 최대 6개월 동안 열 수 있으며, 전시 규모는 무제한이다. 2000년 독일 하노버, 2010년 중국 상하이, 2015년 이탈리아 밀라노에서 열렸으며 2020년 등록엑스포는 아랍에미리트 두바이에서 개최됐다. 인정엑스포는 5년마다 열리는 등록엑스포 사이에 열리는 특정 분야를 대상으로 한 중규모 박람회를 말한다. 최대 3개월 동안 열 수 있으며, 전시 규모는 25만㎡ 이내로 제한된다. 1993년 한국에서 개최된 대전 엑스포를 비롯해 1998년 포르투갈 리스본, 2005년 일본 아이치, 2008년 스페인 사라고사, 2012년 한국 여수에서 열린 엑스포는 인정엑스포였다.

세 줄 요약

❶ '2020 두바이 엑스포'가 10월 1일 개막과 함께 182일간의 대장정에 돌입했다.

❷ 두바이 엑스포의 소주제 중 하나인 '모빌리티존'에 속한 한국관은 191개 참가국 가운데 5번째로 큰 규모인 지하 1층, 지상 3층 규모로 조성됐다.

❸ 2030부산세계박람회 유치위원회는 두바이엑스포를 계기로 2030부산세계박람회 유치를 위한 해외홍보전에 본격적으로 나섰다.

제26회 부산국제영화제 개막...
레드카펫 부활

아시아 최대 영화 축제 °**부산국제영화제(BIFF)**가 지난 10월 6일 개막했다. 올해로 26회째를 맞는 BIFF는 코로나19의 영향으로 개막식과 야외 행사를 진행하지 않았던 전년과 다르게 방역수칙을 준수해 가며 모든 행사를 그대로 진행했다. 영화제의 백미인 레드카펫도 돌아왔다.

이번 영화제에는 전 세계 70개국 223편의 영화가 초청돼 영화의 전당을 비롯한 6개 극장 26개 상영관에서 상영됐다. 다만, 상영관 좌석의 50%만 관객을 받고, 방문 등록을 철저히 하는 등 방역에 만전을 기했다.

올해 BIFF 개막작으로는 임상수 감독의 '행복의 나라로'가 선정됐고, 폐막작으로는 렁록만 감독의 '매염방'이 선정됐다. 올해 영화제에는 국제영화제 수상작들이 상당수 초청됐는데, 칸 영화제에서 황금종려상을 받은 '티탄', 베니스 영화제에서 심사위원대상을 받은 '신의 손' 등이 상영됐다.

이번 BIFF는 세계 최초로 상영되는 월드 프리미어 작품이 전체 상영작의 3분의 1을 넘어 아시아 최고의 영화 축제라는 명성에 걸맞은 모습을 보였다. 또, OTT(온라인동영상서비스) 업체가 제작한 드라마 시리즈 3편도 선보이며 울타리를 넓혔다.

°부산국제영화제 (BIFF, Busan International Film Festival)

부산국제영화제는 1996년부터 시작한 국내 최초의 국제영화제이다. 영상문화의 중앙 집중에서 벗어나, 한국 영화의 발상지인 부산을 지방자치시대에 걸맞은 문화예술의 고장으로 발전시키고자 기획됐다. 최초에 PIFF(Pusan International Film Festival)라는 영문 표기로 개최됐으나, 2011년부터 지역명 로마자 표기 통일성을 위해 지금과 같은 BIFF로 영문 표기를 변경하였다. 지난 2014년에는 세월호 참사를 다룬 다큐멘터리 '다이빙벨'의 BIFF 상영을 두고 외압이 있었던 것으로 밝혀져 논란을 겪기도 했다.

세계 3대 영화제 최고상

세계 3대 영화제 최고상은 세계 3대 영화제로 일컬어지는 칸 영화제, 베니스 영화제, 베를린 영화제에서 각각 수여하는 황금종려상, 황금사자상, 황금곰상을 말한다. 황금종려상은 프랑스 칸의 상징인 종려나무 잎 모양을 하고 있으며, 황금사자상과 황금곰상은 각각 날개 달린 사자와 곰 모양을 하고 있다. 황금사자는 베니스의 수호성인 성 마르코를 상징하는 것이고, 곰은 베를린을 상징하는 동물이다. 한편, 우리나라 영화로는 봉준호 감독이 영화 '기생충'으로 황금종려상을, 고(故) 김기덕 감독이 '피에타'로 황금사자상을 수상한 바 있다.

언론계, 통합형 언론자율규제기구 설립

언론의 신뢰 회복과 사회적 책임 강화를 위해 제안된 '통합형 자율규제기구'의 연구위원회가 구성됐다. **방송기자연합회, 전국언론노동조합, 한국기자협회, 한국신문방송편집인협회, 한국신문협회, 한국여기자협회, 한국인터넷신문협회 등 7개 언론단체는**

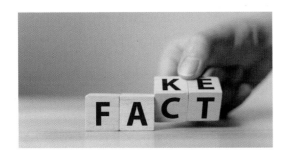

10월 8일 서울 중구 한국신문협회 회의실에서 간담회를 열고 강형철 숙명여대 미디어학부 교수를 위원장으로 총 6명의 연구위원회를 구성했다.

위원으로는 ▲김민정 한국외대 미디어커뮤니케이션학부 교수 ▲심영섭 경희사이버대 미디어영상홍보학과 겸임교수 ▲정은령 서울대 언론정보연구소 SUN팩트체크센터장 ▲황용석 건국대 미디어커뮤니케이션학과 교수 ▲심석태 세명대 저널리즘스쿨대학원 교수 등이 이름을 올렸다.

연구위원회는 10월 중 기초 조사와 브레인스토밍 회의를 진행한다. 이어 11월에는 분야별 다양한 연구 활동과 대안을 논의하고, 늦어도 12월 초에는 통합형 자율규제기구의 운영에 대한 안을 마련한다는 계획이다.

구체적인 실천방안으로는 포털 등 플랫폼 사업자와 유료방송 사업자 등을 포괄하는 통합형 언론자율규제기구 설립을 추진하고, 이를 위해 조속한 시일 내에 학계·언론계·전문가 등 전문성과 독립성을 갖춘 인사로 연구팀을 구성하기로 했다.

이 기구에선 인터넷 기사에 대한 팩트체크 등을 통해 심의·평가해 그 결과를 언론사에 알려 잘못을 바로잡고, 허위 정보를 담고 있거나 언론윤리를 위반한 인터넷 기사에 대해선 열람차단을 청구

하거나 실효성 있는 제재를 가하는 방안을 검토 중이다. 또한, 인터넷 기사와 광고로 피해를 본 사람이 언론중재위원회나 법원에 가지 않고도 신속하게 피해 구제를 받을 방안을 찾아 시행할 방침이다.

한국의 주요 신문 자율규제 제도

기구 및 제도	위원 등 구성	역할	근거법률
고충 처리인 (각 사)	종사자 의견 청취 뒤 임명	사실이 아니거나 타인의 명예, 그밖의 법익을 침해하는 보도에 대한 시정 권고/피해자 고충에 대한 정정 반론보도 또는 손해배상 권고 등	언론중재 및 피해구제 등에 관한 법률 제6조 (강제성)
독자 권익 위원회 (각 사)	외부인	독자 권익 보호/독자 의견 반영/독자 불만 접수	신문 등의 진흥에 관한 법률 제6조(권고사항)
한국 신문 윤리 위원회 (외부)	한국신문협회, 신문방송편집인협회, 한국기자협회 등 추천	신문윤리강령 실천 여부 감시/독자 반론과 의견 개진 기회 제공/온라인 기사 및 광고 심의/오보 정정 및 선정적 보도 배격 등	없음
인터넷 신문 위원회 (외부)	이사회, 심의위원회, 정책자문단 구성	인터넷신문 기사 및 광고 심의/인터넷신문 기사, 광고 고충처리 사업 등	없음
옴부즈맨 제도 (각 사)	외부인(규정 없음)	자사 보도 비평/의견 개진	없음

CJ ENM 제작 뮤지컬 '물랑루즈' 토니상 10관왕

한국 공연 제작사인 CJ ENM이 글로벌 공동 프로듀싱으로 참여한 뮤지컬 '물랑루즈(Moulin Rouge)'

▲ 뮤지컬 '물랑루즈' 공연 장면

가 미국 공연계 최고 권위를 자랑하는 제74회 토니상에서 뮤지컬 부문 최우수 작품상을 비롯해 10개 부문을 휩쓸며 최다 수상의 영예를 차지했다.

'물랑루즈'는 싱어송라이터 앨러니스 모리셋의 음악으로 만든 뮤지컬 '재기드 리틀 필(Jagged Littel Pill)', 전설적 흑인 뮤지션 티나 터너의 삶과 음악을 다룬 뮤지컬 '티나(Tina)' 등과 치열한 경쟁 끝에 뮤지컬 부문 최우수 작품상을 수상했다.

'물랑루즈'는 ▲최우수 작품상을 포함해 ▲남우주연상 ▲남우조연상 ▲무대 디자인상 ▲의상 디자인상 ▲조명 디자인상 ▲음향 디자인상 ▲연출상 ▲안무상 ▲오케스트레이션상(편곡상)까지 총 10개 부문에서 상을 거머쥐었다. CJ ENM은 글로벌 공동 프로듀싱 1호작인 '킨키부츠(Kinki Booths)'에 이어 두 번째 토니상을 배출하며 글로벌 공연 제작사로서 입지를 굳혔다.

'물랑루즈'는 1890년대 프랑스 파리에 있는 클럽 '물랑루즈'의 가수와 젊은 작곡가의 사랑 이야기를 담은 주크박스 뮤지컬(기존 인기 음악으로 만든 뮤지컬)이다. 2019년 7월 25일(현지시간)에 공식 개막

했고 2020년 3월, °브로드웨이 셧다운으로 공연을 중단했다가 지난 9월 24일 재개했다.

'물랑루즈'는 니콜 키드먼과 이완 맥그리거가 주연한 2001년 영화를 재해석했으며 마돈나, 엘튼 존, 시아, 비욘세, 레이디 가가, 아델, 리한나 등 유명 팝스타의 곡들로 열풍을 일으키며 전 회차 매진을 이어갔다.

CJ ENM은 글로벌 공동 프로듀싱 1호작 '킨키부츠'에 이어 '물랑루즈'로 두 번째 토니상을 수상하며 글로벌 프로듀서로서의 입지를 강화했다. CJ ENM은 뮤지컬 '보디가드', '백투더퓨처' 등의 공동 제작으로 브로드웨이와 °웨스트엔드에서 10년 넘게 글로벌 네트워크를 쌓으며 '물랑루즈' 기획 개발 초기 단계부터 공동 프로듀서를 선제적으로 제안 받아 참여했다.

°브로드웨이 (Broadway)

브로드웨이는 미국 뉴욕 맨해튼에 있는 대로로 이곳에 극장이 밀집해 있어 미국 연극·뮤지컬 공연계의 대명사로 불리는 곳이다. 19C 중엽부터 시작해 20C 초 정점을 이루었다가 점차 규모가 줄었지만 여전히 세계 최대 공연시장으로 꼽힌다.

맨해튼 브로드웨이 인근의 500석 미만의 극장에서 상연되는 연극은 오프브로드웨이, 그보다 더 규모가 작은 극장들은 오프오프브로드웨이라고 하는데 이는 상업적이고 엔터테인먼트를 강조한 브로드웨이 공연과 달리 실험적 성격이 강한 뉴욕 연극계를 말하기도 한다.

°웨스트엔드 (West End)

웨스트엔드는 영국 런던 서쪽의 극장 밀집 지역으로서 미국의 브로드웨이와 함께 세계 연극·뮤지컬의 명소로 불리는 곳이다. 브로드웨이 공연이 엔터테인먼트 요소에 치중한 데 비해 웨스트엔드에서는 음악을 중시하면서 문학·철학적 주제를 다룬 작품이 많이 공연된다.

수어방송 비율 상향…
VOD·OTT도 장애인방송 의무화 추진

▲ 소외계층 미디어포용 종합계획 발표 (자료 : 방송통신위원회)

폐쇄자막과 화면해설, 수어 등 시청각장애인을 위한 방송을 기존의 실시간 방송뿐만 아니라 **'VOD**와 OTT 등에서도 의무적으로 제공하는 방안이 추진된다. 또 수어방송의 의무화 비율을 기존의 5%에서 7%까지 높인다. 방송통신위원회(방통위)는 이런 내용을 포함한 '미디어 포용 종합계획'을 추진한다고 10월 12일 국무회의에서 보고했다.

7% 이상 수어방송 의무화는 세계 최고 수준인 영국의 장애인방송 의무편성비율을 웃도는 수준이라고 방통위는 설명했다. 방통위는 이미 영국 BBC 수준(5%)을 달성했지만, 미디어 환경변화와 장애인단체·인권위 등의 개선 의견을 반영해 이르면 내년 상반기까지 수어방송 의무편성 비율을 7%로 높일 계획이다.

사회적 거리두기, 재택근무 증가 등의 환경으로 VOD와 OTT 이용 시간이 증가한 만큼, 장애인방송 의무화의 필요성이 높아졌다는 게 방통위의 판단이다. 실제로 프랑스 역시 2018년 법 개정 이후 OTT에서의 자막·화면해설·수어 제공 의무화를 추진하고 있다.

장애인방송 제작 지원의 대상을 실시간 방송에서 비실시간 방송으로, 지상파에서 일반 **방송채널사용사업자**(PP)까지 확대하는 방안도 함께 추진한다.

올해 지상파 3사를 시작으로 내후년까지 EBS, 종편·보도PP, **SO**(종합유선방송사업자)·일반PP에 대해 점진적으로 확대한다. 또 장애유형별·학년별 맞춤형 교육콘텐츠 제작도 늘린다.

수도권에 집중된 제작 기반을 전국 10곳의 시청자미디어센터로 확대해 지역 사회의 장애인방송을 활성화와 관련 스타트업 육성을 지원한다. 또 지난해 기준 32.3%인 장애인용 TV 보급률은 2025년까지 50%로 높일 계획이다. 아바타 자동 수어 및 인공지능(AI) 음성합성 화면해설 방송시스템도 개발을 추진한다.

방통위는 이번 계획을 2025년까지 3단계에 걸쳐 순차적으로 추진할 계획이다. 1단계인 올해 하반기는 제작 지원 및 법제도 정비를, 2단계인 2022~2023년은 기술 고도화 및 질적 평가제도 마련을, 3단계인 2024~2025년은 소외계층에 대한 미디어 포용 법제 구현을 각각 중점 추진한다.

'VOD (Video On Demand)

VOD란 주문형 비디오의 영문 약자로, 기존의 공중파 방송과는 달리 인터넷 등의 통신 회선을 사용해 원하는 시간에 원하는 매체를 볼 수 있도록 하는 서비스다. 한국의 경우 1994년 전화선을 이용하여 시범 운영한 것을 시작으로 현재까지 사용하고 있다. 형태별로는 프로그램당 일정 요금을 지불하는 RVOD 서비스, 제공되는 프로그램 패키지를 횟수에 관계없이 시청하고 월정액을 지급하는 SVOD 서비스, 마케팅 수단으로 공급되는 무료인 FOD 서비스로 분류할 수 있다.

'대박'에 '언니'까지, 한국 단어 옥스퍼드 사전 등재

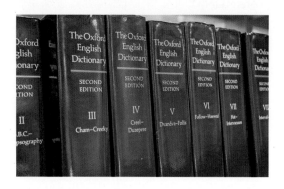

한국 문화가 전 세계로 퍼져나가면서 영국 *옥스퍼드 영어사전(OED)에 한류와 관련된 단어 20여 개가 새로 실렸다. 10월 5일(현지시간) 영국 일간 가디언에 따르면 옥스퍼드대 출판부가 펴내는 이 사전은 지난 9월 업데이트되면서 한국 문화와 관련된 단어를 대거 포함했다. OED는 "한국 대중문화가 국제적 인기를 누리면서 요즘 들어 K팝, K드라마, K뷰티, K푸드, K스타일 등 여기저기에 접두사 K가 붙는 것처럼 보인다"고 소개했다.

발표에 따르면 OED에 새로 실린 한국 관련 단어는 음식, 음악, 전통, 사회 등에 걸쳐 26개에 달한다. 먼저 'K-'가 한국 또는 그 문화와 관련된 명사를 형성하는 복합어로 실렸다. 그러면서 사전은 'K-드라마(K-drama)', '한류(hallyu)', '먹방(mukbang)', '만화(manhwa)' 등 한국 대중문화와 관련된 단어를 어원, 예시 등과 함께 실었다.

한국에서 유행하는 신조어인 '대박(daebak)'도 OED에 올랐다. 사전은 이를 "우연히 얻거나 발견한 가치 있는 것을 뜻하는 명사" 또는 "열렬한 찬성을 뜻하는 감탄사" 등으로 설명했다. 또 한국어 호칭인 '누나(noona)', '오빠(oppa)', '언니(unni)'

도 성별과 나이 차이에 따라 각각 다르게 상대방을 부르는 단어라는 설명과 함께 사전에 올랐다.

이 외에도 한국식 영어 표현인 '스킨십(skinship)', '파이팅(fighting)'도 각각 'skin과 −kinship의 합성어', 'fight를 기원으로 하며, 응원과 지지를 표현하는 단어'라고 각각 설명했다. 한국 전통문화와 관련된 단어로는 '동치미(dongchimi)', '갈비(galbi)', '한복(hanbok)' 등이 새로 실리면서 앞서 1976년 실린 '김치(kimchi)'와 어깨를 나란히 했다.

---

*옥스퍼드 영어사전 (OED, Oxford English Dictionary)

옥스포드 영어사전은 영국 옥스포드 대학교 출판부에서 출간하는 영어사전이다. 인쇄 제본형 표준판은 1884년부터 부분적으로 나오기 시작하여 44년 만인 1928년 초판이 완성됐다. 그 후 옥스포드 온라인 사전 초판은 2000년 처음 나왔으며 3개월마다 어휘를 새롭게 등재하고 있다. 1150년 이후의 영어를 모두 수록하고, 각 단어의 형태·철자·의미의 변천을 용례와 함께 상세하게 기술하는 편찬방침을 따르고 있어 언어학자뿐만 아니라 문학 연구가들에게도 필수로 사용된다.

디즈니플러스 국내 방송 파트너, LG유플러스로 확정

오는 11월 국내에 온라인동영상서비스(OTT) 디즈니플러스(+)를 출시하는 월트디즈니의 유료방송 파트너가 LG유플러스로 확정됐다. LG유플러스는 지난 9월 월트디즈니 컴퍼니 코리아와 인터넷TV(IPTV), 모바일 제휴를 위한 계약을 완료했다고 밝혔다. 이 중 IPTV와 케이블TV는 국내 독점 계약이다.

LG유플러스는 IPTV 시장 점유율 확대를 위해 한국에 새로 진출하는 글로벌 OTT를 적극적으로 끌어들이고 있다. 2018년 11월 넷플릭스와도 독점 계약을 맺었는데, 그 후 매 분기 10만 명 안팎으로 가입자가 증가해 2021년 1분기 처음으로 500만 명을 넘었고, IPTV와 케이블TV, 위성방송을 합한 유료방송 시장에서도 KT 계열에 이어 2위에 오르는 등 효과를 톡톡히 봤다.

LG유플러스는 특히 디즈니플러스에 어린이와 젊은층이 선호하는 콘텐츠가 많아 기존 영유아 전용 플랫폼 '아이들나라'와 함께 새로운 고객을 끌어들이는 효과를 기대하고 있다. 한국에 새로 진출하는 디즈니플러스 입장에서도 LG유플러스의 IPTV 고객을 다수 확보할 수 있어 이번 계약은 서로에게 '윈윈'이 될 것이란 분석이 많다.

디즈니플러스는 오는 11월 12일 국내 OTT 서비스를 시작한다. 디즈니플러스는 디즈니, 픽사, 마블, 스타워즈, 내셔널지오그래픽, 스타 등 6개 핵심 브랜드의 영화와 TV 프로그램 등 콘텐츠를 제공한다. 디즈니플러스의 전 세계 가입자는 지난 2분기 기준 1억1600만명으로 넷플릭스(2억900만명)에 이어 두 번째로 많다. 디즈니플러스의 국내 진출 이후 넷플릭스 및 국내 OTT와의 콘텐츠 경쟁이 더욱 치열해질 것으로 예상된다.

한편, 디즈니플러스는 LG유플러스에 이어 KT와도 계약을 체결했다. 다만 IPTV와 모바일까지 계약한 LG유플러스와 달리 KT는 우선 디즈니와 모바일 부문만 제휴를 맺은 것으로 나타났다.

영상 서비스 이용 앱·사이트 점유율 (자료 : 과기정통부)

항목	2019년	2020년
유튜브	76.9	87.9
티빙	7.4	17
넷플릭스	3.7	3.9
기타	0.1	0.3
페이스북 와치	–	6.4
웨이브	–	3.2
아마존 프라임	0.3	0.2
다음	11.8	11.7
왓챠플레이	4.2	3.9
통신사 앱/사이트	9.1	6.8
네이버	36.1	30.2
아프리카TV	17.8	10.4
전혀 안 봄/이용 안함	18.8	7.3

후대 슈퍼맨 '양성애자'로 그려진다... DC 신간서 커밍아웃

미국 인기 슈퍼히어로 캐릭터인 슈퍼맨이 신간에서 **바이섹슈얼**(bisexual : 동성과 이성에게 모두 성적으로 끌리는 양성애자)로 커밍아웃한다. 지난 10월 11일(현지시각) DC코믹스는 공식 홈페이지를 통해 11월 9일 출간되는 '슈퍼맨 : 칼엘의 아들' 5편에서 주인공 존 켄트가 남성 기자인 제이 나카무라와 사랑에 빠진다고 전했다.

원조 슈퍼맨인 클라크 켄트의 아들인 존 켄트는

▲ 후대 슈퍼맨 존 켄트가 DC 신간에서 양성애자로 그려진다.
(DC코믹스 공식 홈페이지 캡처)

현재 이 시리즈에서 후대 슈퍼맨으로 활동하고 있다. DC 코믹스는 존 켄트가 양성애자로 그려지는 배경을 두고 "가능한 모든 사람을 구하려고 하느라 신체적·정신적으로 지친 상황 속에서 나카무라 기자에게 반한다"라고 설명했다.

슈퍼맨의 작가인 톰 테일러는 "나는 언제나 모두에게 영웅이 필요하고 모든 사람이 영웅에게서 자신의 모습을 볼 자격이 있다고 말해 왔다"며 "슈퍼맨은 언제나 희망·진실·정의를 상징해왔으며 이제 더 많은 것을 상징하게 되었다. 더 많은 사람이 만화 속 슈퍼히어로에서 자신의 모습을 볼 수 있게 될 것"이라고 전했다.

커밍아웃한 각국의 유명인사들

시대의 변화에 따라 각국의 커밍아웃한 유명인사들이 많아지는 추세다. 정치계에는 대표적으로 ▲요한나 시귀르다르도티르 전 아이슬란드 총리가 있다. 그는 아이슬란드 최초의 여성 총리로, 지난 2010년 세계 최초로 총리직 수행 중 동성 연인과 결혼했다. ▲바니 프랭크 미국 연방의회 하원의원은 지난 2012년 미국 정치인 가운데 최초로 동성 결혼식을 올렸다. 그는 25년 전 커밍아웃 한 바 있다. ▲레오 바라드카 전 아일랜드 총리도 커밍아웃한 동성애자다.

기업인들 중에서는 지난 2014년 ▲팀 쿡 애플 최고경영자(CEO)가 동성애자임을 밝혔다. 이는 미 경제전문지 포천이 선정한 500대 기업 CEO 중 최초로 커밍아웃한 사례였다. 쿡 CEO 외에도 패션브랜드 버버리의 ▲크리스토퍼 베일리 CEO ▲존 브라운 리버스톤 에너지 이사, 미디어 그룹 '거커' 창립자인 ▲닉 덴턴 회장도 커밍아웃했다.

언론인 ▲앤더슨 쿠퍼도 동성애자임을 밝혔다. 연예계에서는 더욱 활발히 커밍아웃이 이루어진다. '반지의 제왕'의 '간달프'로 유명한 배우 ▲이안 맥켈런은 26년 전인 1988년 커밍아웃한 뒤 동성애자 인권을 위해 앞장섰다. 영화 '인셉션'에 출연해 인기를 모은 배우 ▲엘렌 페이지는 최초에 자신이 레즈비언임을 밝혔다가, 최근에는 남성으로 성전환 수술을 받았다. 이외에도 ▲안젤리나 졸리 ▲린제이 로한 ▲조디 포스터 ▲메간 폭스 ▲드류 베리모어 등도 커밍아웃을 했다. 팝스타 ▲레이디 가가는 양성애자임을 밝힌 바 있고 ▲리키 마틴도 지난 2010년 커밍아웃했다.

○ **기출tip** 2018년 SBS 교양PD 필기시험에서 엘렌 페이지, 팀 쿡, 레오 바라드카의 공통점(커밍아웃 한 유명인사)을 묻는 문제가 출제됐다.

▎환골탈태한 삼성미술관 '리움' 재개관

▲ 변경된 리움의 MI (자료 : 리움)

국내 최고 사립미술관이라고 평가받는 삼성미술관 '리움'이 지난 10월 8일 1년 7개월여 만에 재개관했다. 코로나19 확산으로 휴관에 들어갔던 리움은 이번에 전시를 다시 구성하는 것은 물론, 로비 등 내부 공간도 리뉴얼하고, 미술관 로고까지 바꿨다.

세계적인 디자인업체 울프 올린스가 제작한 새 심볼마크, MI(Museum Identity)는 변화의 의지를 담아 나선형으로 회전하는 심볼 형태로 개발됐다. 리움은 끊임없이 변화하는 시대와 함께 발전하고

자 하는 의지를 담아 텍스트로만 구성돼 있던 과거의 정적인 MI를 움직이는 형태의 심볼과 글자로 변경했다.

완전히 새로운 모습으로 환골탈태한 리움은 재개관 기념 기획전과 고미술·현대미술 상설전 등 모든 전시를 개편하고 관람객을 무료로 받고 있다. 관객들은 리움에 방문해 알베르토 자코메티, 조지 시걸, 앤디 워홀, 데미안 허스트 등 해외 거장들을 비롯해 우리나라 국보와 보물, 현대미술까지 수준 높은 작품들을 볼 수 있다.

리움, '메타버스 미술관' 만든다
재개관한 리움은 메타버스(metaverse) 플랫폼을 활용한 전시관 개관도 추진한다. 업계에 따르면 리움을 운영하는 삼성문화재단은 리움의 메타버스관 개관을 추진하고 있다. 최근에는 '메타리움(meta. LEEUM)'이라는 상표권을 특허청에 출원한 것으로도 알려졌다.

한편, 메타버스는 가상을 의미하는 '메타(meta)'와 현실세계를 의미하는 '유니버스(universe)'의 합성어로, 아바타를 이용해 놀이, 소비, 소통, 업무 등을 하는 3차원 가상세계를 의미하는 말이다.

•리움 (Leeum)
리움은 지난 2004년 10월 19일 문을 연 사립미술관으로, 서울시 용산구 한남동에 위치해 있다. 삼성문화재단이 새로운 문화예술의 지평을 제공할 목적으로 설립했다. 리움은 설립자의 성씨 'Lee'와 미술관을 뜻하는 영어의 어미 '-um'을 합성한 것이다. 한편, 리움의 관장 자리는 고(故) 이건희 삼성 회장 부인 홍라희 전 관장이 2017년 물러난 이후 현재까지 공석 상태다. 미술계에서는 리움 운영위원장을 맡아 이번 재개관을 주도한 이서현 삼성복지재단 이사장의 역할이 앞으로 확대될 것으로 전망하고 있다.

美 영화·TV 제작진, 128년 만에 대규모 파업 결의

미국 영화, TV 산업 종사자들이 근로 조건 개선을 위한 파업에 나선다. 이번 파업은 무려 6만여 명이 참여하는 전국 단위의 대규모 파업으로, 노조 결성 128년 만에 처음 이루어지는 파업이다. 이에 따라 북미 영화 제작은 물론 미국 드라마 제작까지 마비될 것이라는 우려가 나오고 있다.

지난 10월 5일(현지시간) 국제극장무대종사자연맹은 무기한 파업을 승인했다. 미국과 캐나다의 영화 촬영과 무대, 소품, 메이크업, 의상 담당자들로, 조합원 98% 이상이 파업에 찬성했다.

매슈 러브 노조위원장은 "파업 승인은 이들의 삶의 질 문제뿐만 아니라 건강과 안전을 위한 것"이라며 임금 인상과 휴식 시간 보장 등을 요구했다. 코로나19 여파로 넷플릭스 등 •OTT 콘텐츠 수요가 폭증하며 근로시간이 크게 늘었지만, 임금은 일반 방송사나 케이블TV보다 적다는 주장이다.

•OTT (Over The Top)
OTT(온라인동영상서비스)는 기존 통신·방송사업자 이외 제3사업자들이 온라인을 통해 드라마, 영화 등 다양한 미디어 콘텐츠를 TV, PC, 스마트폰 등에 제공하는 서비스를 말한다. 미국의 대표적인 OTT 서비스로는 넷플릭스(Netflix), 훌루(Hulu), 프라임비디오(primevideo), 디즈니플러스(Disney+) 등이 있다.

◑ 기출복원문제 | 2020 춘천MBC
다음 중 미국의 OTT 서비스가 아닌 것은?
① 훌루　　　　② 시즌
③ 넷플릭스　　④ 프라임비디오
|정답| ②
◑ 기출tip 각종 상식시험에 OTT에 대해 묻는 문제가 자주 출제된다.

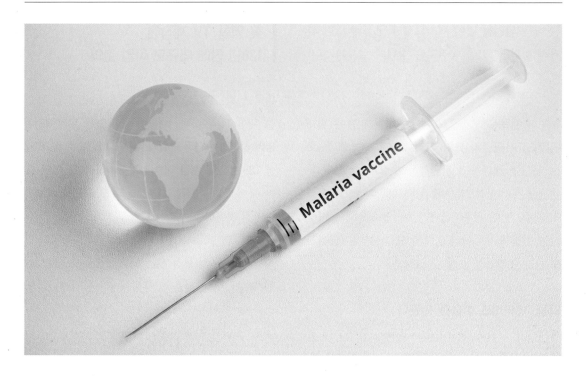

WHO, 말라리아 백신 최초로 공식 승인...
"역사적 순간"

매년 수만 명 어린이 생명 구할 백신

지난 10월 6일(현지시간) 세계보건기구(WHO)는 **말라리아** 감염 위험에 처한 어린이들에게 백신의 광범위한 사용을 권고했다. WHO는 특히 사하라 사막 이남 아프리카와 P. 팔시파룸 말라리아 전염도가 높은 지역 아동들에게 사용할 것을 권했다.

테드로스 아드하놈 게브레예수스 WHO 사무총장은 "역사적인 순간"이라며 "어린이 보건과 말라리아 통제에 돌파구"가 될 것이라고 말했다. 이어 "말라리아 방역을 위한 기존의 도구들과 함께 이 백신을 사용하면 매년 수만 명의 어린 생명을 구할 수 있을 것"이라고 덧붙였다.

이번에 WHO가 접종 권고한 백신은 영국 제약사 글락소 스미스 클라인(GSK)의 말라리아 백신 'RTS,S'다. 'RTS,S'는 지난 2019년부터 아프리카 가나와 케냐, 말라위에서 80만 명 넘는 아동을 대상으로 시험 접종해 큰 효과를 보았다. 항말라리아약과 백신 투여를 병행하면 사망자와

말라리아 (malaria)

말라리아는 말라리아 병원충을 가진 학질모기에 물려 감염되는 전염병이다. 현재 알려진 전염병 중 가장 오래되고 치명적인 질병 중 하나다. 말라리아는 갑자기 고열이 나며 설사와 구토·발작을 일으키고 비장이 부으면서 빈혈 증상을 보인다. 말라리아는 매년 전 세계 40만 명을 죽음으로 몰아넣고 있다. 이 중 3분의 2가 어린이다. 또한, 환자와 사망자의 90% 이상이 아프리카 지역에서 발생하고 있다.

중증환자를 70%가량 줄일 수 있는 것으로 알려졌다.

'RTS,S'는 1987년 GSK 연구원에 의해 개발된 뒤 오랜 기간 임상 시험을 거쳐 접종이 가능해졌다. 말라리아 연구자로 출발한 게브레예수스 WHO 사무총장은 "말라리아 백신이 오랫동안 실현하지 못한 꿈이었다. 30년 이상에 걸쳐 만든 RTS,S 백신이 공중보건 위생 역사를 바꿀 것"이라고 밝혔다.

아프리카, 첫 말라리아 백신 '대환영'

아프리카 국가들은 세계 최초의 말라리아 백신을 *게임체인저라고 말하며 대대적으로 환영했다. 아프리카 대륙 최고 보건기구인 아프리카 질병통제예방센터(CDC)의 존 응켄가송 소장은 10월 7일(현지시간) 온라인 언론브리핑에서 **아프리카에서 매년 수십만 명을 사망케 하는 말라리아의 전쟁에 이 백신은 게임체인저가 될 것**이라고 말했다.

백신 평가를 도운 케냐 임상연구소는 성명에서 WHO 인증에 "기쁘다"는 소감을 밝혔다. 한편, 나이지리아 관리들은 아프리카 최대 인구 대국인 나이지리아가 백신 배포 시작 때 우선권을 가질 것이라고 말했다. 나이지리아는 전체 말라리아 발병의 27%를 차지할 정도로 세계 최대 감염국이다.

국내 말라라이 환자는 감소세

국내에서 발병하는 말라리아는 고열, 오한, 무기력증 등 감기와 유사한 증세를 보이며 주로 경기 서북부, 서울, 인천 등에서 많이 발생한다. **지난 2001년에는 감염 환자가 2556명에 달하기도 했으나, 2018년 576명, 2019년 559명, 지난해 385명 등 최근에는 감소세를 보이고 있다.**

특히 올해는 말라리아 감염 환자가 200명 대로 떨어질 것으로 예상된다. 10월 8일 질병관리청 감염병 포털과 경기도 등에 따르면 올해 1~9월 국내에서 발생한 말라리아 환자는 모두 267명으로 집계됐다. 이는 2000년 이후 환자 발생이 가장 적었던 지난해 1~9월(362명)과 비교해도 92명(26.4%)이나 줄어든 수준이다.

올해 말라리아 환자가 작년에 이어 감소세를 보인 것은 코로나19 확산으로 야외활동이 감소한 데다 모기의 서식 환경도 나빠진 것이 주요 원인으로 분석된다. 한편, 말라리아를 예방하기 위해서는 모기에 물리지 않는 것이 최선의 방법이다. 따라서 모기가 활발하게 활동하는 밤 10시부터 새벽 4시에 야외활동을 자제하는 것이 좋으며, 불가피한 야간 외출 시에는 모기가 안 좋아하는 밝은색의 긴 옷을 착용하는 등 개인 예방을 실천해야 한다.

°게임체인저 (game changer)

게임체인저는 어떤 일에서 판도를 완전히 뒤바꿔 놓을 만한 중대한 사건이나, 중요한 제품 혹은 인물을 일컫는 말이다. 애플 창업자 스티브 잡스나 페이스북 창업자 마크 저커버그, 구글의 창업자 래리 페이지 등은 혁신적인 사고로 새로운 분야를 개척하고, 전 세계에 지각변동을 일으킨 대표적인 게임체인저들이다.

🖐 세 줄 요약

❶ 지난 10월 6일(현지시간) 세계보건기구(WHO)는 말라리아 감염 위험에 처한 어린이들에게 백신의 광범위한 사용을 권고했다.

❷ 이번에 WHO가 접종 권고한 백신은 영국 제약사 글락소 스미스 클라인(GSK)의 말라리아 백신 'RTS,S'다.

❸ 아프리카 국가들은 세계 최초의 말라리아 백신을 게임체인저라고 말하며 대대적으로 환영했다.

페이스북, 내부 고발·접속 장애 겹악재에 수난

세계 최대 SNS 기업인 페이스북이 이윤 추구를 위해 공공 안전을 도외시했다는 내부 고발에 이어 접속 장애까지 일어나며 기업 가치가 폭락했다.

2019년부터 지난 5월까지 페이스북에서 데이터 과학자로 일한 프랜시스 호건은 10월 3일(이하 현지시간) 미국 CBS의 시사 프로그램인 '60분(60 Minutes)'에 출연해 자신이 페이스북의 *휘슬 블로어(내부 고발자)라며 신원을 드러냈다.

호건은 '60분'에서 "페이스북은 공익과 회사 수익이 충돌할 때 회사 수익을 극대화 하는 선택을 거듭했다"고 주장했다. 호건에 따르면 페이스북은 허위 정보 등을 차단하는 공공 윤리 부서를 작년 미국 대선 이후 해체했다. **페이스북은 대선 직후 도널드 트럼프 전 대통령 지지자들이 국회의사당을 습격할 때 가짜뉴스 유포를 막지 않아 사태를 키웠다**고 비판받은 바 있다.

호건은 "페이스북이 이용자들의 이용 시간을 늘리기 위해 혐오를 조장하는 콘텐츠의 노출도 막지 않았다"고 비판하며 "혐오와 분열을 조장하는 알고리즘을 안전한 방식으로 바꾸면 사람들이 SNS를 덜 이용하고 광고를 덜 클릭해 회사가 돈을 덜 벌게 된다는 점을 페이스북은 알고 있다"고 덧붙였다.

엎친 데 덮친 격으로 10월 5일 페이스북은 미국 동부 표준시 기준으로 오전 11시 45분부터 약 6시간가량 접속 장애 현상이 나타났다. 이날 접속 장애로 페이스북 계열 서비스인 *왓츠앱과 인스타그램도 접속이 불가능했다. 접속 장애는 잘못된 네트워크 구성 변경 탓인 것으로 알려졌다.

이날 페이스북의 주가는 하루만에 4.89% 급락했다. 마크 저커버그 페이스북 창업자의 자산은 하루 만에 59억달러(약 7조원) 증발했다고 미국 경제지 포브스는 보도했다. 현재 저커버그는 세계 6위 부자로 자산은 1170억달러(약 138조8800억원)이다.

---

*휘슬 블로어 (whistle blower)

휘슬 블로어는 기업 또는 정부기관 내의 부정, 부패, 비리 등 불법적 행위에 관한 정보를 신고하거나 양심선언한 내부 고발자를 말한다. 조직 내부의 부정과 비리를 모른 척하지 않고 호루라기를 불어 지적한다는 데서 유래했다. 휘슬 블로어와 마찬가지로 내부 고발자를 뜻하는 말로 '딥 스로트(deep throat)'가 있다. 딥 스로트는 1972년 '워터게이트 사건'에서 단서 제공자의 암호명에서 유래했다.

*왓츠앱 (WhatsApp)

왓츠앱은 페이스북에서 운영하는 인스턴트 메신저 앱이다. 왓츠앱은 2016년 1월 기준으로 월 활동 사용자가 10억 명을 넘겼고 전 세계 대부분 지역에서 인스턴트 메신저 중 최대 시장 점유율을 보유하고 있다. 인스턴트 메신저는 네트워크를 이용해 실시간으로 메시지를 중계하는 클라이언트로서 왓츠앱, 페이스북 메신저, 위챗, 큐큐, 텔레그램, 스냅챗 등이 세계적으로 많이 사용된다. 한국에서는 카카오톡, 일본에서는 라인의 점유율이 압도적이다.

워터게이트 사건 (Watergate scandal)

워터게이트 사건은 1972~1974년 당시 미국의 닉슨 행정부가 베트남전에 대한 반대 의사를 표명했던 민주당을 저지하는 과정에서 일어난 권력 남용 사건을 일컫는다. 1972년 6월 17일 민주당 전국위원회 사무실에 도청장치를 설치하려던 괴한 5명이 체포되면서 시작됐다. 사건의 이름 역시 당시 민주당 전국위원회의 사무실이 있던 워싱턴 D.C. '워터게이트 호텔'에서 따왔다. 이 사건으로 닉슨 전 대통령은 미 하원 사법위원회에서 탄핵안이 가결된 지 나흘 만인 1974년 8월 9일에 대통령직을 사퇴하며, 미국 역사상 유일하게 임기 중 사퇴한 대통령이라는 불명예를 안았다.

◐ 기출tip 휘슬 블로어와 딥 스로트. 워터게이트 사건 모두 공기업 일반상식 시험에서 자주 출제되는 키워드다. 닉슨 전 대통령은 탄핵 결의가 나오기 전에 사퇴했으므로 탄핵을 당하지 않았다는 사실도 알아두자.

러시아, 세계 최초로 우주에서 장편영화 촬영

러시아가 전 세계 최초로 우주에서 장편영화를 촬영한다. CNN은 지난 10월 5일 오전 8시 55분(그리니치 표준시) MS−19 우주선이 카자흐스탄 바이코누르 우주기지에서 발사됐다고 보도했다. 이 우주선에는 러시아 배우 율리아 페레실드와 감독 클림 시펜코, 우주 비행사 안톤 슈카플레로프 등이 탑승했다.

이들은 **국제우주정거장**(ISS, International Space Station : 미국과 러시아 등 세계 16개국이 참여하여 1998년에 건설이 시작된 국제우주정거장)**을 배경으로 12일 동안 영화 '더 챌린지**'(가제)**를 촬영**한다.

'더 챌린지'는 지구로 이송이 어려운 환자의 수술을 우주에서 집도하는 여성 외과 의사를 주인공으로 전개되는 영화다. 러시아 연방우주국은 지난 9월 기자간담회를 통해 "배우 페레실드와 감독 시펜코는 무중력 공간에서 생활과 촬영을 위한 훈련을 받았다"고 설명했다.

'더 챌린지'의 시펜코 감독은 우주로 가기 전 열린 온라인 기자회견에서 "수월하게 풀리는 일도 있겠지만, 잘 풀리지 않는 일도 있을 것"이라고 예상했다. 우주에 최소한의 인원만 향할 수 있기 때문이다. 주연을 맡은 페레실드는 무중력 상태에서 연기를 소화해야 하는 것은 물론 분장도 직접 해야 하는 것으로 알려졌다.

톰 크루즈보다 먼저 우주 영화 촬영

세계적인 영화배우 **톰 크루즈**가 더그 리먼 감독과 나사의 협력으로 민간 우주선인 **˚스페이스X를 이용해 우주에서 영화를 촬영할 계획**인 것으로 이미 알려진 바 있다. 다만 톰 크루즈의 우주 촬영 세부 계획은 아직 정해지지 않았다. 이로써 러시아는 톰 크루즈보다 먼저 우주 영화 촬영을 시도하게 됐다.

AFP통신은 "러시아가 그간 미국과 중국 사이 치열한 우주 경쟁에서 뒤처졌다"면서 "러시아는 이미 쇄신과 수익 다각화를 위해 올해부터 우주관광 프로그램을 부활시킬 예정"이라고 전했다.

•스페이스X (SpaceX)

스페이스X는 세계 최초의 민간 항공 우주 기업이다. 로켓과 우주선의 개발 및 발사를 통한 우주 수송을 주요 업무로 하는 미국 기업이다. 전기차 기업 테슬라 창업자인 일론 머스크가 2002년 설립했다. 2006년 3월 최초의 우주 발사체인 팰컨-1을 발사하는 데 성공한 이후 로켓 발사, 우주 비행과 수송 등 항공 우주 분야에서 수많은 업적을 세웠다. 스페이스X는 화성에 사람을 보내 살 수 있도록 개척한다는 거대한 계획을 세웠다.

한편, 전기차 양산, 우주여행, 화성 식민지 개척 등 실험적 프로젝트로 주목받아온 머스크는 지난 2017년에 뇌연구 스타트업 뉴럴링크를 설립했다. 뉴럴링크를 설립하며 머스크는 인간 뇌와 컴퓨터 결합이라는 새 도전 과제를 제시해 큰 주목을 받았다.

> ○ **기출tip** 2021년 이투데이에서 일론 머스크가 설립한 회사가 아닌 것을 고르는 문제가 출제됐다.

삼성 '폼팩터' 혁신 통했다... 갤Z폴드3·갤Z플립3 돌풍

삼성의 •**폼팩터** 혁신은 성공이었다. 삼성전자의 최신 스마트폰 갤럭시Z 폴드3와 갤럭시Z 플립3가 출시 약 한 달만에 국내 판매량 100만대를 넘어섰다. 이는 역대 삼성전자의 스마트폰 중 가장 빠른 판매 속도로, 2017년 출시된 갤럭시S8과 유사한 수준이다. 폴더블폰 사상 유래없는 판매 속도이며 삼성전자의 역대 스마트폰 가운데서도 상당히 빠른 축이다.

갤럭시Z 폴드3와 갤럭시Z 플립3는 삼성전자가 '폴더블폰의 대중화'라는 기치를 내걸고 출시한 단말기다. 전작 대비 제품의 내구성을 크게 끌어올렸고 갤럭시노트의 상징이던 S펜을 도입하면서 폴더블폰의 장점을 극대화했다. 그러면서도 출고가를 약 20% 낮게 책정, 국내 사전주문 물량 92만대에 달했고 삼성전자의 점유율이 1% 미만인 중국시장에서도 100만명 이상이 구입을 희망할 만큼 초반 흥행에 성공했다.

품절 대란...'없어서' 못 사는 이유

갤럭시Z 폴드3와 갤럭시Z 플립3가 돌풍을 이어가는 가운데, **반도체 수급난으로 스마트폰 공급이 수요를 따라가지 못하는 바람에** 소비자들이 불편을 겪고 있다. 삼성전자는 베트남에 코로나19 대응 인프라를 갖춘 뒤 공장 가동을 지속했지만, 인근 지역에 코로나19 확진자가 계속 발생하면서 공장 가동률이 40%가량 떨어진 것으로 알려졌다.

삼성전자는 공급 부족 현상을 해결하기 위해 폴드·플립 합산 연간 1700만대 수준인 베트남 박닝 공장 폴더블폰 생산라인의 증설을 결정했다. 증설이 완료되면 연간 폴드 모델은 1000만대, 플립 모델은 1500만대로 연간 2500만대 수준의 생산 라인이 구축된다.

하지만 공장 생산라인을 증설하기까지 적지 않은 시간이 필요한만큼 갤럭시Z 폴드3와 갤럭시Z 플립3의 공급 부족이 단기간에 해결되기 어려울 것이라는 전망이 나온다. 삼성전자가 서둘러 설비

증설을 완료하더라도 올해 말이나 돼야 공급 부족 현상이 해결될 것으로 예상된다.

•폼팩터 (form factor)

폼팩터는 보통 컴퓨터 하드웨어의 규격을 지칭할 때 많이 사용되는 용어로, 현재 모바일 기기 발전과 더불어 휴대폰 외형을 가리키는 용어로 활용되고 있다. 휴대전화에서의 폼팩터는 시대에 따라 폴더폰·슬라이드폰·스마트폰 등 변화해 왔으며, 최근 삼성의 폴더블폰이 등장하면서 폼팩터의 큰 변화가 일어날 것으로 예상하고 있다.

▌게임으로 돈을 버는 블록체인 게임 등장

▲ 한국 P2E 게임 '미르4' (자료 : 위메이드)

글로벌 게임시장 트렌드가 •P2W(Pay to Win)'에서 •P2E(Play to Earn)'으로 옮겨가고 있다. 한국형 비즈니스 모델이라 불린 'P2W' 방식이 최근 한계에 봉착한 가운데 'P2E'가 국내 게임사들의 새로운 수익모델이 될 수 있을지 업계의 관심이 집중되고 있다.

블록체인 기술을 게임에 접목한 이른바 '블록체인 게임'이 급부상하고 있다. 베트남 스타트업 스카이마비스가 개발한 게임 '엑시인피니티'는 블록체인을 통해 전 세계 5위권 게임사로 우뚝 섰다. 한

국의 P2E 게임 선두 주자 모바일 게임 '미르4' 역시 지난 8월 글로벌 170개국에 미르4를 출시하면서 캐릭터와 아이템 거래를 가능하게 하는 블록체인 기술을 접목해 큰 관심을 받았다.

블록체인 게임이 대중의 인기를 끌고 있는 이유는 바로 '돈'을 벌 수 있기 때문이다. 엑시인피니티는 회사가 지원하는 거래소를 통해 이용자 간 거래가 가능하다. 캐릭터 거래에 암호화폐 엑시인피니티 토큰(AXS)이 사용되면서 새로운 재테크 수단으로 각광받고 있다. 국내 암호화폐 거래소 업비트에 따르면 지난 5월 개당 5000원대에 거래되던 AXS는 10월 개당 15만원 선에서 거래되고 있다.

미르4 글로벌 버전에서는 게임 속 중요 재화인 '흑철'을 유틸리티 코인 '드레이코'로 교환할 수 있다. 드레이코는 블록체인 지갑 서비스 '위믹스 월렛'에서 암호화폐인 '위믹스'로 교환할 수 있으며, 위믹스는 국내 암호화폐 거래소 빗썸에 상장돼 있어 '현금화'가 가능하다. 암호화폐 '위믹스' 역시 지난 8월 개당 200원대에 거래되던 암호화폐 '위믹스'의 가격은 10월 개당 2000원대까지 올랐다.

한국은 '제자리걸음'

세계 시장에선 P2E 게임이 흥행 궤도를 달리고 있지만, 한국 이용자들에게는 '그림의 떡'이다. **게임 규제당국인 게임물관리위원회(게임위)가 사행성을 이유로 P2E 게임의 국내 서비스를 금지하고 있기 때**문이다. 지난 7월 블록체인 게임을 위한 국회 1차 정책 토론회에 참석한 송석현 게임물관리위원회 등급서비스분류 팀장은 현행법상 블록체인 게임의 등급분류는 불가능하다고 선을 그었다.

그는 "블록체인 게임은 획득한 아이템을 '이더리

움'과 같은 암호화폐로 교환이 가능하고, 심지어 암호화폐는 가격 변동이 심해 법정 통화로 인정받지도 못했다"며 "아이템을 암호화폐로 바꾸고, 이를 환전하는 건 사행성에 대한 우려가 심각하다"고 강조했다.

이에 대해 이상헌 더불어민주당 의원은 "게임위가 블록체인 게임에 유보적인 태도를 취하고 있는 이해할 수 있다"면서도 "전 세계는 성장하고 있는데 한국만 제자리걸음이라 업계의 불만이 커질 수밖에 없다. 등급분류를 내어주지 않으려면 기준이라도 명확하게 만들어야 한다"고 입장을 밝혔다.

• P2W(Pay to Win)·P2E(Play to Earn)

P2W는 '돈을 써야 이기는 게임'을 말한다. 이용자가 돈을 쓸수록 캐릭터의 능력치가 높아지고, 좋은 아이템을 획득할 수 있다. 그간 P2W 시스템은 국내 게임사들의 대표적인 수익 모델이었지만, 과도한 과금을 유도한다는 이유로 최근 이용자들에게는 거센 비판을 받고 있다. 반면 P2E는 '돈을 벌 수 있는 게임'을 말한다. 게임에 블록체인 기술을 접목해 아이템과 캐릭터를 개인의 소유로 만든다. 이용자들은 자신의 아이템을 다른 이용자에게 팔고, 이를 코인 및 현금으로 교환하면서 '수익'을 낼 수 있게 된다.

"동의관리기술, 다크 웹 추적 등 11개 개인정보보호 기술 개발"

정부는 인공지능(AI) 챗봇을 통한 개인정보 유출이나 •다크 웹에서 개인정보 불법 거래 등을 방지할 기술을 2026년까지 개발하기로 했다. 개인정보보호위원회는 10월 6일 개인정보 보호·활용에 필요한 11개 핵심기술 연구·개발을 골자로 하는 '개인정보 보호·활용 기술개발 로드맵'

(2022~2026년) 초안을 공개했다.

개인정보위는 ▲개인정보 유·노출 최소화 ▲안전한 활용 ▲정보주체 권리보장의 3개 분야에 대해 모두 11개 핵심기술과 37개 세부 기술을 개발하기로 했다.

유·노출 최소화 부문에서는 '비정형 데이터 개인정보 탐지' 기술을 개발한다. 이 기술은 텍스트, 영상, 음성처럼 형태가 일정하지 않은 데이터 안에 개인정보가 포함됐는지를 탐지할 수 있도록 할 계획이다.

다크 웹에서 획득한 개인 계정을 통해 해킹 등 범죄를 저지르는 일을 방지할 '다크 웹 개인정보 거래 추적 및 차단 기술'도 개발한다. 이 기술은 ID 등 개인정보 불법 거래 정황을 포착하거나 해당 게시물 삭제, 웹서버 차단 등을 할 수 있도록 할 예정이다.

정부는 로드맵 초안과 관련해 이날 오후 전문가들과 온라인 토론회를 열고 의견을 수렴했다. 최영진 개인정보위 부위원장은 "개인정보의 활용을 확대하면서도 안전하게 보호되도록 기술개발과 표준화가 무엇보다 중요하다"면서 "로드맵에 따라 개인정보 보호·활용을 위한 기술 연구개발(R&

D)이 성공적으로 추진될 수 있도록 하겠다"고 말했다.

다크 웹 (dark web)

다크 웹은 일반적인 검색 엔진으로는 찾을 수 없어 특수한 경로로만 접근할 수 있는 웹사이트. 검열을 피하고 익명성이 보장돼 추적이 어렵다는 점을 악용해 다크 웹은 해킹, 불법 금융, 마약 거래, 음란물 등 주로 불법적인 정보가 거래되며 범죄의 통로가 되고 있다. 딥 웹(deep web), 섀도 웹(shadow web) 등으로 불린다.

⊙ **기출tip** 2020년 경향신문 필기시험에서 다크 웹을 묻는 문제가 출제됐다.

▌먹는 코로나 19 치료제 등장

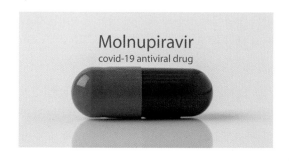

미국 제약사 머크가 코로나19 치료를 위해 개발한 알약 몰누피라비르가 코로나19 환자의 입원 가능성을 절반으로 낮춘다는 연구 결과가 나왔다. '코로나19의 타미플루'에 비유되는 이 알약이 보건 당국의 승인을 받으면 코로나19 사태의 게임 체인저가 될 수 있다는 기대감도 감돈다.

임상시험 참가자 절반은 몰누피라비르 알약을, 나머지 절반은 플라세보(가짜 약)를 각각 5일간 복용하는 방식으로 진행됐다. 그 결과 29일 뒤 몰누피라비르를 복용한 환자 중 7.3%만이 병원에 입원했고, 사망자는 한 명도 없었다.

몰누피라비르는 10월 11일 미국 식품의약국(FDA) 긴급 승인을 신청했으며, 미국 정부는 이 약이 FDA 승인을 받으면 170만 회분을 12억달러(약 1조4400억원)에 구매하기로 이미 합의한 상태다. 이 밖에 미국 제약사 화이자와 스위스 제약사 로슈도 알약 형태 치료제를 개발 중이다.

국내 제약사, 코로나 치료제 개발 중단

글로벌 대형 제약사들이 개발하는 '먹는 코로나19 치료제'가 속속 윤곽을 드러내자 **국산 치료제 개발에 나섰던 국내 제약사들이 줄줄이 개발을 중단했다.**

알약 형태의 치료제가 이르면 올해 안에 도입될 수도 있을 것으로 예상되는 만큼, 첫 치료제가 시장을 선점하면 국산 치료제 개발에 성공하더라도 실질적인 이득이 없다고 판단한 것이다.

부광약품은 9월 30일 코로나19 치료제 개발 중단을 발표했다. 이 회사는 자사가 개발한 B형 간염 치료제 '레보비르'를 치료제로 활용하는 임상을 진행해 왔으나, 임상 2상에서 기대했던 결과를 내지 못했다. 코로나19 치료제 개발에 도전했던 일양약품은 지난 3월 일찌감치 개발을 중단했다.

엔지켐생명과학은 지난 8월 말 코로나19 치료제 임상 2상에서 통계적 유의성을 확보하지 못했다고 밝혔다.

크리스탈지노믹스는 분자표적항암제 '아이발티노스타트'와 '하이드록시클로로퀸'의 병용치료에 대한 코로나19 임상 2상 시험계획(IND)을 신청했다가 지난해 9월 자진취하했다. JW중외제약도 올해

초 코로나19 치료제 임상 2상 시험계획(IND)을 신청했다가 식약처의 '부적합' 의견에 취하했다.

국내에서 코로나19 치료제로 허가가 완료된 품목은 미국 FDA 승인을 받은 렘데시비르와 셀트리온이 개발한 렉키로나주뿐이다. 주사제인 '렘데시비르'와 '렉키로나', 알약 형태의 '몰누피라비르'는 백신과 함께 '위드 코로나'를 위한 핵심 수단이 될 것으로 보인다.

▲ 스티브 잡스 사망 10주기 추모 영상 (애플 홈페이지 화면 캡처)

> ### 플라세보 효과 (placebo effect)
> 플라세보 효과란 실제 효과는 없지만, 특정한 유효성분이 있는 것처럼 위장하여 환자한테 투여했을 때 실제로 병세가 호전되는 현상을 말한다. 신약품을 개발할 때 해당 약이 실제 임상 효과가 있음을 보이기 위해 흔히 가짜 약을 투여한 집단과 진짜 약을 투여한 집단의 상대적 효과를 비교하는 플라세보 효과를 볼 수 있는 실험 절차를 거치도록 하고 있다. 한편, 실제 효과는 없지만, 부정적인 생각만으로 부정적인 효과를 얻는 '노세보 효과'도 존재한다.

○ **기출tip** 2018년 경남MBC 필기시험에서 플라세보 효과를 묻는 문제가 출제됐다.

영상이 공유됐다. 팀 쿡 애플 최고경영자(CEO)는 사내 서한으로 잡스를 추모했다. 쿡 CEO는 "오늘은 잡스가 세상을 떠난 지 10년이 되는 날이면서 그가 남긴 특별한 유산을 되돌아보는 순간"이라고 말했다.

또한 혁신을 위한 직원 내부 단결에 나섰다. 쿡 CEO는 "잡스는 자신의 가장 자랑스러운 업적은 아직 오지 않았다고 말했다"며 "잡스가 여러분이 만든 작품에서 자신의 정신이 살아 움직이는지 느끼게 해달라"고 말했다.

쿡 CEO는 이날 자신의 트위터 계정에도 '열정이 있는 사람은 세상을 더 좋게 바꿀 수 있다'는 글과 함께 'SJ(스티브 잡스) 10년이 지났다는 게 믿지 않는다. 항상 당신을 기린다'고 남겼다.

▌애플, 스티브 잡스 10주기 추모

애플이 애플 창립자인 스티브 잡스의 10주기 추모에 나섰다. 10월 5일(현지시간) 외신에 따르면 **애플은 잡스 10주기 추모 차원에서 홈페이지 화면에 '스티브를 기리며'라는 제목의 2분 40여 초 영상을** 띄웠다. 이 영상은 잡스의 사진과 생전 발언으로 구성됐다.

페이지 하단에는 잡스의 가족들이 작성한 편지를 게재했다. 공식 트위터에는 잡스의 모습이 담긴

한편, 아이폰, 맥, 아이패드를 통해 애플을 세계에서 가장 가치 있는 기업 중 하나로 성장시킨 잡스는 췌장암 투병 끝에 2011년 10월 5일 향년 56세의 나이로 세상을 떠났다. 그는 사망 두 달 전 애플 CEO에서 물러나면서 쿡을 후임으로 지명했다.

> ### 스티브 잡스 어록
> "해군이 아니라 해적이 돼라."
> "혁신이야말로 리더와 추종자를 구분하는 잣대다."

"단순함이 복잡함보다 더 어렵다. 생각을 명확하고 단순하게 하는 데 경지에 오르면 산도 움직일 수 있다."

"진정한 차이를 빚어내는 것은 제품이다. 가치를 설명하는 것은 광고가 아니라 제품 그 자체다."

"인생은 영원하지 않다. 다른 이의 삶을 살아서 시간을 허비하지 말라. 매일을 인생의 마지막 날처럼 살아야 한다."

"내가 곧 죽을 수도 있다는 걸 기억하는 것만큼 확실한 동기부여는 없다. 항상 갈망하고, 항상 우직하게 지내라."

"부자가 되는 일 따위는 나에게 중요하지 않다. 매일 밤, 잠자리에 들 때마다 우리는 정말 놀랄만한 일을 했다고 말하는 것이 중요하다."

"죽음은 삶이 만든 최고의 발명품이다. 죽음은 인생을 변화시키고 새로움이 낡은 것을 버릴 수 있게 하기 때문이다."

▌'굵고 길게' 무병장수 유전자 찾았다

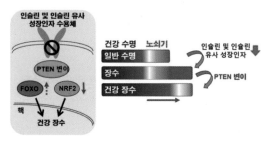

▲ 건강한 장수 유전자 발굴 연구 모식도 (자료 : KAIST)

국내 연구진이 가늘고 길게 사는 돌연변이체에 특정 돌연변이를 도입해 질병 없이 건강한 장수를 유도할 수 있다는 연구 결과를 제시했다. 한국과학기술원(KAIST)은 이승재 교수 연구팀이 인슐린 발현을 감소시킨 돌연변이 °예쁜꼬마선충에서 종양 억제 유전자인 'PTEN'에 돌연변이를 유도하면 장수와 건강 모두를 얻을 수 있다는 것을 확인했다고 10월 6일 밝혔다.

생명체의 노화를 조절하는 호르몬인 인슐린과 인슐린 유사 성장 인자의 발현을 저하하면 수명은 늘릴 수 있지만, 운동성·생식능력·발달 등 건강수명은 오히려 악화할 수 있다. 연구팀은 인슐린과 인슐린 유사 성장인자가 감소한 예쁜꼬마선충에서 PTEN 유전자 서열 하나만 바꾸면 수명은 줄이지 않으면서도 건강을 유지하도록 생명체의 기능을 조절할 수 있다는 사실을 염기 서열 분석과 효소 활성 측정 실험을 통해 확인했다.

PTEN 변이는 세포의 성장·증식·수명에 관련된 유전자의 발현을 유도하는 전사 인자 'FOXO'의 활성은 유지하면서도 과활성화될 경우 건강에 악영향을 미치는 항산화 단백질 발현 조절 전사 인자인 'NRF2'의 활성은 억제하는 것으로 나타났다.

이승재 교수는 "이번 연구는 기존의 수명 증진에 초점을 맞추었던 대부분의 노화 연구들의 틀을 넘어 생명체가 건강을 유지하면서 장수를 도모할 방법을 제시했다는 점에서 의의가 있다"며 "노화 연구 발전에 기여할 것"이라고 말했다.

°예쁜꼬마선충 (Caenorhabditis elegans)

예쁜꼬마선충은 선형동물의 일종이다. 썩은 식물체에서 서식하며 투명한 몸을 가지고 있고 몸의 길이는 1mm정도이다. 예쁜꼬마선충은 배양하기 쉽고, 냉동보관할 수 있으며, 발생 단계가 비교적 단순할 뿐만 아니라 수정란에서 성체에 이르기까지 세포분열 양상이 각 개체마다 동일하고 그 과정을 현미경으로 모두 관찰할 수 있다는 장점이 있다. 영국의 C.브레너와 J.E.설스턴, 미국의 H.R.호비츠 등은 이 선충을 실험모델로 사용하여 각 생명체에서 세포가 어떤 과정을 거쳐 분화되며 사멸하는지에 대한 메커니즘을 처음으로 규명하였다. 이 공로로 이들은 2002년 노벨생리·의학상을 받았다.

한국 겨울 스포츠의 꽃 프로배구
18번째 시즌 개막

남녀 14개 구단 시대

겨울철 대표 스포츠인 프로배구가 18번째 시즌을 시작한다. 도드람 2021-2022 V리그는 10월 16일 오후 2시 인천 계양체육관에서 열리는 남자부 대한항공-우리카드 경기를 시작으로 6개월 장정의 첫발을 뗐다. 같은 날 오후 4시 서울 장충체육관에서는 여자부 GS칼텍스-흥국생명 경기가 벌어졌다.

2005년 출범한 프로배구는 남자부 6개 팀, 여자부 5개 팀으로 시작했다. 남자부는 2013년 OK저축은행(현 OK금융그룹)이 합류해 7구단 체제를 갖췄으나 여자부는 2011년 IBK기업은행 이후 신입 회원을 받지 못했다. 하지만 **올해 신생팀 페퍼저축은행 AI 페퍼스가** 가세하면서 비로소 남자부와 어깨를 나란히 했다. 남녀 똑같이 7개 팀이 되면서 기존 여자부의 팀당 경기 수도 30경기에서 36경기로 늘어났다. 남자부와 동일하게 7개 팀이 총 126경기를 진행한다.

> **2020-21 프로배구 우승팀**
> - 남자부 : 인천 대한항공 점보스
> - 여자부 : 서울GS칼텍스

'AI페퍼스' 7번째 신생구단

여자부 신생 구단 AI페퍼스는 9월 30일 광주에서 창단식을 갖고 7번째 신생구단으로 출항했다. AI페퍼스는 2012년 런던 올림픽 4강 신화의 주역 김형실 감독을 초대 감독으로 선임하고 16명으로 선수단을 꾸렸다.

AI페퍼스의 팀명은 연고지역 광주가 추진하고 있는 인공지능(AI) 중심도시 사업과 구단주 페퍼저축은행의 이름이 더해져 탄생했다. 구단 측은 "팀명 'AI페퍼스'의 AI는 데이터 기반의 경기력 분석 시스템을 활용, 최고의 배구단으로 도약하겠다는 의지 표현이며 연고지인 광주와 동행의 뜻도 포함돼 있다"고 밝혔다.

배구계에서는 최근 올림픽에서의 좋은 성적으로 여자배구에 대한 국민적 관심이 높아진 가운데 호남권 구단 창단이 프로배구 선수층 및 배구팬의 확대 등 배구의 외연을 넓히는 마중물이 될 것으로 보고 있다.

주6일·비디오 판독 도입

지난 시즌 월요일과 목요일에 휴식을 가졌던 여자부는 올 시즌엔 남자부와 함께 월요일을 제외한 주 6일 경기를 치른다. 한국 여자배구 대표팀은 2020 도쿄 하계올림픽에서 4강 진출 쾌거로 국민적인 관심을 끌며 최고의 인기를 누렸다. 야구가 2008 베이징 올림픽 금메달을 계기로 국내 최고 인기 프로스포츠의 자리를 꿰찬 것처럼 배구도 도쿄 올림픽 효과를 기대하고 있다.

또한 올 시즌 프로배구에는 '주심 자체 •비디오 판독'이 도입된다. 주심이 랠리 종료 시 불명확한 상황으로 판단하면 감독 요청이 없어도 비디오 판독을 할 수 있도록 한 것이다. 앞서 한국배구연맹(KOVO)은 지난 8월에 열린 2021 의정부 도드람컵대회에서 주심 자체 비디오 판독 시험을 마친 바 있다.

V리그에선 양쪽 구단이 비디오 판독 요청 횟수를 모두 소진한 뒤 모호한 상황이 나오면 주심이 부심과 선심을 불러 모아 의견을 묻는 합의 판정을 해왔다. KOVO는 "시험 적용해보니 기존 합의 판정보다 신속하고 정확한 판정이 가능했다"며 "시행 전 우려했던 팀 간 형평성 적용 여부도 큰 문제가 없었다"고 설명했다.

•비디오 판독

비디오 판독이란 스포츠 경기에서 인간의 눈으로 판단하기 어려운 순간을 초고속 카메라로 촬영하고 이를 이용해서 판정의 근거로 사용하는 기술을 말한다. 한국에서는 2007-08 V리그에서 세계 배구 역사상 최초로 시행했다. 야구에서는 2009년부터 홈런 판독을 위해 사용하다 2014년부터 심판 합의 판정제가 도입되면서 비디오 판독이 시행됐다. 축구는 VAR(Video Assistant Referees·비디오 보조 심판)이란 용어로 2017년 7월부터 도입됐다.

✋ 세 줄 요약

❶ 겨울철 대표 스포츠인 프로배구가 18번째 시즌을 시작한다.

❷ 여자프로배구 AI페퍼스가 9월 30일 광주에서 창단식을 하며 남녀 14개 구단 시대를 열었다.

❸ 올해 V리그 여자부는 남자부와 마찬가지로 주6일 경기를 치르며, 주심 자체 비디오 판독이 도입됐다.

BTS·콜드플레이 협업 곡 '마이 유니버스' 빌보드 1위

▲ BTS와 콜드플레이가 협업한 '마이 유니버스' 커버 이미지 (자료: 빅히트 뮤직)

방탄소년단(BTS)과 영국 록밴드 콜드플레이가 협업한 곡 'My Universe(마이 유니버스)'가 미국 빌보드 메인 싱글 차트인 핫 100 차트에서 1위에 올랐다. 이번 협업은 전 세계에서 가장 뜨거운 아이돌그룹과 록밴드의 조합으로 일찌감치 화제를 모았다.

빌보드는 10월 4일(현지시간) SNS를 통해 '마이 유니버스'가 발매 첫 주 핫 100 차트 1위를 기록했다고 밝혔다. 콜드플레이는 2008년 이후 13년 만에 핫 100 차트 1위에 오르며 BTS의 덕을 톡톡히 봤다. '마이 유니버스'는 앞서 영국 오피셜 차트의 싱글 차트인 톱 100에서도 3위를 차지했다.

이로써 BTS는 2020년 8월 발표한 디지털 싱글 'Dynamite(다이너마이트)'로 한국 가수 최초 핫 100 차트 1위를 달성한 후 1년여 만에 총 6곡을 핫 100 차트 정상에 올리는 괴력을 과시했다. 빌보드에 따르면 이는 **1964∼1966년 비틀스가 1년 2주 동안 6곡을 1위에 올린 이래 최단 기록**이다.

BTS는 핫 100 차트 정상에 올린 6곡 가운데 5곡을 차트 진입과 동시에 1위로 직행시키는 **핫샷 데뷔** (hot shot debut) 시키면서 미국 팝스타 드레이크, 아리아나 그란데와 함께 이 부문에서도 역대 공동 1위에 올랐다.

이 밖에 '마이 유니버스는' 역사상 핫 100 차트 1위 기록이 있는 두 그룹이 합작해 만들어낸 최초의 1위 곡이기도 하다. 이제까지 가수 간 협업으로 핫 100 차트 1에 오른 적은 있어도 그룹 간으로서는 최초다. 한편, '마이 유니버스'는 콜드플레이 9집 'Music Of The Spheres(뮤직 오브 더 스피어스)'에 실릴 예정이다.

> **빌보드 핫 100 차트 1위를 기록한 BTS의 곡**
>
> ▲디지털 싱글 'Dynamite(다이너마이트)' ▲협업곡 'Savage Love(새비지 러브)' 리믹스 버전 ▲앨범 'BE'의 타이틀곡 'Life Goes On(라이프 고즈 온)' ▲디지털 싱글 'Butter(버터)' ▲디지털 싱글 'Permission to Dance(퍼미션 투 댄스)' ▲협업곡 'My Universe(마이 유니버스)'

2022 베이징 올림픽 유관중 개최... 中 본토 관객만 관람 허용

내년에 개최될 예정인 **˚2022 베이징 동계올림픽**이 유관중으로 개최될 예정이다. 국제올림픽위원회(IOC)는 중국 본토 관중으로 한정해 관람객을 받

는다는 방침을 밝혔다. 9월 29일(현지시간) 외신은 IOC가 2022 베이징 동계올림픽 티켓을 중국 본토 관중에게만 판매할 것이라고 보도했다. IOC는 "중국 본토 관중을 위한 코로나19 대응에 관한 구체적인 규칙과 티켓 판매 방법에 대한 세부 사항은 아직 논의 중"이라며 "곧 공개될 것"이라고 설명했다.

올해 여름 열린 2020 도쿄 하계올림픽은 코로나19 팬데믹 여파로 올림픽이 사상 최초로 1년 연기됐으며, 사실상 무관중 경기로 진행해 티켓 판매 수익 등에서 큰 금전적 타격을 입었다. IOC는 올림픽을 직접 관람할 수 없는 해외 스포츠팬들에 대해서는 안타까움을 표하면서도, 중국이 관중을 유치하기로 한 결정에 대해서는 환영의 뜻을 내비쳤다.

IOC는 중국 당국의 유관중 올림픽 개최가 올림픽 중계 방송사는 물론 후원사들에도 도움이 될 것이라고 평가했다. IOC는 "관중 허용은 중국에서 동계 스포츠 성장을 촉진하는 계기가 될 것이며, 경기장 분위기도 한층 달아오를 것"이라고 말했다.

중국이 해외 관중을 받지 않기로 결정한 것은 중국이 코로나19 방역에서 이른바 '제로 확진' 정책을 고수하기 때문인 것으로 예상된다. 또, **중국 인구가 14억 명이기 때문에 관중을 동원하는 데 무리가 없을 것이라는 판단도 작용한 것으로 보인다.**

백신 미접종 참가 선수 21일 격리

도쿄 올림픽보다는 희망적이지만, 코로나19 팬데믹이 여전한 이유로 베이징 동계올림픽 참가 선수는 백신 미접종 시 21일간 자가격리를 거쳐야 하는 것으로 알려졌다. 백신 접종을 완료한 선수들

은 베이징에 도착하는 즉시 폐쇄적인 자동조정 관리 시스템 안에서만 움직일 수 있다.

더하여 IOC는 모든 국내외 참가자와 스태프가 매일 코로나19 검사를 받을 것이라고 덧붙였다. 한편, 2022 베이징 동계올림픽은 내년 2월 4일 개막해 16일간 진행된다. 앞서 2008년에 하계올림픽을 개최한 베이징은 동계올림픽까지 개최한 도시가 된다.

•2022 베이징 동계올림픽 (2022 Beijing Olympic Winter Games)

2022 베이징 동계올림픽은 중국 베이징에서 2022년 2월 4일부터 20일까지 16일간 열리는 제24회 동계올림픽이다. 빙상 종목이 열리는 베이징과 썰매 종목이 열리는 옌칭, 설상 종목이 열리는 장자커우 등 3개 지역에서 나뉘어 열린다. 참가 선수들은 15개 종목에서 나누어진 109개 세부 종목에서 총 109개의 금메달을 놓고 경쟁한다.
2022 동계올림픽이 중국 베이징에서 열리면서, 2018 평창 동계올림픽, 2020 도쿄 하계올림픽에 이어 3연속으로 올림픽이 동북아시아에서 개최될 예정이다. 나아가 중국은 일본과 한국에 이어 아시아 국가 중 세 번째로 하계 및 동계올림픽을 모두 개최한 국가가 된다.
한편, 베이징 올림픽 이후 제25회 동계올림픽은 2026년에 이탈리아 밀라노, 코르티나담페초에서 개최될 예정이다. 2020 도쿄 하계올림픽의 뒤를 잇는 다음 하계올림픽은 2024년에 프랑스 파리에서 열리며, 2028년 미국 로스앤젤레스, 2032년 호주 브리즈번이 그 뒤를 잇는다.

○ **기출tip** 각종 상식시험에서 올림픽 개최 예정지를 묻는 문제가 종종 출제된다.

▌아델, 6년 만의 신곡 공개...팝계 '들썩'

팝스타 •아델이 정규 앨범 4집을 들고 컴백하는 것으로 알려져 팝계가 들썩였다. 아델은 10월 5일(현

▲ 아델

지시간) 자신의 SNS에 약 20초 분량의 신곡 '이지 온 미' 발매 예고 영상을 게재하며 본격적인 활동의 시작을 알렸다.

아직 정규 앨범의 정확한 발매 일정이 밝혀지진 않았지만, 신곡이 공개된 만큼 앨범 역시 조만간 만나볼 수 있을 것으로 기대된다. 아델은 이번 앨범을 지난 2018년부터 작업해온 것으로 알려졌다. 앞서 한 차례 앨범 발매가 예고되기도 했으나, 코로나19 대유행으로 앨범 제작 및 발매가 미뤄진 것으로 알려져 있다.

팝계가 아델의 새 앨범에 큰 관심을 보이는 이유는 아델이 활동 햇수에 비해 발매한 앨범이 많지 않아 그의 음악에 대한 갈증이 높은 데다, 앨범을 내놓을 때마다 대중과 평단의 환호 속에 명반으로 손꼽혀와 기대감이 크기 때문이다.

한편, 지난 10월 초 숫자 '30'이 덩그러니 적힌 옥외 광고판이 런던, 파리, 뉴욕 등 세계 주요 도시 곳곳에 등장하며 많은 사람이 아델의 신보 발매를 예상했다. '30'이 적힌 옥외 광고판은 서울에서도 모습을 보였다.

아델은 그간 녹음 당시 자신의 나이로 앨범 제목

을 지어 왔다. 아델은 현재 33세이지만, 옥외 광고판을 미루어 예상해 봤을 때 녹음 시점이 30세이고, 이에 따라 정규 4집 앨범명이 '30'일 것이라는 예상이 나오고 있다.

아델 (Adele, 1988~)

아델은 영국 출신의 싱어송라이터로, 21C 최고의 소울 디바로 손꼽힌다. 팝계 최고 영예상으로 손꼽히는 그래미 어워드에서 4대 본상인 ▲신인상 ▲올해의 노래 ▲올해의 앨범 ▲올해의 레코드 등을 비롯해 총 15개 부문에서 수상했다. 또, 제85회 아카데미 시상식에서 영화 '007 스카이폴'의 주제가 '스카이폴'로 주제가상을 받기도 했다. 한편, 아델은 그간 정규 앨범의 제목을 '19'(2008년 발매), '21'(2011년 발매), '25'(2015년 발매) 등 녹음 당시 자신의 나이로 지어 왔다. 이 중 '21'과 '25'는 각각 발매된 해 세계에서 가장 많이 판매된 앨범으로 기록될 만큼 흥행 돌풍을 일으켰다.

'역대 최장수 007' 다니엘 크레이그 피날레

▲ 다니엘 크레이그

영국 배우 다니엘 크레이그가 15년간 연기해 온 제임스 본드 캐릭터를 내려놓기로 했다. 크레이그는 9월 29일 한국에서 개봉한 '007 노타임 투 다이' 시리즈를 끝으로 제임스 본드 역을 영원히 맡지 않기로 했다.

크레이그는 2006년 '007 카지노 로얄'부터 이번 '007 노타임 투 다이'까지 5편의 007 시리즈에서 제임스 본드 역할을 맡았다. **6대 제임스 본드였던 크레이그**는 역대 007 시리즈 주연을 맡은 배우 가운데 가장 오랫동안 제임스 본드를 연기했다.

크레이그는 9월 28일 '007 노 타임 투 다이' 측이 공개한 한국 기자들의 질문에 대답하는 영상에서 "나의 마지막 여정이 담긴 작품이다. 이 작품에 대해서 매우 자랑스럽게 여긴다"고 제임스 본드 역할에서 은퇴하게 된 소감을 밝혔다.

10월 5일 배급사인 유니버설 픽쳐스에 따르면 '007 노 타임 투 다이'는 개봉 첫 주에 52개국 가운데 32개국에서 박스오피스 1위를 차지하며 1억 달러 이상의 매출을 올렸다. **팬데믹 기간 동안 최대 시장인 미국과 중국에서 개봉하기도 전에 매출 1억달러를 넘어선 영화는 처음이다.** 한편, 차세대 본드로 여러 배우가 물망에 오른 가운데, 여성 배우가 본드 역을 맡을지도 모른다는 예상이 나오고 있다.

MI5·MI6

영국의 대표적인 정보기관으로는 국내 방첩 활동과 보안 관련 업무를 하는 정보청 보안부(SS, Security Service)로서 약칭 MI5(Military Intelligence Section 5) 및 대외 위협 문제와 해외 정보를 전담하는 비밀정보청(SIS, Secret Intelligence Service)인 약칭 MI6(Military Intelligence Section 6)가 있다. MI6는 1912년 창설돼 세계에서 가장 오랜 역사를 자랑하는 정보기관으로서 냉전 시대에 미국 CIA(중앙정보국), 구소련 KGB(국가보안위원회)와 더불어 세계 3대 정보기관으로 불렸다. 영화 007 시리즈의 제임스 본드는 MI6 소속 스파이로 등장한다.

역대 007 영화 시리즈

작품명	배우(제임스 본드 역)
▲007 살인번호(1962) ▲007 위기일발(1963) ▲007 골드핑거(1964) ▲007 썬더볼 작전(1965) ▲007 두 번 산다(1967)	숀 코너리
▲007 여왕폐하 대작전(1969)	조지 라젠비
▲007 다이아몬드는 영원히(1971)	숀 코너리
▲007 죽느냐 사느냐(1973) ▲007 황금총을 가진 사나이(1974) ▲007 나를 사랑한 스파이(1977) ▲007 문레이커(1979) ▲007 유어 아이즈 온리(1981) ▲007 옥토퍼시(1983) ▲007 뷰 투 어 킬(1985)	로저 무어
▲007 리빙 데이라이트(1987) ▲007 살인면허(1989)	티모시 달튼
▲007 골든 아이(1995) ▲007 네버다이(1997) ▲007 언리미티드(1999) ▲007 어나더데이(2002)	피어스 브로스넌
▲007 카지노 로얄(2006) ▲007 퀀텀 오브 솔러스(2008) ▲007 스카이폴(2012) ▲007 스펙터(2015) ▲007 노 타임 투 다이(2021)	다니엘 크레이그

▌아시아선수권 남자·여자 탁구 우승

▲ 역대 최고 성적을 이룬 탁구 대표팀 (자료 : 대한탁구협회)

10월 5일 카타르 도하 외곽 루사일에서 막을 내린 2021 도하 아시아탁구선수권대회에서 한국 탁구는 금메달 3개, 은메달 4개, 동메달 1개를 따내는 역대 최고 성적을 냈다. 일각에선 '세계 최강' 중국이 불참하고 일본이 2진급 선수들을 파견한 대회에서 얻은 성과라며 평가절하하기도 하지만, 한국은 이번 대회에서 여러 묵은 기록을 깨며 앞으로 발전할 수 있는 좋은 거름을 얻었다.

이상수는 아시아탁구선수권대회 남자 단식 우승을 차지했다. 1952년 시작된 아시아선수권에서 한국 선수로는 처음이다. 이상수, 장우진, 안재현이 나선 남자 단체전에서도 1996년 싱가포르 칼랑 대회 이후 25년의 긴 공백을 깨고 정상을 탈환했다. 여자 복식에 나선 신유빈과 전지희는 2000년 카타르 도하 대회 이은실−석은미 조의 금메달 이후 21년 만에 금메달을 목에 걸었다.

선수 개개인에게도 의미가 크다. 그동안 한국 탁구 간판으로 불리고도 유독 단식 금메달이 없던 이상수는 개인 첫 메이저 대회 금메달을 획득한 뒤 "이번 우승으로 자신감이 생겼다"며 자신감을 찾았다.

한국 탁구의 미래로 불리는 '삐약이' 신유빈도 "시상식에서 애국가가 울려 퍼질 때 가슴이 뭉클하더라. 앞으로도 계속 이런 상황을 맞이하고 싶다"며 이번 대회를 통해 강한 동기부여를 얻었다고 했다. 중국에서 귀화한 전지희도 한국에 메달을 안기며 그동안 알게 모르게 느꼈을 부담과 압박으로부터 조금은 자유로워질 수 있게 됐다.

그러나 이 성적에 온전히 만족할 순 없다. 이번 대회에는 세계 최강 중국이 출전하지 않았다. 코로나19 방역을 위해서였다. 또 일본과 대만은 상위 랭커들을 출전시키지 않았다. 반쪽 대회라는 평가를 받은 이유다. 하지만 도쿄 올림픽에서 '노메달'에 그쳤던 탁구 대표팀에는 여러모로 자신감을 회복할 수 있는 계기가 됐다.

스포츠 귀화

스포츠 귀화는 일반 귀화, 간이 귀화, 특별 귀화 중 특별 귀화와 관련 있다. 특별 귀화는 대한민국에 특별한 공로가 있는 자, 과학·경제·문화·체육 등 특정 분야에서 매우 우수한 능력을 보유한 자로서 대한민국의 국익에 기여할 것으로 인정되는 자로 구성된다. 한국의 귀화 선수로는 ▲케냐 출신의 마라톤 국가대표 오주한 ▲중국 출신의 탁구 선수 전지희 ▲미국 출신의 럭비 국가대표 안드레 진 코퀴야드 ▲콩고 출신의 육상선수 비웨사 ▲미국 출신의 농구선수 리건이 등이 있다.

한국 양궁 리커브 세계선수권 사상 첫 전 종목 '싹쓸이'...김우진 3관왕

▲ 세계선수권대회 3관왕 김우진 선수 (자료 : 대한양궁협회)

'세계 최강' 한국 리커브 양궁 궁사들이 세계선수권대회에서 전 종목을 석권했다. 12년 만이다. 개인전, 단체전, 혼성단체전을 휩쓴 **김우진**(청주시청)은 **남녀 통틀어 세계선수권대회 역사상 최초로 대회 3관왕에 오르는 역사**를 썼다.

김우진은 9월 26일(현지시간) 미국 사우스다코타주 양크턴에서 열린 대회 리커브 남자부 결승전에서 마르쿠스 다우메이다(브라질)를 세트 점수 7 대 3으로 꺾고 우승을 차지했다. 앞서 열린 여자부 결승전에선 장민희가 케이시 코폴드(미국)를 6 대 0으로 제압했다.

이로써 한국 리커브 양궁은 이번 대회 리커브에 걸린 5개의 금메달을 모두 가져왔다. 앞서 김우진과 안산이 혼성 단체전에서, 오진혁과 김우진, 김제덕이 남자 단체전에서, 장민희와 안산, 강채영이 여자단체전 금메달을 모두 쓸어온 데 이어 개인전 금메달까지 움켜쥐었다.

세계선수권에서 한 나라가 금메달을 모두 가져간 건 2009년 울산 대회 이후 12년 만이다. 당시 주역도 한국이었다. 당시에는 남녀 개인전과 단체전만 열려 총 4개 부문이었고, 혼성전이 정식 종목으로 도입되면서 금메달이 5개로 늘어난 2011년 토리노 대회 이후로만 보면 사상 첫 전 종목 석권이다.

여자부에선 장민희가 처음 참가한 세계선수권에서 2관왕을 기록했다. 2015년 코펜하겐 대회의 기보배 이후 끊어졌던 여자 개인전 우승을 6년 만에 다시 이었다. 도쿄 올림픽이 낳은 최고 스타 중한 명인 안산은 준결승에서 패해 개인전 우승이 무산됐다. 대신 이어진 3-4위 결정전에서 동메달을 목에 걸었다.

한국 양궁은 리커브에서 금메달 5개, 동메달 1개를 따내는 최상의 성적으로 대회를 마쳤다. 다만 컴파운드 종목에선 동메달 1개만을 따내며 2013년 벨레크 대회 이후 8년 만에 무관에 그쳤다. 리커브와 컴파운드를 종합해 금메달 5개, 동메달 2개를 목에 건 한국은 콜롬비아를 제치고 종합 1위를 차지했다.

양궁 리커브(recurve bow)와 컴파운드(compound bow)

양궁은 리커브(recurve bow)와 컴파운드(compound bow) 종목으로 나뉜다. 리커브는 표적경기에서 활용되는 전통적인 활, 컴파운드는 쉽게 표현하면 기계식이다. 우리가 올림픽에서 보는 게 리커브 종목이다. 리커브 활은 몸체와 그립, 날개 양 끝단(위와 아래)에 굴곡이 있다. 사수의 반대 방향으로 있는 활 끝단의 굴곡이 에너지의 효율성을 올려준다. 이 부분을 리커브라고 부른다. 일직선 형태의 활보다 힘을 축적하기 좋다. 별도의 장치가 없기 때문에 순수하게 사수의 눈과 힘에 의존해야 한다. 컴파운드 활은 날개 끝단에 휠과 캠이라고 하는 도르래처럼 생긴 게 달려 있다. 약한 힘으로도 시위를 잘 당길 수 있도록 한다. 확대 렌즈를 포함해 조준기는 2개 달려 있다. 또 발사기를 시위에 걸어서 쏘는 방식이다.

이 외에도 경기 거리와 표적지 크기도 다르다. 또한 현재 올림픽, 세계선수권대회를 기준으로 예선 라운드를 거친 후, 토너먼트를 치르는 경기 방식은 동일하지만 리커브는 세트제, 컴파운드는 누적제를 사용한다.

이병헌, 韓 최초 AFAA 아시아영화엑설런스상 수상

▲ 배우 이병헌이 AFAA 시상식에서 수상하고 있다. (자료 : 부산국제영화제)

제15회 아시아필름어워즈는 아시아영화엑셀런스상 수상자로 배우 이병헌을 선정했다고 9월 30일 밝혔다. 아시아필름어워즈는 홍콩국제영화제, 부산국제영화제, 도쿄국제영화제가 아시아영화 발전을 위해 2013년 힘을 모아 설립한 아시아필름어워즈아카데미(AFAA)에서 매년 개최하는 시상식이다.

아시아영화엑셀런스상은 아시아 영화와 문화 전반에 걸쳐 뛰어난 성취를 거둔 아시아 영화인에게 주어지는 상으로 올해는 배우 이병헌이 한국 배우 최초의 수상자로 선정됐다. 배우 이병헌은 지난 1991년 데뷔해 다양한 장르를 넘나드는 폭넓은 연기 스펙트럼으로 독보적인 존재감을 선보이며 전 세계를 사로잡았다.

이병헌의 국내외 수상 경력 역시 화려하다. 영화 '내부자들'(2015)로 2016년 대종상영화제와 청룡영화상을 수상한 것을 비롯해 10여 개의 유수의 시상식에서 남우주연상을 거머쥐었다. 수상 목록 중에는 아시아필름어워즈도 포함되어 있는데, '내부자들'(2015)과 '남산의 부장들'(2020)로 남우주연상을 2회 수상한 바 있다.

제15회 아시아필름어워즈 수상작(자) 목록

상	수상작(자)	상	수상작(자)
작품상	스파이의 아내	각본상	'수업시대'
감독상	장이모우 '원 세컨드'	음향상	'지지'
여우주연상	아오이 유우 '스파이의 아내'	음악상	'댄스 스트리트'
남우주연상	유아인 '소리도 없이'	미술상	'지지'
여우조연상	마카타 아쮸 '트루 마더스'	의상상	'스파이의 아내'
남우조연상	김현빈 '침묵의 숲'	촬영상	'더 웨이스트 랜드'
신인감독상	홍의정 '소리도 없이'	시각효과상	'800'

신인배우상	류하오준 '원 세컨드'	아시아영화 엑설런스상	이병헌
편집상	'공작조: 현애지상'	2020 최고흥행 아시아영화상	'극장판 귀멸의 칼날: 무한열차 편'

조정원 세계태권도연맹 총재 2025년까지 연임

▲ 조정원 세계태권도연맹(WT) 총재 (자료 : 세계태권도연맹)

조정원 **세계태권도연맹**(WT) 총재가 2025년까지 세계태권도 수장으로서 중책을 이어가게 됐다. WT는 10월 11일 화상으로 진행한 총회 중 차기 집행부 선거에서 4년 임기의 총재직에 단독 입후보한 조 총재를 재선출했다. 전자투표에서 조 총재는 찬성 129표, 반대 2표로 압도적인 지지를 받으며, **WT 수장으로서 6번째 임기**를 이어가게 됐다.

2004년 6월 고(故) 김운용 전 총재의 잔여 임기 10개월을 맡아 WT를 이끌기 시작한 조 총재는 2005년, 2009년, 2013년, 2017년에 차례로 연임에 성공해 17년 동안 총재직을 수행해 왔다.

조 총재 재임 기간 WT는 태권도의 올림픽 정식종목 유지 및 패럴림픽(장애인올림픽) 정식종목 채택 등의

성과를 냈다. 판정의 공정성 강화를 위해 전자호구 시스템과 비디오 판독제 등을 도입했으며, 공격적인 경기 운영을 유도하고자 차등 점수제를 적용하고 경기장 크기도 축소하는 등 끊임없이 변화를 시도해 왔다.

세계태권도연맹 (WT, World Taekwondo)

세계태권도연맹(WT)은 태권도를 관장하는 국제연맹을 말한다. 1973년 서울 국기원에서 창설됐다. 세계태권도연맹은 태권도경기대회와 태권도의 전 세계적인 보급 및 올림픽대회의 영구 정식종목화를 주요 사업으로 한다. 이러한 연맹의 사업 추진에 따라 태권도는 1988년 서울 올림픽과 1992년 바르셀로나 올림픽에서 시범종목이 되었으며, 2000년 9월 열린 제27회 시드니 올림픽에서부터 정식종목으로 채택됐다. 연맹은 1개국 1개 국가태권도협회를 그 회원으로 하며, 2021년 기준 총 210개국의 국가태권도협회가 회원국으로 가입돼 있다.

'갯마을 차차차' 측 "일부 촬영지, 주민 거주 중…방문 자제해 달라"

tvN 드라마 '갯마을 차차차' 측이 촬영지 방문의 자제를 당부했다. '갯마을 차차차'의 인기가 높아지면서 촬영지에 대한 관심도 덩달아 높아졌다. 일부 민폐 방문객의 행동이 문제가 되며 주민들의 피해가 이어졌다. 이어 이를 저지하는 제작진이 갑질이나 폭력적인 언행을 했다는 논란까지 벌어지기도 했다.

'갯마을 차차차' 제작진은 공식 SNS 계정을 통해 "극 중 혜진집, 두식집, 감리집, 초희집은 저희가 촬영 기간 동안 사유지를 임대해서 촬영한 곳으로, 현재 주인분들께서 거주하고 계신 공간"이라고 밝혔다.

이어 "좋은 뜻으로 저희 드라마에 힘을 보태주셨는데, 방문객들로 인한 일상생활의 피해를 입고 계신 상황이다"며 촬영지 방문 시, 당해 가옥들 출입은 자제를 부탁드린다고 밝혔다.

tvN 토일드라마 '갯마을 차차차'는 현실주의 치과의사 윤혜진(신민아 분)과 만능 백수 홍반장(김선호 분)이 사람 내음 가득한 바다 마을 '공진'에서 벌이는 힐링 로맨스물로, 최고 시청률 11.4%를 기록하며 큰 사랑을 받고 있다.

투어리스티피케이션 (touristification)

투어리스티피케이션은 일반 주거 지역이 관광지로 변하면서 거주민이 생활에 불편을 겪다가 결국 이주하는 현상을 뜻하는 신조어다. 관광을 뜻하는 투어(tour)와 솟구치는 임대료에 원주민이 내몰리는 현상을 일컫는 젠트리피케이션(gentrification)의 합성어이다. 젠트리피케이션이 낙후된 구도심 개발로 외부 자본이 유입되면서 임대료가 상승해 원주민이 내몰리는 현상이라면, 투어리스티피케이션은 관광지화로 편의 시설이 사라지고 거주민이 떠나면서 결국 주변 집값이 내려가는 현상이 나타난다.

서울 종로구 가회동 북촌한옥마을이나 이화동 벽화마을, 경남 통영 동피랑 마을 등이 투어리스티피케이션으로 피해를 겪은 대표적인 곳이다. 이곳은 지역이 관광지화되면서 관광객의 소음, 쓰레기, 주차 문제, 사생활 침해 문제가 심각했다. 또한 세탁소와 정육점, 철물점과 같이 거주민을 위한 편의시설이 카페나 음식점으로 바뀌며 주민들이 불편을 겪었다.

니파 바이러스 (Nipah virus)

니파 바이러스는 **고열과 두통, 어지러움, 호흡곤란, 정신 착란, 뇌염 등을 일으키는 인수공통감염병**(사람과 동물이 모두 감염)**이다.** 백신은 개발되지 않았다. 주로 동남아시아에서 발생하며, 치사율이 40~75%로 코로나19보다 훨씬 높다. 1999년 말레이시아의 한 마을인 숭가이 니파에서 최초로 발병이 보고됐다. 보통 니파 바이러스에 노출된 뒤 4~14일 정도의 잠복기를 거쳐 증상이 나타나는데, 증상이 지속될 때 혼수상태에 빠지면서 사망에 이르게 된다.

말레이시아에서 처음 발견됐을 때는 감염된 약 300명 중 100명 이상이 사망했다. 해당 바이러스는 높은 치사율에 비해 전파력은 낮은 것으로 알려졌다. 한편, 인도 서남부 케랄라주(州)에서 최근 12세 소년이 니파 바이러스에 감염돼 숨진 사망자가 발생하면서 인도 방역 당국은 코로나19에 이은 '제2의 바이러스 확산'을 우려하고 있다. 전문가들은 잦아진 국제적인 교류와 기후 변화로 인한 박쥐들의 새로운 서식지 이동으로, 니파 바이러스가 전 세계적인 문제로 번질 가능성이 있다고 우려했다.

바이아웃 펀드 (buyout fund)

바이아웃 펀드란 부실기업의 경영권을 인수해 구조조정 또는 인수·합병(M&A)을 통해 기업 가치를 올리고, 지분을 다시 팔아 수익을 내는 펀드다. **사모펀드**(PEF, Private Equity Fund : 소수의 투자자들을 모집해 저평가된 기업을 인수한 뒤 기업 가치를 높여 되파는 펀드) 시장에서 운용되는 핵심적인 펀드이다. 탄력적인 운용으로 중장기 투자에 적합하다.

해외의 칼라일 그룹, 블랙스톤, 콜버그 크래비스 로버츠 등 대형 사모펀드들은 바이아웃 펀드 기법을 통해 큰 차익을 남기며 2000년대 중반까지 세계 M&A 시장을 주도했다. 이 기업들은 바이아웃 펀드가 자금난 등으로 고전하는 기업을 회생시켜 긍정적이라고 주장하지만 무차별적 경영권 공격의 수단이 되는 부작용도 있다. 한편, 코로나19의 여파로 기업 매각·벤처투자 등과 관련된 국내 경영 참여형 사모펀드 신규 출자액이 최근 크게 늘어나고 있다. 코로나 직격탄을 받는 대기업들이 유동성 확보를 위해 사업부나 계열사 매각에 나서면서 바이아웃 펀드에 대한 기대감이 높아지고 있다는 게 전문가들의 설명이다.

▌슈링크플레이션 (shrinkflation)

슈링크플레이션이란 '줄이다'라는 뜻의 슈링크(shrink)와 인플레이션(inflation)의 합성어로, 제품 가격은 올리지 않고 제품의 크기·수량을 줄이거나 품질을 낮춰 실질적으로 가격을 인상하는 것이다. 패키지 다운사이징(package downsizing)이라고도 불린다. 이는 기업이 판매량은 유지하면서 비용을 줄여 영업마진과 수익성을 높이는 방법이다. 인플레이션 상황에서 가격을 직접 인상하는 대안으로 자주 사용된다. 가격 인상보다 소비자가 알아채기 쉽지 않아 고객 이탈 없이 이윤을 계속 챙길 수 있기 때문이다.

미국 현지 매체들은 최근 일제히 슈링크플레이션 현상을 보도하면서 치솟는 물가에 대해 우려를 표했다. 외신은 "슈링크플레이션은 이미 코로나19 팬데믹 이전부터 발생했지만 인건비, 재료비 상승 및 수요 급증, 운송 위기로 더욱 악화될 것"이라고 전망했다. 우리나라 또한 예전부터 내용물은 적고 봉투만 큰 '질소 과자'가 문제시됐고 식품 물가도 급속히 오르고 있어 슈링크플레이션 논란이 나타날 것으로 보인다.

▌정보보호관리체계(ISMS) 인증

정보보호관리체계(ISMS, Information Security Management System) 인증이란 기업이 주요 정보자산 보호를 위해 구축·운영하고 있는 정보보호관리체계(보안정책·인력·장비·시설 등)가 적합한지 심사해서 인증을 부여하는 제도다. 위험 관리를 통해 사업 안정성이 제고되며, 침해 사고에 따른 사회·경제적 피해를 최소화할 수 있다. ISMS 인증 유효기간은 3년이며 사업자는 획득 후 3년마다 갱신 심사를 받아야 한다. 가상자산 사업자들이 정부에 사업자 신고를 하기 위해 확보해야 하는 필수 요건이다.

최근 특정금융정보법(특금법)에 따라 가상자산 사업자의 정부 신고 기한인 9월 24일을 앞두고, 총 43개 가상자산 사업자들이 사업자 신고를 위한 최소 요건인 ISMS 인증을 충족한 것으로 나타났다. 43개 ISMS 인증 사업자 중 가상자산 거래소는 총 29개다. 과학기술정보통신부는 일부 가상자산 사업자가 ISMS 인증 신청서만 제출한 후 곧 인증을 받을 것처럼 과대 홍보하는 사례가 예상됨에 따라 인증이 완료된 43개 업체 리스트를 공개하며, 이용자인 국민들이 피해를 보지 않도록 각별한 주의를 당부했다.

플라스티크러스트 (plasticrust)

▲ 바위에 플라스틱 찌꺼기가 들러붙은 모습

플라스티크러스트란 **플라스틱**(plastic)**과 딱지**(crust)**의 합성어로 해안가 바위에 이끼나 껍처럼 들러붙은 플라스틱 찌꺼기를 의미한다.** 해안 생태계를 위협하는 새로운 오염의 형태다. 이는 지난 2016년 해양환경을 연구하는 과학자들에 의해 처음 발견됐으며 이후 지속해서 늘어나 갯바위의 10% 정도를 덮고 있는 것으로 밝혀졌다. 이런 플라스티크러스트는 보통 비닐봉지 등에 사용되는 폴리에틸렌 성분으로 구성된 것으로 파악되나 아직 출처나 생성과정, 생태계에 미칠 영향에 대해서는 알려진 바가 없어 추가 연구가 필요하다.

과학자들은 이런 플라스티크러스트가 생물과 생태계 먹이사슬에 위협이 될 수 있는 가운데 풍화작용으로 미세플라스틱으로 전환될 수 있고 햇볕에 의해 녹아 해양생물에 또 다른 영향을 끼칠 수 있다고 우려한다. 아직 플라스티크러스트의 출처가 정확하게 밝혀지지는 않았지만 바다에 버려지는 플라스틱에 의해 형성된다는 합리적 추측이 가능하며 미래의 해양생태계를 위협할 아주 심각한 문제로 떠오르고 있다.

CCUS (Carbon Capture Utilization and Storage)

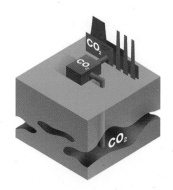

CCUS(이산화탄소 포집·활용·저장)는 **대기 중이나 배출가스에 포함된 이산화탄소를 골라 모은 뒤 이를 산업적으로 활용하거나 안전하게 장기간 저장하는 기술이다.** 단순히 탄소 배출량을 줄이는 것에 그치지 않고, 배출된 탄소를 활용할 수 있는 수단의 필요성이 부각되면서 주목받기 시작했다. 국제에너지기구(IEA)는 CCUS를 기후 위기에 대응할 수 있는 기술이자 코로나19 사태 이후 침체된 경제 회복에 이바지할 수 있는 강력한 요소로 평가하고 있다.

IEA는 재생에너지를 기반으로 한 ▲전기 발전 ▲바이오 에너지 ▲수소 에너지와 함께 에너지 전환의 필수 4대 요소 중 하나로 ▲CCUS를 꼽으며 기후 문제의 주요 대책으로 강조하기도 했다. 한편 정부는 수소, CCUS 등 에너지 신산업 분야를 육성하기 위해 최대 4조원 이상의 연구개발(R&D) 사업을 추진한다. 박기영 산업통상자원부 차관은 9월 29일 '에너지 얼라이언스' 참여 기업 대표들과의 탄소중립 간담회를 개최하고 이같이 밝혔다.

▌프리카스 (Pre−CAS)

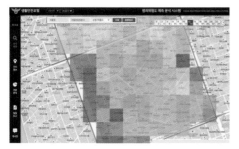

▲ 범죄 발생 위험도 예측 분석 시스템 화면 (자료 : 경찰청)

프리카스(Pre−CAS, Predictive Crime Risk Analysis System)란 **경찰청이 올해 5월부터 도입한 인공지능(AI) 범죄 발생 위험도 예측·분석 시스템을 말한다.** 치안·공공데이터를 통합한 빅데이터를 AI로 분석, 지역별 범죄 위험도와 범죄 발생 건수를 예측하고 순찰 경로를 안내하는 방식으로 이뤄져 있다. 자치경찰제 시행에 따라 지역 특성을 감안한 맞춤형 치안 정책이 중시되며, 프리카스의 활용도가 높아질 전망이다.

프리카스는 읍·면·동 4970개를 도시형·산업형·주거형·도농복합형·농림수산형·관광형 등 6개 특성으로 나눈 다음 해당 구역의 치안·공공데이터를 분석해 100m² 면적 단위로 범죄 발생 위험도를 예측한다. 위험도는 1~10등급까지 상대적으로 분류한다. 1등급에 가까울수록 위험도가 높으며 3등급까지 '고위험등급'으로 판단한다. 과거 범죄 발생 및 112 신고 건수 등 치안데이터뿐 아니라 인구, 실업·고용률, 공시지가 등의 공공 빅데이터까지 분석에 활용해 예측 정확도를 높였다.

▌리먼 모멘트 (Lehman moment)

▲ 파산 위기에 몰린 중국의 헝다그룹

리먼 모멘트란 **하나의 대형 기관이나 국가에서 발생한 혼란 또는 위기가 다른 나라로 확산할 수 있다는 두려움을 일컫는다.** 지난 2008년 미국의 리먼 브러더스가 파산을 신청했을 때 리먼과 거래 관계가 있는 주요 금융 기관들에 충격을 준 데서 유래했다. 최근 중국 최대 민영 부동산개발업체인 헝다그룹(영문명 에버그란데)의 부채 위기가 부상하며 중국판 리먼 모멘트가 될지를 두고 전문가들 사이에 논란이 분분하다.

일각에서는 350조원에 달하는 헝다그룹의 부채 위기가 글로벌 금융위기를 촉발했던 리먼 사태를 재현할 것이라고 우려하고 있다. 반면 헝다그룹이 설령 디폴트(채무불이행)를 내도 중국 금융시스템을 뒤흔들만한 위협은 되지 않을 것이라는 반론도 나온다. 영국계 투자은행 바클레이스는 헝다그룹은 대규모 부동산 회사이고, 경제적 영향과 함께 중국의 부동산 부문에 파급 효과가 있을 수 있지만 (파산 시 파급력은) 리먼 모멘트의 근처에도 가지 못한다고 평가했다. 뱅크오브아메리카(메릴린치)는 헝다 사태는 기본적으로 중국의 문제라고 지적했다.

작전계획 5015

작전계획(작계) 5015는 **북한군의 남침에 따른 전면전 상황과 이를 위한 미군 병력의 대규모 증원 등을 가정한 '작계 5027'의 후속 작계**로서 그 세부 내용은 2급 비밀에 해당한다. 2010년 10월 제42차 한미안보협의회(SCM, ROK-US Security Consultative Meeting)에서 제안됐으며, 2015년 6월 한미 군 당국이 서명했다. 작계 5015에는 기존 작계 5027와 북한의 급변사태를 가정한 작계 5029, 그리고 북한의 핵·미사일 등 대량살상무기(WMD) 공격 등에 따른 한미연합군의 대응계획이 통합돼 있다.

한편 우리 군의 작계 5015가 야당(국민의힘) 대통령 후보 경선의 주요 키워드로 떠올랐다. 지난 9월 26일 진행된 후보 간 TV토론에서 "작계 5015가 발동되면 대통령은 제일 먼저 뭘 해야 하느냐"는 홍준표 후보의 질문에 윤석열 후보가 "글쎄, 한 번 설명해 달라"고 발언하는 등 명확한 답변을 내놓지 못한 데 따른 것이다. 홍 후보의 계속되는 질문에도 제대로 된 답변을 내놓지 못하자 청약통장 발언으로 국정 운영 준비 부족 논란을 겪고 있는 윤 후보가 국방 안보에도 무관심한 것 아니냐는 지적이 나왔다.

초품아

초품아란 **'초등학교를 품은 아파트'의 앞 글자를 딴 말로 초등학교가 아파트와 가까운 거리에 있어 자녀들의 안전통학이 가능한 아파트 단지를 말하는 신조어다.** 초품아는 어린 자녀를 둔 3040 세대 학부모 층 사이에서 주택 구입에 있어 중요한 판단 기준이 된다. 학교 인근 아파트는 도보로 통학이 가능해 등하굣길에 위험 요소가 적다. 또한 학교보건법 시행령이 적용돼 숙박업소나 기타 유해시설이 들어서는 데 제약을 받아 자녀 교육에도 유리하다.

지난 8월 정세균 전 국무총리는 대통령 선거 공약 발표로 학교와 공공임대주택을 한 건물에 두겠다는 '초품아' 구상을 발표해 논란을 일으켰다. 정 전 총리는 서울에서만 20만 가구를 추가 공급할 수 있다고 주장했다. 이에 일각에서 부동산 시장과 교육계에서 학교를 부동산 정책에 이용하고 있다고 비판하며 실현 가능성에도 문제를 제기했다. 한편 정 전 총리는 지난 8월 13일 더불어민주당 대선 경선에서 중도 사퇴했다.

▌욕야카르타 원칙 (Yogyakarta principles)

▲ 성소수자를 상징하는 무지개기

욕야카르타 원칙이란 **트렌스젠더를 포함한 성소수자들의 인권 보호를 위해 만들어진 '성(性) 인권 선언문'**이다. 성 정체성 문제가 크게 이슈화되었던 지난 2006년 11월에 인도네시아 욕야카르타에서 국제 비정부기구(NGO)와 국제인권법 관련 연구자들이 모여 만들었다. 29개 원칙을 제정하였고, 9개의 원칙을 추가시켜 총 38개의 원칙을 갖고 있다. 당시 참석자들은 국제인권법을 동성애자, 양성애자, 트랜스젠더 등에게 동등하게 적용해야 한다는 대원칙에 합의했다.

한편, 성소수자에 대한 편견이 담긴 표현으로 논란이 됐던 법무부의 성소수자 수용자 관련 내부 지침이 최근 대폭 수정된 사실이 알려졌다. 개정된 지침에 '여장남자', '쉬메일', '이상복장 선호자' 등 논란이 됐던 표현은 삭제됐고, 국제규범에 맞는 성소수자 정의를 담았다. 지침이 참고한 국제규범으로, 한국에서는 국제인권법의 지위가 아니라는 이유로 규범적 효력이 없다는 주장이 많았던 욕야카르타 원칙이 언급된 것이 주목된다. 다만 성소수자 입소자를 일상생활에서 다른 입소자와 격리하는 원칙은 유지돼 한계로 지적된다.

▌그레이트 게임 (The Great Game)

그레이트 게임이란 **영국과 러시아가 19~20C 초 중앙아시아 내륙의 주도권을 두고 벌였던 패권 다툼이다.** 대영제국은 인도의 이권을, 러시아 제국은 영토 확장을 꾀하며 아프가니스탄에서 경쟁을 벌였다. 이 패권 다툼은 1813년의 러시아-페르시아 조약부터 시작해서 1907년의 영국·러시아 협상으로 끝이 났다. 그레이트 게임이란 용어는 중앙아시아의 강대국과 지역 강국의 지정학적 권력과 영향력에 대한 경쟁을 의미하는 말로 계속 사용되고 있다.

미국이 20년 만에 아프가니스탄에서 철군하겠다는 결정을 하면서, 중앙아시아를 두고 미중 패권 다툼이 예고되고 있다. 조 바이든 미국 대통령이 철군 이유로 "국익 없는 전쟁을 반복하지 않겠다"는 견해를 밝힌 가운데 중국은 미군 철수 이후 이슬람 무장 조직 탈레반에 완전히 점령당한 아프가니스탄에서 빠른 속도로 영향력을 확대하고 있다. 이러한 정세가 한미 군사 동맹에 미칠 변화 가능성에도 관심이 쏠린다.

▌청중 민주주의 (audience democracy)

청중 민주주의란 **시민이 주권자이기보다는 정치인이 제시한 이미지나 쟁점에 반응하는 수동적인 청중이 되었다는 개념이다.** 프랑스 출신 정치학자 베르나르 마넹이 서구 민주주의 변화를 설명하기 위해 만들었다. 청중 민주주의에서는 정당보다 인물이 정치를 주도하면서 정치적 내용보다는 이미지가 중요해졌다. 이로 인해 선거운동에서 상대 후보 이미지를 공격할 수 있는 실수나 약점을 부각해 지지율을 떨어뜨리려는 네거티브(negative) 전략이 많아졌다.

내년 대선을 앞두고 경선을 치르는 예비 후보자 사이 네거티브 전략이 두드러졌다는 분석이다. 선거에서 네거티브 공방은 하나의 전략으로 평가받기도 하지만 정치 혐오를 부추긴다는 비판도 있다. 한편 지난 9월 7일 더불어민주당 대선 첫 순회 경선지인 충청권에서 이재명 후보에게 완패한 이낙연 후보는 이재명 후보를 향한 네거티브 전략을 중단하겠다고 밝힌 바 있다. 품격, 경륜 등 '신사' 같은 이미지로 위상이 커졌던 이낙연 후보가 이재명 후보를 향해 공격을 가하는 모습은 유권자가 기대했던 이미지가 아니었다는 분석에 따른 것이다.

▌상하이협력기구 (SCO, Shanghai Cooperation Organization)

상하이협력기구(SCO)는 ▲중국 ▲러시아 ▲카자흐스탄 ▲키르기스스탄 ▲우즈베키스탄 ▲인도 ▲파키스탄 ▲이란 등 9개국이 가입된 정치·경제·안보 협의체다. 1996년 중국 주도로 상하이시에서 중국, 러시아, 카자흐스탄, 키르기스스탄, 타지키스탄 정상들이 '국경 지대의 군사적 신뢰 강화를 위한 조약'을 체결하면서 발족했고 이후 회원국이 늘었다. 현재 상호 신뢰와 선린우호 강화, 정치·경제·과학·기술·문화·교육·자원·교통·환경보호 등의 영역에서 협력 촉진, 지역 평화, 안정, 안전보장을 목적으로 하고 있다.

지난 9월 17일 상하이협력기구 정상 이사회가 타지키스탄 수도 두샨베에서 화상으로 개최됐다. 시진핑 중국 국가 주석은 이날 이사회에서 상하이협력기구 회원국에 테러 공동 대처를 제안했다. 미국이 국제 동맹을 만들어 중국을 압박하는 것에 대해, 다른 나라에 대한 내정간섭은 용납하기 어렵다고 강조했다. 한편, 이날 기존 준회원국이었던 이란이 정식 회원국으로 승인됐다. **벨라루스, 몽골, 아프가니스탄**은 옵서버 자격으로 SCO에 합류해 있다.

한광훈련 (漢光訓練)

한광훈련은 매년 4~5월 진행되는 대만의 군사훈련이다. 1984년도에 시작, 2011년 이후 연례화됐다. 매년 5일간 실시되며, 올해로 37회째를 맞았다. 한광훈련은 대만을 자국의 영토라고 주장하는 중국의 공격에 대비하기 위해 중국군의 미사일 공격뿐만 아니라 상륙작전, 전자전, 사이버전 등 모든 침입을 시나리오로 해서 대만군의 격퇴 능력과 방어 태세를 점검한다. 대만군은 지난 9월 13일부터 17일까지 중국 남서부 타이난에서 한광훈련을 실시했다.

훈련은 7월로 예정됐으나 코로나19 확산 탓에 9월로 연기됐다. **올해 미중 전략 경쟁이 첨예화되며 양안**(대만과 중국)**을 둘러싼 중국의 위협이 그 어느 때보다 심한 만큼 육해공 병력이 실탄과 미사일 등을 동원**하면서 침공 위험이 큰 남서쪽 낙도(落島 : 육지에서 멀리 떨어진 외딴섬)까지 예고됐다. 한광훈련을 앞두고 중국과 대만의 양안관계는 최악의 국면으로 치달았다. 경우에 따라서는 대만해협을 사이에 둔 채 양측의 전투기나 함정들이 대치할 가능성도 없지 않을 것으로 분석되고 있다.

O4O (Online for Offline)

O4O(오프라인을 위한 온라인)는 **기업이 온라인을 통해 쌓은 기술이나 데이터, 서비스를 상품 조달, 큐레이션 등에 적용해 오프라인으로 사업을 확대하는 차세대 비즈니스 모델이다.** O2O(Online to Offline)가 단순히 온라인과 오프라인을 연결하는 서비스라면, O4O는 오프라인에 더 중점을 두고 온라인에서의 노하우를 바탕으로 오프라인 사업을 운영해 시장 혁신을 주도한다. O4O 기업은 온라인에서 확보한 데이

▲ 대표적인 O4O 기업인 '아마존 고'

터를 통해 전통적인 유통기업과 다른 차별화된 매장을 선보일 수 있다.

O4O의 대표 사례로는 세계 최대 전자상거래 기업인 아마존의 무인 슈퍼마켓 '아마존 고'를 들 수 있다. 아마존 고는 스마트폰 앱을 설치해 입장하고 물건을 고른 뒤 직접 결제를 하지 않고 들고 나오기만 하면 되는 무인 점포로 관심을 모았다. 한편, 국내에서도 신세계 등 기업이 전통적인 오프라인 유통 대기업들이 온라인 위주로 사업을 재편하고 있다.

광주형 일자리

▲ 광주형 일자리의 결실 '캐스퍼' (자료 : 현대자동차)

광주형 일자리란 광주광역시가 추진하는 일자리 사업으로, 기존 완성차업체 임금의 절반 수준의 적정임금을 유지하는 대신 상대적으로 낮은 임금은 정부와 지방자치단체가 주거·문화·복지·보육시설 등의 지원을 통해 보전한다는 노사상생형 일자리 창출 모델이다. 광주광역시가 지역 일자리를 늘리기 위해 고안한 사업이다. 2019년 광주시와 현대차 간 합의안이 의결되며 사업의 첫발을 내디뎠다.

광주형 일자리의 결실인 현대자동차의 신형 경차 '캐스퍼'가 9월 29일 공개됐다. 캐스퍼는 대한민국 제 1호 상생형 지역일자리인 광주글로벌모터스의 첫 양산 차량이다. 캐스퍼는 사전 계약 첫날 1만8940대를 기록하며 종전 최고였던 베스트셀링 모델 그랜저를 제치고 현대차 내연기관차 중 역대 최다 기록을 세우며 예상을 뛰어넘는 인기를 끌었다. 캐스퍼는 광주형 일자리의 첫 성과물이라는 의미에 더해 실제 운행에서도 소비자들의 만족을 이끌어낸다면 일자리 확대에도 기여할 것으로 기대를 모으고 있다. 문재인 대통령도 퇴임 후 개인 용도 목적으로 캐스퍼를 구입해 화제가 됐다.

수박

수박은 더불어민주당 일부 당원들이 '겉과 속이 다른 정치인'이라고 비하할 때 사용하는 은어로 알려져 있다. 더불어민주당 대선 경선의 열기가 가열되는 가운데 민주당 대선 주자인 이재명 경기도지사의 '수박' 발언 논란이 불거졌다. 이재명 지사는 9월 21일 심야에 페이스북에 성남시장 시절 추진한 대장지구 개발에 특혜를 줬단 의혹을 정면 반박하면서 당시 사업에 반대했던 당내 인사를 '수박'이라고 표현했다.

이에 '수박은 극우 성향 커뮤니티 일베에서 5·18 광주 민주화 운동을 비하하는 발언'이라는 비난 댓글이 여럿 달렸다. 대선 주자인 이낙연 전 민주당 대표 캠프에서도 이를 혐오표현(hate speech)이라고 지적했다. 5·18 광주민주화운동 당시 진압군에 의해 머리에 총탄을 맞고 숨진 시민들을 일베 사용자들이 수박이라고 비하했다는 게 이낙연 전 대표 측 설명이다. 반면 이재명 지사 측은 '수박'의 의미에 대해 "기득권을 지지하는 사람들의 발언이 이렇게 (겉과 속이) 다르다는 걸 지적한 정확한 발언"이라며 "수박을 호남 비하로 연결하는 건 유감"이라고 반박했다.

이효재 (李效再, 1924~2020)

▲ 이효재 선생 별세 1주기 추모행사 개최 (자료 : 창원시)

이효재(이이효재)는 **우리나라 대학 최초로 여성학을 설치한 사회학자이자, 유엔에서 일본군 위안부 실체를 밝혀 일본군의 파렴치한 만행을 세계에 알려 국제적 공론화를 이끌어낸 인물이다.** 또한 호주제를 폐지하고, 성매매방지특별법을 만드는 데 앞장서는 등 여성인권신장과 민주화운동에 헌신했다. 한국의 대표적인 1세대 여성운동가로 꼽힌다. 지난해 97세의 일기로 별세했다.

지난 9월 29일, 30일 양일간 이효재 1주기 추모행사가 경남 창원시 진해구 일대에서 개최됐다. 9월 29일에는 '이이효재길' 개장 기념식이 열렸다. 이이효재길은 진해광장의 기념공간을 중심으로 둘레길에 ▲생명숲 ▲평등 ▲평화 ▲이음 등 네 가지 테마가 구성됐다. 평등하고 평화로운 세상을 꿈꾸는 많은 이들에게 위로와 공감의 공간이 되고자 하는 뜻이 담겼다. 주최 측은 "다양한 추모 사업을 진행해 창원이 낳은 여성·평화·통일운동가 이이효재 선생을 널리 알릴 수 있도록 노력하겠다"고 말했다.

탑재금융 (BaaS, Banking as a Service)

탑재금융은 핀테크 기업·소프트웨어 기술자·애플리케이션 개발자 등 **제3자 사업자가 응용프로그램 인터페이스**(API, Application Programming Interface)**를 구축하고 있는 은행 시스템에 접속해 금융상품을 설계하고 판매하는 것을** 통칭한다. 제3자 사업자는 은행 API를 통해 오픈뱅킹을 가능하게 할 수 있으며, 은행 시스템을 토대로 새로운 금융상품·서비스를 개발하거나 구축하는 것이 가능해진다. 이렇게 되면 제3자 사업자는 은행과의 협업 구축을 통해 은행과 같은 규제 부담을 지지 않고도 상품·서비스 등을 운영할 수 있게 된다.

은행의 경우 이들 사업자로부터 API 이용에 대한 대가로 수수료를 지급받을 수 있으며, 해당 API 개방을 통해 새로운 고객의 접점을 확대해 새로운 수익원의 창출로 이어갈 수 있다. 실제로 미국과 유럽 등에서는 탑재금융 형태의 사업 모델들이 등장하며 저변을 확대하고 있다. 한국금융원은 지난 8월 디지털 전환 속도가 가팔라지고 모바일 채널을 위주로 하는 금융 서비스가 늘면서 탑재 금융이 주목을 받고 있다고 분석했다.

WBA 인더스트리 어워드 (WBA Industry Award)

WBA 인더스트리 어워드는 **전 세계 와이파이 업계에서 뛰어난 성과와 혁신을 거둔 기업을 선정해 수상하는 상이다.** 세계 초고속 무선사업자 협의체(WBA, Wireless Broadband Alliance)가 주관한다. 국내 통신 기업 KT가 10월 5일 온라인으로 진행된 'WBA 인더스트리 어워드 2021'에서 '최고 와이파이 네트워크 사업자상'을 수상했다고 밝혔다. 와이파이 네트워크 사업자상은 혁신적인 와이파이 기술을 선보이고 글로벌 와이파이산업 발전에 기여한 기업에게 수여된다.

KT는 **국내 최초로 와이파이6E 공유기를 개발**한 성과와 전국 공공 와이파이 구축으로 디지털 정보 격차 해소에 앞장선 점에서 높은 점수를 받았다. 이로써 KT는 WBA 인더스트리 어워드가 시작된 2012년부터 10년 동안 8차례 수상하게 됐다. KT가 개발한 와이파이6E는 현재 가정과 공공 와이파이에 상용화된 와이파이5와 와이파이6 기술에 비해 2~3배가량 빠른 속도를 제공할 수 있다.

그린플레이션 (greenflation)

그린플레이션이란 친환경을 뜻하는 그린(green)과 물가상승을 뜻하는 인플레이션(inflation)의 합성어로, **탄소중립을 위한 친환경정책으로 구리나 알루미늄 등 원자재 가격이 인상되고 이로 인해 물가가 올라 인플레이션을 유발하는 현상을 뜻한다.** 전문가들은 아무런 기술적 대안 없이 탈탄소·탈원전을 밀어붙이다 그린플레이션보다 더 큰 혼란을 맞을 수 있다는 우려를 표명하면서 속도 조절이 필요하다고 강조했다.

실제로 기후변화에 대응하기 위한 탄소중립 정책은 중국, 인도 등 화석연료 의존도가 높은 국가의 심각한 전력난과 함께 석탄, 석유 등 주요 화석연료 가격의 폭등을 불러왔다. 중국은 전체 전력의 약 68%를 화력발전에 의존하며 풍력과 태양열, 원자력 등의 비중은 3~6%에 불과하다. 이런 상황 속에서 탄소중립 정책을 급격히 밀어붙이려다 최근 대규모 전력부족 사태를 겪고 있다. 미국 역시 친환경 정책으로 천연가스 생산량을 줄였지만, 전력 공급 문제로 석탄 사용량이 오히려 증가해 2013년 이후 8년 만에 석탄 사용량이 증가하는 현상이 발생했다.

뇌이징

▲ 대표적인 뇌이징 제품인 애플의 무선 이어폰 '에 어팟'

뇌이징이란 **뇌(brain)와 에이징(aging)을 합성한 신조어로, 처음 에는 어색하고 별로라고 생각했지만 볼수록 익숙해지고 끌린다 는 의미의 신조어다.** 사전적 의미로 노화를 뜻하는 '에이징 (aging)'은 라이프 스타일 분야에선 '길들이다'라는 확장된 표현으로 쓰이며 스피커, 헤드폰, 이어폰 같은 음향기기를 사용 초기에 특정 소리나 음악을 장시간 재생하면서 길들 이는 것을 의미하기도 한다.

젊은 세대가 좋아하는 대표적인 뇌이징 제품은 애플의 무선 이어폰 '에어팟'이다. 처음 출시됐을 때는 '콩 나물', '샤워기'라며 비웃음을 샀지만 이젠 MZ세대의 상징처럼 사랑받고 있다. 애플의 아이폰11 시리즈 도 처음에는 인덕션을 연상케 하는 후면 카메라 디자인이 많은 사람에게 실망을 안겨줬다. 하지만 사람들 의 반응이 바뀌며 사랑받았다. 일부 전문가는 반복적으로 어떤 대상에 노출되면 그 대상에 대해 친숙해지 고 매력이 증가하는 효과가 있다고 말한다.

예약부도 (豫約不渡)

예약부도란 **예약을 해놓고 아무런 연락 없이 나타나지 않는 것을 뜻한다.** 항공, 호텔 업계 등 다수의 고객을 상대하는 업종에서 주로 사용하는 용어다. '노쇼(no-show)'와 같은 표 현으로 국립국어원에서는 '노쇼'를 '예약부도'로 순화해서 쓰자고 권고한다. 각종 업계는 이 예약부도로 인해 큰 손해 를 입고 있다. 특히 소규모로 운영되는 식당 등에서 피해 규모가 커지면서 사회적 문제로 떠오르기도 했다.

이에 공정거래위원회는 2018년 소비자분쟁해결기준 개정 안을 시행해 소비자가 예약 시간 1시간 전에 예약을 취소하거나 취소하지 않고 식당에 오지 않으면 예약 보증금을 돌려받을 수 없도록 했다. 한편, 최근에는 코로나19 백신을 접종받기로 예약을 해놓고 나타나 지 않는 사례가 많아지며 '노쇼 백신'이란 표현도 등장했다. 노쇼 백신은 접종 예약을 한 접종자가 당일 백신 접종에 불참해 남은 접종 분량을 의미한다. 이와 비슷한 용어로 식당에서 예약 시간이 한참 지나서 등장해 자리와 음식을 요구하는 행위는 '애프터 쇼(After-show)'라 부른다.

OOTD (Outfit Of The Day)

OOTD란 'Outfit Of The Day'의 첫 대문자를 딴 말로, '오늘의 옷차림' 또는 '오늘의 패션'을 의미하는 신조어다. 연예인이나 셀럽들의 사복 패션이 유행하면서 일반인들 사이에서도 오늘 입은 옷을 SNS에 공유하고 OOTD 해시태그(#)를 다는 것이 유행하고 있다. OOTD와 같이 패션계에는 매년 다양한 패션 신조어가 생겨난다. 최근 등장한 패션 신조어는 코로나19 시대상을 반영하는 것들이 많다.

그 예로 ▲'원 마일 웨어'(one-mile wear)는 집에서 1마일, 즉 1.61km 반경 내에서 입을 수 있는 옷이란 의미다. 재택근무, 비대면 강의가 생활화되면서 편한 옷을 선호하며 떠오른 용어다. '꾸민 듯 안 꾸민 듯한 패션'이 인기를 끌면서 ▲'꾸안꾸'라는 줄임말도 인기를 끌고 있다. ▲'미닝아웃'(meaning out)이란 용어도 있다. 미닝아웃은 패션을 개인의 생각과 신념을 표출하는 수단으로도 생각하는 것으로서, MZ세대 사이에서 통용되고 있는 신조어다. 미닝아웃 트렌드와 더불어 동물과 환경을 생각하는 ▲'비건 패션' 열풍도 불고 있다.

유니버셜 디자인 (universal design)

유니버셜 디자인이란 제품, 시설, 서비스 등을 이용하는 사람이 성별, 나이, 장애, 언어 등으로 인해 제약받지 않도록 설계한 제품 또는 그러한 사용 환경을 만드는 디자인을 의미하는 말이다. '범용디자인' 혹은 '모든 사람을 위한 디자인'이라고도 불린다. 최근에는 공공교통기관 등의 손잡이, 일회용품 등이나 서비스, 주택이나 도로의 설계 등 넓은 분야에서 쓰이는 개념이다.

지자체와 기업들이 유니버셜 디자인 채택을 늘려가고 있다. 대표적으로 지난해 서울시는 차별 없는 디자인 복지를 전담할 전문기관 '서울특별시 유니버설디자인센터'를 국내 지자체 최초로 설립했다. 서울시와 서울시 유니버설디자인센터는 동 주민센터의 노후한 공중화장실 리모델링 사업을 진행했다. 큰 그림문자를 붙여 저시력자나 외국인이 찾기 용이하게 만들고, 남자 화장실에도 유아용 의자와 기저귀 교환대를 설치하는 등 시설을 이용하는 데 제약받지 않도록 디자인했다.

검은 곰팡이증 (Mucormycosis)

검은 곰팡이증이란 **털곰팡이과에 속한 진균에 감염돼 발생하는 기회감염증**(병원성이 없거나 미약한 미생물이 극도로 쇠약한 환자에게 감염되어 생기는 질환)**이다.** 면역력이 떨어진 당뇨병이나 암, 후천성면역결핍증 등의 환자가 검은 곰팡이증에 걸리면 코피를 흘리거나 눈 부위 붓기, 피부 색소 변화 등의 증상을 겪을 수 있다고 알려졌으며, 면역력이 약화한 사람의 치사율은 무려 50%에 달한다.

올해 5월 인도 보건당국은 코로나19 확진 환자들 사이에서 검은 곰팡이증이 빠른 속도로 확산되고 있다고 발표했다. 두 달 동안 검은 곰팡이증에 감염된 사람은 약 4만5000여 명에 육박하는 것으로 알려졌다. 이 가운데 사망자는 약 4300명이다. 의료 전문가들은 코로나19 감염으로 인한 면역력 저하가 이와 관련 있다고 보면서 코로나19 치료를 위한 스테로이드제의 부작용을 그 이유로 꼽고 있다. 검은 곰팡이증은 아프가니스탄, 이집트 오만, 이란 등에서도 번지고 있어 관계 보건당국에 비상이 걸렸다.

BNPL (Buy Now, Pay Later)

BNPL(선구매 후결제)은 '지금 바로 구매하고 지급은 나중에'라는 뜻의 'Buy Now, Pay Later'를 줄인 말이다. 최근 글로벌 시장에서 **돈이 부족하거나 없어도 먼저 물건을 구매하고 대금은 대행업체에 나눠서 갚을 수 있는 BNPL 시장이 빠른 속도로 성장하고 있다.** BNPL은 신용 등급이 낮아도 이용할 수 있고 할부 거래 시 수수료가 없거나 매우 적어, 경제력이 약한 젊은 층이나 신용 점수가 낮은 고객들까지 흡수하며 결제 시장에 새로운 강자로 떠올랐다.

BNPL은 특히 신용카드 발급 요건이 까다로운 미국에서 성행하고 있다. 월스트리트저널(WSJ)은 최근 여러 핀테크 기업들이 잇따라 BNPL 스타트업들을 인수하며 덩치를 불리고 있다고 전했다. 미국의 온라인 결제 업체인 페이팔은 일본의 BNPL 기업인 페이디를 27억달러(약 3조1790억원)에 인수한다고 밝혔다. 한편, 일각에서는 BNPL이 상환능력 이상의 과소비를 부추기고 부채 증가를 야기할 것이라는 우려로 바라보고 있다. 크레딧 카르마의 조사에 따르면 "BNPL 사용자의 3분의 1이 결제 시기를 놓쳤고, 그중 72%는 신용점수가 하락했다"고 밝혔다. 특히 아직 경제력이 상대적으로 낮은 젊은 연령에서 BNPL 이용률이 높은 것을 고려할 때 과소비와 부채 증가 문제는 더욱 커질 수 있다.

티그라이 (Tigray)

티그라이는 **에티오피아 북단에 있는 지역으로서 민족주의 성향이 강한 티그라이 인민해방전선(TPLF)의 영향력에 놓여 있는 곳이다.** 지난해 11월부터 에티오피아군과 TPLF 사이에 내전이 발발했다. 티그라이 분쟁은 에티오피아 정부와 TPLF의 오랜 갈등에서 비롯됐다. TPLF는 에티오피아 남부 출신인 아비 아머드 알리 총리가 2018년 집권하기 전 주류 정치 세력이었으나, 이후 연정에서 이탈하는 등 갈등이 깊어졌다. 지난 6월 아비 총리가 코로나19 때문에 총선을 연기하자 관계는 더욱 악화됐다.

에티오피아 정부는 반군 거점인 티그라이 지역을 철저히 고립시키기 위해 기근 위기를 가중하고 있다는 비판을 받는다. 굶어 죽는 사람까지 발생할 정도로 티그라이 지역의 식량 부족 문제가 심각하다. 하지만 에티오피아 정부는 국제사회의 구호물자 수송을 차단하고, 급기야 지난 9월 30일(현지시간) 이를 비판하는 유엔 관계자들도 추방한다고 밝혔다. 이에 미국 정부도 나서 '식량을 보내지 않으면 제재를 부과하겠다'고 경고했다.

라이더컵 (Ryder Cup)

라이더컵이란 **2년마다 개최되는 미국과 유럽의 남자 골프대회이다.** 미국과 유럽의 최고 랭킹을 자랑하는 선수 12명이 팀 대항으로 3일간 경기를 치른다. 1927년 시작된 이 대회는 제2차 세계대전 때 6년 동안 중단된 적이 있을 뿐 2년마다 미국과 유럽을 오가며 빠짐없이 열렸다. 최근 미국이 제43회 라이더컵에서 5년 만에 우승을 차지했다. 2년마다 열리는 이 대회는 지난해 개최될 예정이었으나 코로나19 확산 우려로 연기돼 올해 열렸다.

미국은 9월 27일 미국 위스콘신주 헤이븐의 휘슬링 스트레이츠에서 열린 대회 마지막 날 승점 8점을 추가하며 19 대 9로 유럽을 10점 차로 완파했다. **두 팀의 격차가 10점까지 벌어진 것은 1927년 미국과 영국의 대항전으로 시작한 라이더컵이 1979년 미국과 유럽의 대결로 확대된 후 처음이다.** 미국은 평균연령 30세 이하의 젊은 팀을 구성했으며, 5전 전승을 거둔 팀의 최연장자 더스틴 존슨의 활약이 빛났다. 다음 대회는 2023년 이탈리아 로마 외곽의 마르코 시모네 골프클럽에서 열린다.

몰누피라비르 (Molnupiravir)

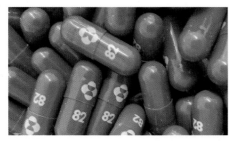

▲ 코로나19 알약 치료제 '몰누피라비르' (자료: 머크)

몰누피라비르는 **미국 제약사 머크가 개발한 경구용 코로나19 치료제다.** 머크 사는 경구용 코로나19 치료제의 긴급 사용 승인을 미 식품의약국(FDA)에 신청했다. 뉴욕타임스(NYT) 등 미국 언론에 따르면 머크는 10월 11일(현지시간) 성명을 내고 "경미하거나 보통 수준의 증세를 보이지만 중증으로 진행할 위험이 있는 코로나19 환자들에 대한 경구용 치료제 '몰누피라비르'의 미국 내 긴급 사용을 승인해 달라고 신청했다"고 밝혔다. FDA의 결정은 몇 주 안에 나올 것으로 전망된다.

FDA가 긴급사용을 허가하면 몰누피라비르는 첫 코로나19 경구용 치료제가 된다. 경구용 치료제는 코로나19 환자가 몰려 과중해진 병원들의 부담을 줄이고 빈국 내 코로나19의 급격한 확산을 진정시키는 데 도움을 줄 수 있으리란 기대를 받는다. 몰누피라비르의 가격은 한 명 분당 700달러(약 83만원) 정도다. 집에서 캡슐 4개를 하루 두 번씩 닷새간 먹어 1인당 총 40캡슐을 복용하게 돼 있다. 한편 질병관리청은 글로벌 3개 회사와 협의하여 경구용 코로나19 치료제 2만 명분을 선구매했고 추가 물량도 협의 중이라고 밝혔다.

피지털 (phygital)

피지털은 오프라인 공간을 의미하는 '피지컬'과 온라인을 의미하는 '디지털'의 합성어로, **디지털의 편리함을 오프라인 유통 매장 등에 결합해 소비 경험을 편리하게 한다는 의미를** 담고 있다. 오프라인 매장에서 마음에 드는 물건을 찾고 상품에 부착된 QR코드를 스마트폰으로 스캔해 상품 정보 리뷰를 찾는 것을 피지털의 구현 사례로 들 수 있다.

반대로 온라인에서 주문한 제품을 오프라인 매장에서 언제든 찾아갈 수 있도록 한 것도 피지털이다. 온라인 쇼핑몰 무신사는 서울 마포구 동교동에 오프라인 쇼룸을 열기도 했다. 키오스크, QR코드, 무인결제 등은 디지털 기술로 오프라인 매장 내 혁신을 이뤄낸 피지털 사례는 이미 익숙하다. 인공지능(AI), 증강현실(AR), 가상현실(VR) 등 4차 산업혁명이 적용되면서 피지털 경험은 상품 탐색부터 구입과 결제, 픽업 및 배송까지 소비·유통의 전 단계에 적용될 수 있을 것으로 기대된다.

SNS 톡!톡!

해야 할 건 많고, (이거 한다고 뭐가 나아질까) 미래는 여전히 불안하고 거울 속 내 표정은 (정말 노답이다) 무표정할 때!
턱 막힌 숨을 조금이나마 열어 드릴게요. "톡!톡! 너 이 얘기 들어봤니?" SNS 속 이야기로 쉬어가요.

#이 정도는 알아야 #트렌드남녀

'코비드19' 말고 패딩 '코트19'?...마스크 재활용한 외투 화제

▲ 마스크를 재활용해 만든 패딩 코트 (토비아 잠보티 인스타그램 캡처)

코로나19로 전 세계인이 마스크를 매일같이 착용하며 또 다른 환경 오염의 주범으로 지목되고 있다. 그렇다고 안 쓸 수는 없는 마스크를 기발하게 활용한 패딩 코트가 SNS상에서 화제다. 이탈리아 출신의 디자이너 토비아 잠보티는 아이슬란드 거리에서 수거한 1500여 장의 마스크를 소독하고 유기농 면을 보완재로 활용해 패딩 코트를 만들었다. 여기에 '코트19'라는 이름을 붙여 사람들의 이목을 집중시켰다.

@ 에코패션 (eco fashion)
친환경 소재를 사용해 의류를 제작하는 등의 노력을 통해 생태계와 지구 환경을 보호하고자 하는 패션을 말한다.

#아방가르드하면서도_퓨처리스틱한 #매력적인_디자인이네요

돌멩이 키운다?...'반려돌' 문화 확산

SNS를 중심으로 애완돌을 키우는 이색 문화가 확산하고 있다. 인스타그램에 '애완돌'을 해시태그 검색하면 1000개가 넘는 게시물이 나올 정도다. 또 네이버 쇼핑에는 5000개가 넘는 애완돌 상품이 판매되고 있다. 애완돌이 인기를 끄는 이유는 1인 가구가 증가하고, 코로나19로 대면 접촉이 줄어드는 현실에 따라 사람들이 정서적 만족과 위로를 추구하기 때문인 것으로 풀이된다.

@ 애완돌 (petstone·펫스톤)
애완견이나 애완묘 등 반려동물처럼 키우는 돌을 말한다.

#오늘_집가는_길에 #냥줍_말고_돌줍_한번_해보렵니다

블랙핑크 멤버들 '파리 패션 위크' 달궜다

세계적 명품 브랜드의 얼굴로 활약하고 있는 걸 그룹 블랙핑크 멤버들이 세계 4대 패션 위크 중 하나로 손꼽히는 파리 패션 위크를 뜨겁게 달궜다. 파리 패션 위크 일정에 맞춰 파리에 도착한 블랙핑크 멤버들은 각자 글로벌 홍보대사로 활

동하고 있는 샤넬·디올·생로랑 등 명품 브랜드의 쇼에 등장해 큰 화제를 모았다. K팝 걸그룹을 대표하는 블랙핑크는 패션계 아이콘으로서의 영향력도 증명했다.

@ 패션 위크 (fashion week)
패션 디자이너들이 작품을 발표하는 패션쇼가 집중적으로 열리는 패션 주간으로, ▲뉴욕 패션 위크 ▲런던 패션 위크 ▲파리 패션 위크 ▲밀라노 패션 위크가 세계 4대 패션 위크로 손꼽힌다.

#블랙핑크_등장에 #에펠탑_떨릴_만큼의_함성_울려퍼짐bb

트위터는 최악의 SNS?...넘쳐나는 불법 정보

트위터가 유튜브, 인스타그램, 페이스북 등 SNS에 비해 각종 불법 정보 유통으로 신고 접수 후 제재된 수치가 압도적 1위를 기록한 것으로 알려졌다. 방송통신심의위원회에 따르면 트위터는 지난해 각종 불법 정보 2만2534개 게시물을 방심위로부터 심의 받았다. 트위터가 불법 정보를 방치하며, 이용자 보호 조치에 대한 대응을 세우지 않는다면, 윤리적 기준이 높은 요즘 사람들의 마음을 가져가기는 어려울 것으로 보인다.

@ 트위터 (twitter)
2006년 출시된 1세대 SNS다. 짧은 텍스트를 기반으로 하는 특징이 있다.

#넘쳐나는_불법_악성_콘텐츠에 #이용자는_피곤해집니다

• 페이스북
facebook.com/
eduwillnet

페이스북에서 이벤트도 참여하세요.

• 에듀윌 도서몰
book.eduwill.net

• 시사상식 App
에듀윌 시사상식

구글 플레이스토어 or 애플 앱스토어에서 에듀윌 시사상식을 검색하세요.

Cover Story와 분야별 최신상식에 나온 중요 키워드를 떠올려보세요.

01 노벨 평화상 시상식이 열리는 지역은? p.7

02 한국 넷플릭스 오리지널 드라마로 83개국 1위를 차지한 데스 게임 장르물은? p.12

03 딱지치기나 구슬치기와 같은 놀이를 할 때 동맹을 맺고 놀이 자산을 함께 공유하는 가장 친한 친구를 일컫는 용어는? p.15

04 은행을 비롯한 금융기관들이 특정 사업을 담보로 대출을 해주고 그 사업의 수익금으로 되돌려 받는 금융 기법은? p.18

05 PC나 노트북, 휴대폰 등 저장매체나 인터넷상에 남아있는 각종 디지털 정보를 분석해 범죄 단서를 찾는 수사기법은? p.22

06 개별적으로 보면 위력이 크지 않은 태풍 등이 다른 자연현상과 동시에 발생하면서 엄청난 파괴력을 갖게 되는 현상은? p.32

07 핀테크 기업과 은행권이 공동으로 이용할 수 있는 공동결제시스템은? p.36

08 자민당 전 정무조사회장으로 스가 요시히데의 뒤를 이어 새로운 일본 총리가 된 인물은? p.62

09 미국 연방 정부가 재정 긴축을 위하여 지출 예산을 자동으로 삭감하는 조치는? p.70

10 호주, 영국, 미국 세 국가가 2021년 9월 15일 공식 출범한 외교안보 삼각동맹은? p.73

11 중동·아프리카 지역에서 최초로 등록엑스포가 열린 도시는? p.82

12 기업 또는 정부기관 내의 부정, 부패, 비리 등 불법적 행위에 관한 정보를 신고하거나 양심선언한 내부 고발자를 일컫는 용어는? p.94

13 지난 10월 미국 식품의약국에 긴급 승인 신청한 알약 형태의 코로나19 치료제 이름은? p.99

14 페퍼저축은행이 여자프로배구에 참여하여 광주를 연고지로 한 신생 구단팀 명칭은? p.103

정 답

01 노르웨이 오슬로　02 오징어 게임　03 깐부　04 프로젝트 파이낸싱　05 디지털 포렌식　06 퍼펙트 스톰
07 오픈뱅킹　08 기시다 후미오　09 시퀘스터　10 오커스　11 두바이　12 휘슬 블로어　13 몰누피라비르
14 AI페퍼스

에듀윌이
너를
지지할게

ENERGY

우리의 인생은 우리가 노력한 만큼 가치가 있다.

– 프랑수아 모리아크(Francois Mauriac)

에듀윌, 취업 고민 해결하는 '에취 LIVE' 매주 화요일 저녁 7시 진행...혜택도 제공

종합교육기업 에듀윌(대표 박명규) 취업이 취업전문가와 함께하는 취업 고민 상담소 '에취 LIVE'를 정식 오픈해 운영 중이다.

에듀윌 취업 관계자는 "공기업 취업, 자기소개서 및 면접, NCS 등 각 분야 취업전문가와 함께 취업 관련 고민을 상담하는 '에취 LIVE'가 정식 오픈 되어 운영 중"이라고 소개하며 "매주 화요일 저녁 7시부터 20분간 에듀윌 잡앤조이 인스타그램에서 인스타 라이브로 진행된다"고 말했다.

에듀윌 취업이 진행하는 '에취 LIVE'는 매주 화요일 저녁 7시 에듀윌 잡앤조이 인스타그램에서 라이브 방송으로 시청할 수 있다. 해당 프로그램은 채용 이슈부터 NCS, 합격하는 자소서 및 면접 강의 등까지 다양한 프로그램이 진행된다.

특히 각 프로그램은 NCS 전문가 이시한 교수와 수리 시간 단축 강의를 진행하는 박지웅 교수, 자소서 및 면접 전문가 서미연 교수 등 취업 각 분야 전문가가 참여해 취업준비생들의 높은 만족도를 얻고 있다는 것이 에듀윌 취업 관계자의 설명이다.

현재 에듀윌 취업 홈페이지에서 '에취 LIVE' 본방 알림 문자 신청을 완료한 분들에게는 에듀윌 취업 인강 전 강좌 30% 할인 쿠폰이 제공되고 있다. 이어 해당 페이지에서 '에취 LIVE' 시청을 인증하고 후기를 남겨주신 분들에게는 추첨을 통해 스타벅스 기프티콘을 제공 중이다.

에듀윌 취업이 진행하는 '에취 LIVE'에 대한 자세한 내용 확인 및 알림 문자 신청은 에듀윌 취업 홈페이지에서 가능하다.

한편 5년간 아무도 깨지 못한 합격자 수 1위 에듀윌은 한국리서치 공무원 선호도, 인지도 조사 결과 1위에 올랐으며, KRI 한국기록원에 공인중개사 최다 합격자 배출 기록을 세 번 공식 인증받았다.

PART

03

취 업 상 식
실전TEST

취업문이 열리는 실전 문제풀이

▼ 최근 출판된 에듀윌 자격증·공무원·취업 교재에 수록된 문제를 제공합니다.

01 국정조사에 대한 설명으로 옳은 것은?

① 국회가 국정 전반을 조사하는 것이다.

② 상임위별로 소관 정부기관을 대상으로 조사한다.

③ 9월 말이나 10월 초 정기국회 집회 다음 날에 진행한다.

④ 재적의원 4분의 1 이상의 요구가 있어야 진행할 수 있다.

해설 ①, ②, ③은 국정감사에 대한 설명이다. 국정조사는 국회가 특정한 현안에 대해 직접 관여해 진상을 규명하는 것이다. 국회 재적의원 4분의 1 이상이 서명한 '국정조사 요구서'가 국회에 제출되면 여야 협의로 국정조사위원회를 구성한다. 국정조사는 '특정한 현안에 대해 부정기적'으로 행하는 조사라는 점에서 '국정 전반에 대해 정기적'으로 행하는 국정감사와 다르다.

여야 '대장동 특혜 의혹' 정면 대립

▲ 이재명 경기도지사가 9월 24일 경남도의회 입구에서 '화천대유'와 관련한 설명을 하고 있다.

분당 대장지구 개발사업과 여권의 유력 대선 주자인 이재명 경기도지사를 둘러싸고 여야의 공방이 이어졌다. 대장지구 개발사업은 이 지사가 성남시장 재직 시절 택지 개발 이익을 공공영역으로 환수하겠다는 목적으로 성남시 판교 대장지구 도시개발 사업 방식을 민간 개발에서 민간·공영 사업으로 바꾼 것이다.

성남시는 당시 5500억원을 환수했는데 환수액을 제외한 나머지 개발사업 이익금 중 약 8000억원이 특정 개인이 100% 지분을 소유한 화천대유 자산관리라는 회사에 돌아갔다. 이에 대해 야권은 특정 업체에 엄청난 특혜를 준 것이라며 국정조사와 특검(특별검사) 도입을 주장했다. 이 지사는 이 사업이 민간 특혜를 막고 시민 이익으로 환수한 모범적 공익사업이라며 반박했다.

정답 ④

02 OECD에 가입하지 않은 국가는?

① 영국

② 중국

③ 콜롬비아

④ 코스타리카

해설 경제협력개발기구(OECD) 가입국은 그리스, 네덜란드, 노르웨이, 뉴질랜드, 대한민국, 덴마크, 독일, 라트비아, 룩셈부르크, 리투아니아, 멕시코, 미국, 벨기에, 스웨덴, 스위스, 스페인, 슬로바키아, 슬로베니아, 아이슬란드, 아일랜드, 에스토니아, 영국, 오스트리아, 이스라엘, 이탈리아, 일본, 체코, 칠레, 캐나다, 코스타리카, 콜롬비아, 터키, 포르투갈, 폴란드, 프랑스, 핀란드, 헝가리, 호주 등 38개국이다. 지난 5월 코스타리카가 38번째 회원국으로 가입했다.

OECD, 2021년 한국 경제성장률 4.0%로 상향

경제협력개발기구(OECD)가 우리나라의 올해 경제성장률 전망치를 4개월 만에 4.0%로 상향 조정했다. OECD가 9월 21일 발표한 '중간 경제전망' 보고서에 따르면 우리나라의 올해 경제성장률은 4.0%로 점쳐졌다.

OECD는 지난 5월 우리나라의 경제성장률을 3.8%로 잡았는데, 이번에 0.2%p 상향했다. 다만, 물가상승률 전망치는 지난 5월보다 0.4%p 높은 2.2%로 전망했다. OECD는 지난 5월 전망 시 올해 우리나라 성장률을 주요 전망기관 중 가장 낮은 수준으로 내다봤다. 그러나 한국 경제의 빠르고 강한 회복세 등을 고려해 성장률 전망을 높인 것으로 알려졌다.

정답 ②

03 공사채의 이자 지불이 지연되거나 원금 상환이 불가능해진 상태를 뜻하는 용어는?

① 도산
② 뱅크런
③ 디폴트
④ 모라토리엄

해설 디폴트(default·채무불이행)에 대한 설명이다. ④모라토리엄(moratorium·채무 상환 유예)은 한 국가가 외국에서 빌려온 차관에 대해 일시적으로 상환을 연기하는 것을 말한다.

'헝다' 파산 위기…中경제 파장 촉각

중국 대형 민간 부동산 개발업체 헝다(恒大·에버그란데)가 무너지고 있다. 헝다는 부동산 사업을 차입에 의존했고 최근 몇 년간 인수 합병과 대규모 신사업 투자까지 하다가 부채가 산더미처럼 쌓였다. 무려 350조원에 이르는 천문학적 부채를 쌓은 헝다가 결국 파산 수순을 밟을 것이라는 전망과 함께 중국 경제에 여파가 있을 것이라는 우려가 나온다.

헝다 그룹이 달러화 표시 채권 이자를 지급하지 못한 것으로 알려지면서, 채권 시장에 긴장감이 치솟았다. 헝다 그룹은 9월 22일 위안화 채권에 대한 이자 2억3200만위안(약 422억원)을 "장외 방식의 협상을 통해 해결했다"며 일단 디폴트 위기를 넘겼다. 하지만 달러화 표시 채권에 대한 이자를 지급하지 못해 중국 사상 최대 규모 채무 재조정을 촉발할 수 있다고 전문가는 우려했다.

정답 ③

04 비트코인 원화마켓을 운영하지 않는 곳은?

① 코빗
② 빗썸
③ 업비트
④ 고팍스

해설 고팍스는 은행 실명계좌 발급이 무산되면서, 특정금융거래정보법(특금법)에 따라 원화마켓 운영을 종료하고 코인마켓만 운영하게 됐다. 실명계좌를 확보하여 원화마켓을 운영하는 사업자로는 ▲코빗 ▲빗썸 ▲업비트 ▲코인원 등 네 곳이 있다.

미신고 코인거래소 36곳 모두 영업 종료

신고하지 않은 가상화폐 거래소 36곳이 모두 영업을 종료했다. 개정된 특정금융거래정보법(특금법)에 따라 9월 24일까지 ISMS(Information Security Management System·정보관리체계) 인증 획득, 실명 확인 입출금 계정(실명계좌) 확보 등 요건을 갖춰 당국에 신고하지 않은 가상화폐 거래소는 9월 25일부터 영업할 수 없다.

ISMS 인증과 실명계좌를 모두 확보한 업비트·빗썸·코인원·코빗 등 4대 거래소는 원화마켓(원화로 코인을 매매)을 운영하는 사업자로, 다른 25곳은 코인마켓(코인으로 코인을 매매)만 운영하는 사업자로 각각 신고했다. 금융정보분석원(FIU)에 따르면 ISMS 인증을 신청했으나 획득하지 못한 거래소 13곳의 시장 점유율은 9월 21일 기준 0.1% 미만으로 떨어졌다. 이들 거래소의 원화 예치금 잔액도 대폭 줄었다.

정답 ④

05 소비자가 실제로 식품을 섭취할 수 있는 기한을 일컫는 용어는?

① 유통기한
② 소비기한
③ 한계기한
④ 섭취기한

해설 소비기한은 식품에 표시된 보관 조건을 지켰을 경우 먹어도 안전에 이상이 없다고 판단되는 기간으로 소비자가 실제로 식품을 섭취할 수 있는 기한을 뜻한다. 유통기한은 식품 제조일로부터 소비자에게 유통·판매가 허용되는 기간을 말한다.

2023년 소비기한 표시제 시행

식품에 표시되는 유통기한(sell-by date)이 2023년 1월 1일부터 '소비기한'(use-by date)으로 바뀐다. 유통기한은 식품 제조일로부터 소비자에게 유통·판매가 허용되는 기간으로, 유통기한이 지난 식품도 먹을 수 있지만, 소비자들은 언제까지 먹어도 되는지 몰라 유통기한이 지나면 상태와 관계없이 폐기하는 경우가 많았다.

소비기한은 식품에 표시된 보관 조건을 지켰을 경우 먹어도 안전에 이상이 없다고 판단되는 기간이다. 유럽연합(EU)을 비롯해 많은 나라가 소비기한 표시제를 도입했다. 2018년 국제식품규격위원회(CAC)도 국제식품기준규격에서 유통기한 제도를 없애고 소비기한 표시를 권고하고 있다. 식품 표시제 변경에 대해 식약처는 "유통기한 경과 제품으로 인한 식품 폐기물을 감소시키고 국제 흐름에 맞게 제도를 정비했다"고 밝혔다.

정답 ②

06 전기요금의 연료비 연동제에 대한 설명으로 옳지 않은 것은?

① 일반 가정 전기요금에 처음으로 적용됐다.
② 유가 등락에 따라 전기요금을 조정하는 제도다.
③ 연료비 연동제 시행에 따라 분기마다 전기료가 오르거나 내릴 수 있다.
④ 연료비 연동제에 따르면 국제 유가가 오를 때 전기료도 따라서 오른다.

해설 정부가 2020년 12월 17일 발표해 일반 가정에 적용하기로 한 연료비 연동제는 원가 비중이 높고 통제 곤란한 연료비 변동분을 전기요금에 자동으로 반영시켜 시장에 가격신호를 제공하는 것으로서 합리적인 전력소비 유도 및 전기사업자의 재무위험 완화가 목적이다. 외국에서는 보편화된 제도이며 국내에서도 1990년대부터 유류, 가스, 열, 항공 분야에서 적용된 바 있다.

4분기부터 전기료 전격 인상

올해 4분기(10~12월)부터 적용되는 전기요금이 전격 인상된다. 전기료 인상은 2013년 11월 이후 약 8년 만에 이루어진 것이다. 지난 9월 23일 정부와 한국전력은 4분기 최종 연료비 조정단가를 kWh당 0.0원으로 책정했다고 발표했다. 전 분기(-3원)보다 3.0원 오른 것이며, 지난해와 비교했을 때는 같은 수준으로 되돌아간 것이다.

정부는 올해부터 연료비 연동제를 도입해 전기 생산에 들어가는 연료비를 전기요금에 3개월 단위로 반영하기로 했다. 이에 따라 1분기에 kWh당 3.0원 내렸고 이후 2분기와 3분기에도 1분기와 같은 수준으로 요금이 동결됐다. 그러나 액화천연가스(LNG), 유연탄, 유류 등 전기 생산에 들어가는 연료비 가격이 급등한 탓에 정부는 4분기 전기요금을 인상하게 됐다.

정답 ①

07 4대 중증질환이 아닌 것은?

① 암
② 치매
③ 심장 질환
④ 희귀난치성 질환

해설 4대 중증질환으로는 ▲암 ▲심장 질환 ▲뇌혈관 질환 ▲희귀난치성 질환이 있다.

치매 국가책임제 시행 4년... 본인부담금 126만원→54만원

'치매 국가책임제'가 시행된 2017년 이후로 지금까지 치매 관련 의료비와 장기요양 비용이 크게 줄어든 것으로 나타났다.

2017년 9월부터 시행된 치매 국가책임제는 정부 주도하에 종합적인 치매 관리 체계를 구축하는 사업으로, ▲치매 의료비·검사비 부담 경감 ▲장기요양 서비스 확대 ▲치매안심센터 등 치료·돌봄 인프라 확충 등이 주요 내용이다.

정부는 2017년 10월 건강보험 제도를 개선해 20~60% 수준이던 중증 치매 환자의 의료비 본인 부담률을 4대 중증질환(암·심장·뇌혈관·희귀난치성 질환)과 같은 수준인 10%로 경감했다. 이로써 올해 8월을 기준으로 약 7만4000명의 중증 치매환자가 혜택을 받았으며, 1인당 본인부담금은 평균 126만원에서 54만원으로 크게 줄었다.

정답 ②

08 새로운 국제 안보 동맹체인 오커스의 회원국이 아닌 것은?

① 미국
② 호주
③ 영국
④ 프랑스

해설 오커스(AUKUS, Australia, United Kingdom, United States)는 미국과 영국, 호주가 사실상 중국을 견제하기 위한 목적으로 출범시킨 3자 안보 동맹체다.

중국 포위 3각 안보 동맹 '오커스' 출범

미국과 영국, 호주가 새로운 3자 안보 동맹체인 오커스(AUKUS)를 출범시켰다. 오커스는 미국의 중국 포위 전략과 유럽연합(EU) 탈퇴 이후의 독자 생존을 도모하는 영국, 중국과 경제 보복을 주고받으며 대립각을 세웠던 호주의 이해관계가 맞아떨어져 탄생했다. 이들 3개국은 영미권 정보 동맹인 파이브 아이즈의 주축이기도 하다.

영미 양국은 특히 오커스를 통해 호주에 고농축 우라늄을 원료로 하는 핵추진 잠수함 기술을 지원하기로 했다. 이에 따라 호주는 프랑스와 추진 중이었던 560억유로(약 77조원) 규모 디젤 잠수함 도입 계약을 파기했다. 하루아침에 77조원을 날린 프랑스는 "동맹국가에 배신을 당했다"며 미국과 호주 주재 대사를 소환하는 등 격노했다.

정답 ④

09 한국전쟁 정전협정이 체결된 연도는?

① 1952년

② 1953년

③ 1954년

④ 1955년

해설 1950년 6월 25일 한국전쟁 발발 이후 1953년 7월 27일 국제연합(유엔)군과 북한군, 중국군은 정전협정을 맺고 휴전 상태를 이어오고 있다. 당시 한국은 이승만 정부가 북진 통일을 주장하며 휴전에 반대해 정전협정 체결에 불참했다. 정전협정은 교전을 잠정 중지한 것에 불과하므로 실질적인 종결과 평화 정착을 위해서 종전선언 뒤 평화협정을 체결해야 한다는 주장이 꾸준히 제기되고 있다.

문 대통령 네 번째 '종전선언' 제안... 김여정 긍정 반응

문재인 대통령이 다시 한번 종전선언을 제안했다. 문 대통령은 지난 9월 21일(현지시간) 뉴욕에서 열린 제76차 유엔총회 기조연설에서 종전선언을 하자고 제안했다. 이번 종전선언 제안은 2018년, 2019년, 2020년에 이어 네 번째다.

문 대통령의 제안에 김여정 북한 노동당 부부장은 긍정적으로 반응했다. 김 부부장은 담화를 통해 "장기간 지속된 조선반도(한반도)의 불안정한 정전 상태를 물리적으로 끝장내고, 상대방에 대한 적대시를 철회한다는 의미에서의 종전선언은 흥미 있는 제안이고 좋은 발상"이라고 밝혔다. 1953년 정전협정 이후 휴전 상태를 이어오고 있는 남과 북이 종전협정을 맺을 수 있을지 귀추가 주목된다.

정답 ②

10 SLBM 보유국이 아닌 나라는?

① 미국

② 중국

③ 독일

④ 러시아

해설 잠수함발사탄도미사일(SLBM)은 ▲미국 ▲러시아 ▲중국 ▲영국 ▲프랑스 ▲인도 등 세계 6개국만 운용하고 있었는데, 지난 9월 한국이 SLBM 잠수함 발사에 성공하며 세계 7번째 보유국이 됐다.

한국, 세계 7번째 SLBM 보유국 됐다

우리 군이 독자 개발한 잠수함발사탄도미사일(SLBM) 발사 시험에 성공했다. 이로써 우리나라는 세계 7번째 SLBM 보유국이 됐다.

그간 SLBM은 ▲미국 ▲러시아 ▲중국 ▲영국 ▲프랑스 ▲인도 등 세계 6개국만 운용하고 있었다. 여기에 북한을 포함할 경우 7개국이다.

문재인 대통령은 지난 9월 15일 우리 군의 첫 SLBM 잠수함 발사 시험을 참관하고 연구원들을 격려했다. 이날 SLBM은 우리 군이 독자 설계하고 건조한 최초의 3000톤급 잠수함인 도산안창호함에 탑재돼 수중에서 발사됐으며, 계획된 사거리를 비행해 목표 지점에 정확히 명중했다. 우리 군의 SLBM 보유는 전방위적 위협으로부터 한 단계 높은 수준의 억제 전력을 확보한 것으로 평가된다.

정답 ③

11 2021년 10월 4일 일본 총리로 취임한 인물은?

① 고노 다로
② 스가 요시히데
③ 기시다 후미오
④ 다카이치 사나에

해설 기시다 후미오 전 자민당 정조회장은 9월 29일 일본 집권 당인 자민당 총재 선거에서 총재로 선출됐고 이에 따라 10월 4일 일본 제100대 총리로 취임했다.

文, 日 새 총리에 서한 "협력 기대"

▲ 기시다 후미오 일본 신임 총리

문재인 대통령은 10월 4일 취임한 기시다 후미오 신임 일본 총리에게 한일 관계를 미래지향적으로 발전시켜나가자는 취지의 취임 축하 서한을 보냈다. 문 대통령은 이날 "양국은 민주주의와 시장경제라는 기본 가치를 공유하고 지리·문화적으로 가장 가까운 국가로서 소통하며 협력해 나가길 기대하고 있다"고 밝혔다고 박경미 청와대 대변인이 서면 브리핑에서 전했다.

문 대통령은 스가 요시히데 전임 총리에게도 이임 서한을 보내 재임 중 노고를 평가하고 퇴임 후에도 양국 간 우호 협력 관계 증진을 위해 노력해 주기를 당부했다. 한편, 기시다 총리가 취임 후 첫 단행한 내각 인사에서 우익 강경파가 대거 임명돼 향후 한일 관계 개선을 낙관하기 어려울 전망이다.

정답 ③

12 국내 독자 기술로 개발하는 3단 액체로켓은?

① 누리호
② 나로호
③ KSLV
④ 아나시스 2호

해설 누리호에 대한 설명이다. 누리호(KSLV-II)는 우리나라 기술로 개발한 3단계 액체로켓으로, 국내 최초의 저궤도 실용위성 발사용 로켓이다. 한국은 2018년 11월 28일 오후 4시 누리호의 엔진 시험 발사체 발사에 성공하며, 전 세계에서 7번째 발사체 엔진 기술 보유국이 됐다.

한국 고유 우주로켓 2024년 발사

대한민국이 독자 개발한 고체연료 엔진을 탑재한 우주로켓이 오는 2024년께 발사된다. 국방부와 과학기술정보통신부는 9월 16일 공동보도자료를 통해 "고체 우주발사체의 주요 구성품들을 검증하고 통합해 2024년경 전남 고흥 나로우주센터에서 한국 독자 기술 기반의 고체 우주 발사체를 발사할 계획"이라고 밝혔다.

지난 5월 한미 정상회담을 통해 한미 미사일 지침이 해제되면서 발사체의 사거리와 중량을 크게 늘릴 수 있는 고체 로켓엔진 개발이 가능해졌다. 아울러 올해 정부는 10월 누리호 발사 및 고체 추진기관 연소 시험 성공을 기점으로 우주산업 육성을 위한 우주개발진흥법을 개정하고 우주산업 관련 산·학·연이 상호 연계 발전할 수 있도록 우주산업 클러스터 지정 등도 추진하기로 했다.

정답 ①

13 가해자의 행위가 악의적이고 반사회적인 경우 그 행위로 인해 생긴 손해액보다 더 많은 금액을 배상하게 하는 제도는?

① 대표소송제

② 집단소송제

③ 법정손해배상제

④ 징벌적손해배상제

해설 '징벌적손해배상제'에 대한 설명이다. 현재 중소기업을 보호하는 차원에서 하도급상 대기업이 하청업체의 기술을 빼앗아 간 경우에 징벌적손해배상제로서 손해액의 3배가량을 배상하도록 하고 있다. 그러나 재계에서는 이것이 이중 처벌이자 과잉 처벌이라며 반발한다. '손해가 발생한 금액만큼 배상한다'는 민법 원칙에 위배된다는 법조계의 지적도 있다.

언론계 '통합형 언론자율규제기구' 설립 추진... 사회적 책무 강화

여당을 중심으로 추진되고 있는 언론사에 대한 징벌적손해배상제를 도입하는 언론중재법 개정안이 사회적 이슈인 가운데, 언론계가 '통합형 언론자율규제기구' 설립을 통해 언론의 사회적 책무를 강화하겠다고 밝혔다.

지난 9월 23일 방송기자연합회와 전국언론노동조합, 한국기자협회, 한국신문방송편집인협회, 한국신문협회, 한국여기자협회, 한국인터넷신문협회 등 7개 언론단체는 기자회견문을 통해 통합형 언론자율규제기구 설립 추진을 천명했다. 한편, 이날 이들은 언론중재법 개정안이 민주주의를 위협하는 악법임을 동시에 지적했다.

정답 ④

---

14 넷플릭스 오리지널 드라마가 아닌 것은?

① 스위트홈

② 오징어 게임

③ 나 홀로 그대

④ 유 레이즈 미 업

해설 '유 레이즈 미 업'은 '웨이브(wavve)'에서 최초로 선보인 오리지널 드라마이다. 한편, '웨이브'는 SK텔레콤과 지상파 3사의 OTT 연합 플랫폼으로, 2019년 9월 18일 공식 출범했다.

넷플릭스 '오징어 게임', 글로벌 히트

▲ 넷플릭스 드라마 '오징어 게임' (자료 : 넷플릭스)

넷플릭스의 한국 오리지널 시리즈인 '오징어 게임'이 한국 작품으로서는 최초로 넷플릭스 미국 인기 순위 1위를 기록하는 등 글로벌 히트를 이어갔다. 지난 9월 23일 OTT(온라인동영상서비스) 순위 집계 사이트인 플릭스 패트롤에 따르면, '오징어 게임'은 9월 21일, 22일 '오늘 미국의 톱 10 콘텐츠' 1위를 차지했다.

'오징어 게임'은 10월 1일 기준 전 세계에서 순위가 집계되는 83개국 넷플릭스 TV 프로그램(쇼) 부문에서 모두 한 번 이상 1위를 차지하면서 세계를 휩쓰는 한류 콘텐츠의 저력을 보였다. '오징어 게임'은 456억원의 상금이 걸린 의문의 서바이벌에 참가한 사람들이 최후의 승자가 되기 위해 목숨을 걸고 극한의 게임에 도전하는 '데스(생존) 게임' 장르물이다.

정답 ④

15 다음 중 용어에 대한 설명으로 옳지 않은 것은?

① 펜스 룰 : 여성이 성범죄에 노출되지 않게 안전한 울타리를 마련하는 원칙

② 위드 유 : 성범죄 피해자들을 지지하고 함께하겠다는 운동

③ 미투 캠페인 : SNS에 성범죄 피해 사실을 밝히며 심각성을 알리는 캠페인

④ 미투플레인 : 남성들이 여성들에게 미투 캠페인에 대해 설명하고 가르치려 드는 행동

해설 펜스 룰(Pence rule)은 2002년 마이크 펜스 미국 부통령이 미국 의회 전문지와의 인터뷰에서 "아내 외의 여자와는 절대로 단둘이 식사하지 않는다"라고 말한 발언에서 유래한 용어. 성추행 등 문제가 될 수 있는 행동을 사전에 방지하기 위해 아내를 제외한 여성들과는 아예 교류하지 않는다는 의미다. 펜스 룰은 여성 관련 범죄의 근절 해법으로 여성 배제 논리를 활용한다는 점에서 비판을 받는다.

美 체조여왕 바일스..."FBI가 성 학대 눈감아"

▲ 시몬 바일스

2016 리우데자네이루 올림픽 체조 4관왕인 미국 체조여왕 시몬 바일스가 지난 9월 미국 상원 청문회에서 미 연방수사국(FBI)과 체조 관계자들이 전 미국 여자 체조 대표팀 주치의 래리 나사르의 성폭력을 묵인했다고 눈물을 흘리며 증언했다. 바일스는 나사르가 성적 학대를 저지를 수 있도록 방관한 시스템을 비판하며, 관련된 FBI 요원과 법무부 요원들에 대한 기소를 요구했다.

한편, 나사르는 미국 체조 대표팀의 주치의로서 지난 30년간 330명이 넘는 여자 체조선수들에게 상습 성폭행을 저지른 인물이다. 지난 2017년 아동 포르노 소지 혐의로 구속된 뒤 미성년자 성폭행 사실이 잇따라 드러나 최대 300년 징역형을 선고받고 수감 중이다.

정답 ①

16 PGA 메이저 대회가 아닌 것은?

① PGA 챔피언십

② 마스터스 오픈

③ 디 오픈 챔피언십

④ 아문디 에비앙 챔피언십

해설 PGA 메이저 대회로는 ▲마스터스 오픈 ▲US 오픈 ▲PGA 챔피언십 ▲디 오픈 챔피언십(영국 오픈)이 있다. 아문디 에비앙 챔피언십은 LPGA 5대 메이저 대회 중 하나다. LPGA 4대 메이저 대회로는 ▲US여자오픈 ▲KPMG 위민스 PGA 챔피언십 ▲AIG 위민스 브리티시 오픈 ▲ANA 인스퍼레이션이 있다.

최경주, 한국인 첫 PGA 챔피언스투어 제패

▲ 최경주 선수 (최경주 홈페이지 캡처)

'코리안 탱크' 최경주가 9월 27일(국내시각) 한국인 최초로 미국 프로골프(PGA) 챔피언스 투어 대회 우승을 차지했다. 최종합계 13언더파 203타로 공동 2위 선수들을 2타 차로 제치고 정상에 오른 최경주는 50세 이상 선수들이 출전하는 PGA 챔피언스 투어 무대에서 한국인 첫 우승의 주인공이 됐다.

최경주는 2002년 5월 컴팩 클래식에서 우승, 한국인 최초로 PGA 정규 투어 대회 챔피언에 오른 데 이어 시니어 무대에서도 한국인 첫 우승 기록을 남겨 한국 골프의 선구자다운 역할을 또 해냈다. 최경주는 우승을 확정한 뒤 "10년도 넘게 걸려 다시 우승했는데 워낙 쟁쟁한 선수들이 함께 경쟁해 쉽지 않았다"며 "오늘이 가장 행복한 날이고, 저에게 환상적인 대회가 됐다"고 소감을 밝혔다.

정답 ④

대구광역시교육청/대구도시철도공사/YTN/대전MBC/SBS

01 특정 품목의 수입이 급증하여 국내 산업에 커다란 손실을 입힐 것으로 판단되는 경우 일시적으로 발동하는 긴급 수입제한조치는?

① 스왑거래
② 세이프가드
③ 펠리 수정법
④ 보호 무역주의

> **해설** 세이프가드(safe guard)에 대한 설명이다. 세이프가드에 의한 제한조치 및 방식, 적용 기간, 보상문제 등 관련된 여러 사안에 대하여 당사국이 협의하면 WTO(세계무역기구)가 최종 결정을 내리게 된다.
>
> **정답** ②

국민연금공단/한국공항공사

02 다음 중 유동 자산에 해당하지 않는 것은?

① 예금
② 현금
③ 건물
④ 주식

> **해설** 일반적으로 1년 내에 현금으로 전환이 가능한 자산을 유동 자산, 불가능한 자산을 고정 자산이라고 하는데 건물, 토지, 특허권 등은 고정 자산에 해당한다.
>
> **정답** ③

KDB산업은행/한국경제TV/아시아경제/KBS/우리은행

03 현재 주식을 소유하지 않고 있음에도 향후 주가 하락을 예상하고 주식을 빌려서 팔고, 주가가 하락하면 같은 종목을 싼값에 되사서 차익을 챙기는 매매 기법은?

① 공매도
② ELS
③ 골든크로스
④ 데드크로스

> **해설** 공매도(空賣渡)란 주식을 소유하지 않고 매도 주문을 내는 것을 말한다.
>
> **정답** ①

한국산업인력공단/청주MBC

04 다음 중 법관에 대한 설명으로 옳지 않은 것은?

① 판사의 정년은 65세로 한다.

② 판사의 임기는 6년으로 한다.

③ 대법원장의 정년은 70세로 한다.

④ 징계처분에 의하지 아니하고는 불리한 처분을 받지 아니한다.

> **해설** 대법원장, 대법관의 임기는 6년으로 하며, 판사의 임기는 10년으로 한다.
>
> **정답** ②

경향신문/뉴시스/채널A

05 다음 중 4·27 판문점선언에 포함된 내용이 아닌 것은?

① 개성공단 재개

② 이산가족 상봉

③ 연내 종전 선언

④ 핵 없는 한반도

> **해설** 4·27 판문점선언(남북관계 발전과 평화번영을 위한 선언)에는 ▲핵 없는 한반도 실현 ▲연내 종전 선언 ▲남북공동연락사무소 개성 설치 ▲이산가족 상봉 행사 추진 등의 내용이 포함됐다.
>
> **정답** ①

한국일보/대한장애인체육회/새마을금고/대구MBC

06 다음 중 용어에 대한 설명으로 잘못된 것은?

① 논 칼라 – 손에 기름을 묻히는 것도 아니고 서류에 매달려 있지도 않은 컴퓨터 세대

② 좀비족 – 주체성 없이 로봇처럼 행동하는 사람들

③ 여피족 – 도시에서 전문직에 종사하는 고수입의 젊은 인텔리

④ 히피족 – 인간성 회복, 자연에의 귀의를 주장하며 탈사회적 행동을 하는 사람들

⑤ 딩크족 – 자녀에게 의존하지 않고 부부만의 인생을 추구하는 노인세대

> **해설** 딩크(DINK, Double Income No Kids)족(族)이란 의도적으로 자녀를 두지 않은 맞벌이 부부를 말한다. ⑤번의 내용은 통크(TONK, Two Only No Kids)족(族)에 관한 내용이다.
>
> **정답** ⑤

대한토지주택공사/교육청/MBC

07 다음 설명 중 옳지 않은 것은?

① 밀도란 부피의 단위당 질량을 나타내는 값인데, 기름이 물 위에 뜨는 것은 밀도 때문이다.

② 동위 원소란 질량수는 같지만 원자 번호가 다른 원소를 말한다.

③ 플라즈마는 고체, 액체, 기체와 더불어 제4의 물질 상태로 불린다.

④ 액체에서 기체로, 기체에서 액체로 변하는 시점의 온도를 임계 온도라고 한다.

> **해설** 동위 원소란 원자 번호는 같지만 질량수가 다른 원소를 말한다.
>
> **정답** ②

경향신문/경인일보

08 다음 중 유네스코 인류무형문화유산에 최초로 남북 공동 등재된 것은?

① 씨름

② 한산 모시짜기

③ 택견, 한국의 전통 무술

④ 대목장, 한국의 전통 목조 건축

> **해설** 2018년에 한반도 고유의 세시풍속 놀이 '씨름'이 사상 처음으로 남북 공동 인류무형문화유산으로 지정됐다.
>
> **정답** ①

조선일보/스포츠서울/KBS/EBS/국립공원관리공단/한국동서발전

09 기사 형태로 실리는 광고를 가리키는 말은?

① 인포머셜

② 애드버토리얼

③ 네거티브 광고

④ 트레일러 광고

> **해설** 애드버토리얼은 언뜻 보아 편집 기사처럼 보이는 광고로 기사 전체가 광고주에게 유리하게 구성되어 있으며 회사명과 상품명도 넌지시 표현되어 있어 논설식 광고 또는 광고 기사라고도 한다.
>
> **정답** ②

중앙일보/인천공항공사/한국마사회/대구도시철도공사

10 다음 중 연결이 잘못된 것은?

① 파(par) − 티를 출발하여 홀을 마칠 때까지 정해진 기준타수

② 보기(bogey) − 한 홀에서 기준타수보다 1타 많은 타수로 홀인하는 것

③ 버디(birdie) − 한 홀에서 기준타수보다 3타 적은 타수로 홀인하는 것

④ 홀인원(hole in one) − 티샷이 그대로 홀에 들어가는 것

> **해설** 한 홀에서 기준타수보다 3타 적은 타수로 홀인하는 것은 알바트로스(albatross)이다.
>
> **정답** ③

MBC/KNN/뉴스1/MBN

11 의사가 환자에게 가짜 약을 투여해도 좋아질 것이란 환자의 믿음이 병을 낫게 하는 현상은?

① 베르테르 효과

② 플라세보 효과

③ 고백 효과

④ 피그말리온 효과

> **해설** 플라세보 효과에 대한 설명이다.
> ① 유명인의 자살로 인해 동조 자살하는 현상을 베르테르 효과라 한다.
> ③ 자신의 죄의식을 타인에게 고백한 이후 타인을 도와주는 행동이 줄어드는 현상을 고백 효과라 한다.
> ④ 타인의 기대나 관심을 받을 경우, 그러한 기대에 부응하여 긍정적인 행태를 보이게 되는 현상을 피그말리온 효과라 한다.
>
> **정답** ②

대구시설관리공단/SBS

12 가전체 작품과 의인화 대상이 잘못 연결된 것은?

① 국순전 − 술

② 죽부인전 − 대나무

③ 청강사자현부전 − 사자

④ 정시자전 − 지팡이

> **해설** 「청강사자현부전」은 거북이를 의인화하여 매사에 항상 신중해야 함을 경계하는 가전체소설이다.
>
> **정답** ③

SBS (2021년 9월 5일)

※ 단답형 (01~31)

01 프랑스 프로 축구리그의 정식 명칭은?

_____

_____

02 〈보기〉의 빈칸에 들어갈 숫자를 순서대로 쓰시오.

> 보기
>
> 촉법소년은 (㉠)세 이상 (㉡)세 미만 소년으로서 형벌을 받을 범법행위를 한 사람이다. 형사미성년자이기 때문에 보호처분을 원칙으로 한다.

㉠ _____

㉡ _____

03 한국 배우 최초로 미국 아카데미 여우조연상을 수상한 윤여정의 데뷔작으로서 김기영 감독 작품의 영화 제목은?

_____

_____

04 〈보기〉의 빈칸에 들어갈 내용을 순서대로 쓰시오.

> 보기
>
> 국회에서 의사진행에 관한 중요 안건을 협의하기 위해서 일정한 수 이상의 의원들로 구성된 것을 ( )(이)라고 한다. 「국회법」 제33조에 따르면 의석수가 ( )석 이상인 정당은 자동으로 이것이 된다.

_____

_____

05 두 세력이 균형을 이룬 상태에서 대세를 좌우할 열쇠를 가진 제3세력의 표, 또는 양대 정당의 세력이 비슷해 소수의 제3당의 의결에 의해 사안이 결정되는 것을 의미하는 용어는?

_____

_____

06 〈보기〉는 어떤 나라에 대한 설명인가?

> 보기
>
> 2021년 3월 19일(현지시간) 유엔 산하기구인 지속가능발전 해법 네트워크(SDSN)는 전 세계 149개국을 대상으로 국민 행복도를 조사해 발표한 결과 이 나라가 4년 연속 '가장 행복한 나라'로 선정됐다. 이 나라는 과거 대표적인 휴대전화 제조사였다가 몰락한 노키아의 본사가 있는 나라이기도 하다.

_____

_____

*기출문제는 수험생의 기억에 의해 복원된 것이므로 실제 문제와 조금 다를 수 있습니다.

07 1597년 정유재란 당시 이순신 장군이 지휘하는 조선 수군 13척이 울돌목에서 일본 수군 300여 척을 격퇴한 해전은?

08 보험사 신한라이프가 광고 모델로 기용해 화제가 된 가상 인물의 이름은?

09 〈보기〉의 빈칸에 들어갈 말은?

> 보기
>
> 아프가니스탄에서 한국 정부를 도운 현지인 조력자와 그 가족 377명이 공군 수송기를 타고 8월 26일 인천공항을 통해 국내에 들어왔다. 한국 정부가 분쟁 지역 외국인을 인도적 차원에서 대거 국내로 데려온 것은 처음 있는 일이다. 정부는 특혜 논란을 고려해 아프간 협력자들을 난민이 아닌 (   )(이)라는 새로운 형식으로 입국시켰다.

10 1894년에 전봉준이 중심이 되어 일으킨 반봉건·반외세 운동의 명칭은?

11 윤동주 시인의 작품 '별 헤는 밤'은 누구에게 보내는 편지글의 형식을 취하고 있는가?

12 가상화폐의 대표 주자 격인 비트코인을 제외한 나머지 가상화폐를 통틀어 일컫는 용어는?

13 선행에 나선 기업의 제품을 구매해 '돈으로 혼내준다'는 역설적인 의미로 쓰이는 신조어는?

정답

01 리그앙 (Ligue 1)   **02** ㉠12 ㉡14   **03** 화녀   **04** 원내(국회) 교섭단체, 20   **05** 캐스팅보트   **06** 핀란드

07 명량해전   **08** 로지   **09** 특별기여자   **10** 동학농민운동   **11** 어머니   **12** 알트코인   **13** 돈쭐

14 본래 연극에서 연출가가 무대 위의 모든 시각적 요소들을 배열하는 행위를 뜻하는 것으로서, 영화감독이 영화에서 주제를 드러내기 위해 한 화면에 담는 이미지의 구성을 말하는 비평 용어는?

_____

_____

15 〈보기〉의 빈칸에 들어갈 내용을 차례대로 쓰시오.

> 보기
>
> 우리나라 기준금리를 적용하는 기관은 한국은행 (㉠)이다. 이 기관은 2021년 8월 26일 기준금리를 (㉡)%로 (㉢ 인상/인하)했다.

㉠ _____

㉡ _____

㉢ _____

16 PUBG 주식회사에서 개발하고 크래프톤에서 배급하며, 최대 100명이 고립된 지역에서 탑승물, 무기 등을 활용해 최후까지 살아남기 위해 싸우는 서바이벌 슈팅 게임은?

_____

_____

17 〈보기〉의 빈칸에 들어갈 내용은?

> 보기
>
> 2021년 8월 31일 국회 본회의에서 구글·애플 등의 인앱 결제 강제 도입을 막는 일명 '구글갑질방지법'이 통과된 것을 환영하며 팀 스위니 에픽 게임즈 대표는 자신의 트위터에 "(㉠)"(이)라는 글을 남겼다. 이는 1963년 존 F. 케네디 미국 대통령이 서독을 지지한 연설에서 빗댄 것이다. 에픽 게임즈는 전 세계 약 2억5000만 명의 이용자를 보유한 인기 게임 (㉡)의 개발사다.

㉠ _____

㉡ _____

18 박종철 고문치사를 다루었으며 김윤석, 하정우가 주연을 맡은 영화는?

_____

_____

19 〈보기〉의 빈칸에 들어갈 스포츠 대회 개최지를 쓰시오.

> 보기
>
> • 2022년 하계아시안게임 : (㉠)
> • 2022년 국제축구연맹(FIFA) 월드컵 : (㉡)
> • 2022년 동계올림픽 : (㉢)

㉠ _____

㉡ _____

㉢ _____

20 내전으로 고립된 도시 모가디슈를 탈출하는 남북한 공관원들의 이야기를 그린 영화 '모가디슈'의 배경이 된 나라는?

21 '똑바로 살아라', '말콤X' 등을 연출한 흑인 영화감독은?

22 코로나19의 완전한 퇴치는 힘들다는 것을 인정하고 오랜 봉쇄에 지친 국민의 일상과 침체에 빠진 경제를 회복하기 위해 확진자 수 억제보다 치명률을 낮추는 데 치중하는 새로운 방역체계를 일컫는 신조어는?

23 쿠팡이나 배달의민족처럼 디지털 플랫폼을 매개로써 온라인과 오프라인이 연계되는 형태로 거래되는 노동 형태는?

24 〈보기〉의 빈칸에 들어갈 금액은?

보기

2021년 9월 7일 금융권에 따르면 금융 당국의 가계대출 억제 요구에 따라 국민, 신한, 하나, 우리 등 국내 4대 은행의 마이너스 통장 대출 최대 한도가 (   )으로 축소됐다.

25 〈보기〉에서 설명하는 인물은 누구인가?

보기

그는 일제 강점기 한국광복군 장교로 복무했으며 해방 이후 백범 김구 선생의 비서로도 활동했다. 제1공화국에서 문교부 사무국장 등을 지낸 뒤 1953년 월간종합교양지 '사상계(思想界)'를 창간했다. 5·16 쿠데타 이후에는 한일회담 반대운동, 베트남전쟁 파병 반대운동에 가담했다. 7대 국회의원을 지내기도 했으며, 1975년 박정희 정권에 항거하던 중 경기도 포천 약사봉에서 등반 도중 의문의 최후를 맞았다. 당시 유신정권은 하산도중 실족사라고 발표했지만 박정희 정권에 의한 타살 의혹이 끊임없이 제기됐다.

14 미장센 **15** ㉠금융통화위원회 ㉡0.75 ㉢인상 **16** 배틀그라운드 **17** ㉠나는 한국인이다. ㉡포트나이트
18 1987 **19** ㉠항저우 ㉡카타르 ㉢베이징 **20** 소말리아 **21** 스파이크 리 **22** 위드 코로나 **23** 플랫폼 노동
24 5000만원 **25** 장준하

출복원 TEST **151**

26 영어권 5개국 기밀정보 동맹체로서 상호 첩보 동맹을 맺고 있는 ▲미국 ▲영국 ▲오스트레일리아 ▲뉴질랜드 ▲캐나다 등 5개국을 이르는 말은?

_____

_____

27 무언가에 대한 사람의 믿음, 기대, 예측이 실제적으로 일어나는 경향을 무슨 효과라고 하는가?

_____

_____

28 〈보기〉 중 2020 도쿄 올림픽에서 4위를 기록한 선수나 팀이 아닌 것은?

> **보기**
> • 우상혁(높이 뛰기)
> • 우하람(다이빙)
> • 여자 배구 대표팀
> • 이소희·신승찬(배드민턴 여자 복식)
> • 신재환(남자 체조 도마)

_____

_____

29 〈보기〉의 고정 출연자와 이들이 출연하는 SBS 예능 프로그램을 연결하시오.

> **보기**
> • 양세형   • 장도연   • 탁재훈

> • 꼬리에 꼬리를 무는 그날 이야기 – (㉠)
> • 신발 벗고 돌싱포맨 – (㉡)
> • 집사부일체 – (㉢)

㉠ _____

㉡ _____

㉢ _____

30 〈보기〉에서 웹툰 원작 드라마가 아닌 것을 모두 고르시오.

> **보기**
> • 모범택시   • D.P.
> • 펜트하우스   • 여신강림
> • 오케이광자매

_____

_____

31 〈보기〉에서 BTS의 곡은 몇 개인가?

> **보기**
> • Butter   • Permission to Dance
> • Dynamite

_____

_____

※ 약술형 (32~35)

32 부스터샷

_____

_____

_____

_____

33 플로깅

_____

_____

_____

_____

_____

34 미닝아웃

_____

_____

_____

_____

35 미디어 파사드

_____

_____

_____

정답

26 파이브 아이즈 **27** 피그말리온 효과 **28** 신재환 **29** ㉠장도연 ㉡탁재훈 ㉢양세형

30 펜트하우스, 오케이광자매 **31** 3개

32 부스터샷이란 백신의 면역 효과를 강화하거나 효력을 연장하기 위해 일정 시간이 지난 뒤 추가 접종을 하는 것을 의미한다. 코로나19 백신은 화이자·모더나 백신처럼 대부분 두 차례 접종하는 방식인데, 여기에 한 번 더 추가해 3차 접종을 하는 것이다.

33 플로깅은 조깅을 하면서 쓰레기를 줍는 운동을 말한다. '이삭을 줍는다'는 뜻을 가진 스웨덴어와 조깅을 합성한 말이다. 스웨덴에서 처음 시작돼 북유럽을 중심으로 빠르게 확산됐다. 플로깅은 쓰레기를 줍기 위해 앉았다 일어나는 동작이 하체 운동인 스쿼트 운동 자세와 유사해 조깅보다 칼로리 소모가 많고, 환경도 보호할 수 있어 각국에서 인기를 끌고 있다.

34 미닝아웃은 드러내지 않던 자신만의 의미인 취향이나 정치·사회적 신념을 드러내는 것이다. 의미란 뜻의 미닝과, 성적소수자가 자신의 성정체성을 밝히는 커밍아웃의 합성어. 공권력과 제도에 대한 믿음이 떨어지는 가운데 혼자서도 소셜미디어 등을 통해 여론을 모으고 변화를 꾀할 수 있게 되면서 미닝아웃 트렌드가 떠올랐다.

35 미디어 파사드는 건축물 외면의 중심을 가리키는 '파사드'와 '미디어'의 합성어로, 건물 외벽 등에 LED 조명을 설치해 미디어 기능을 구현하는 것을 말한다. 도시의 건축물을 시각적인 아름다움뿐 아니라 정보를 전달하는 매개물로 사용함으로써 건축계의 트렌드로 꼽힌다.

부천시 통합채용 (2021년 9월 11일)

01 한 나라에서 통용되는 모든 화폐에 대해 실질가치는 그대로 두고 액면을 동일한 비율의 낮은 숫자로 변경하는 조치는?

① 리디노미네이션
② 리플레이션
③ 디스인플레이션
④ 하이퍼인플레이션

해설 리디노미네이션(redenomination)은 인플레이션이나 경제 규모의 확대 등으로 거래가격이 높아지고 숫자의 자릿수가 늘어나 계산상의 불편이 발생하는 등의 문제점을 해결하기 위해 도입한다.

02 객관적 관념론을 대표하는 철학자는?

① 니체
② 플라톤
③ 마르크스
④ 아리스토텔레스

해설 객관적 관념론이란 현실의 세계를 정신적인 이데아의 현현으로 보는 관념론으로서 플라톤(Plato, B.C. 427~B.C. 347)의 철학이 대표이다. 관념론은 실재론이나 유물론, 현실주의와 대립한다.

03 기업이 시장의 예상보다 저조한 실적을 발표하는 것은?

① 블랙먼데이
② 블랙스완
③ 어닝쇼크
④ 어닝서프라이즈

해설 어닝쇼크(earning shock)에 대한 설명이다. ④어닝서프라이즈는 기업의 실적 발표 시 시장의 예상치를 훨씬 초과하는 깜짝 실적을 일컫는다.

04 2021년 8월 15일 카자흐스탄에서 한국으로 유해가 봉환된 독립 운동가는?

① 김좌진
② 지청천
③ 홍범도
④ 김원봉

해설 홍범도(洪範圖, 1968~1943)는 만주 대한독립군 총사령관으로 봉오동 전투에서 독립군 최대의 승전을 기록했으며 청산리 전투에서는 제1연대장으로 참가했다. 이후 러시아 이르쿠츠크에서 고려혁명군관학교를 설립했으나 스탈린의 한인 강제 이주 정책에 의해 카자흐스탄으로 강제 이주해 사망했다. 문재인 정부는 2021년 8월 15일 카자흐스탄으로부터 홍범도 장군의 유해를 봉환(奉還)했다.

05 감염 등에 의해 몸 안의 항체가 말초신경을 파괴해 마비를 일으키는 신경계 질병으로서 유럽의약청(EMA)이 아스트라제네카 코로나19 백신의 발생 가능한 부작용으로 추가한 것은?

① 대사 증후군
② 누난 증후군
③ 길랭–바레 증후군
④ 램지–헌트 증후군

해설 길랭–바레 증후군(Guillian–Barre syndrome)은 급성 염증성 탈수초성 다발 신경병증(AIDP, Acute inflammatory demyelinating polyneuropathy)이라고 한다.

06 일찍 많이 벌어서 40대에 은퇴해 인생을 즐기려는 사람들을 일컫는 신조어는?

① 노케미족
② 네스팅족
③ 파이어족
④ 로하스족

해설 파이어(FIRE, Financial Independence Retire Early)족은 젊었을 때 임금을 극단적으로 절약해 노후자금을 빨리 확보한 다음 늦어도 40대에는 퇴직하고자 하는 사람을 일컫는 말이다.

07 반도체 제조 과정만을 전담하는 위탁 생산 업체를 일컫는 말은?

① IDM　　　　② EUV
③ 팹리스　　　④ 파운드리

해설 파운드리란 반도체 제조 과정만을 전담하는 위탁 생산 업체를 말한다. 반도체 업체는 제품 설계부터 완제품 생산까지 모든 분야를 자체 운영하는 '종합 반도체 업체'(IDM, Integrated Device Manufacturer), 반도체 제조 과정만 전담하는 '파운드리', 그리고 설계 기술만을 가진 '반도체 설계 업체(팹리스)'로 구분된다.

08 〈보기〉는 무엇에 대한 설명인가?

보기

이것은 제3차 유엔기후변화협약(UNFCC) 당사국총회(COP3)에서 채택되고 2005년 2월 16일 공식 발효된, 지구온난화의 규제와 방지를 위한 기후변화협약의 구체적 이행 방안이다.

① 워싱턴 협약
② 람사르 협약
③ 교토의정서
④ 파리기후변화협약

해설 교토의정서는 1997년 일본 교토에서 개최된 유엔기후변화협약(UNFCC) 제3차 당사국총회(COP3)에서 채택되고 2005년 2월 16일 공식 발효된, 지구온난화의 규제와 방지를 위한 기후변화협약의 구체적 이행 방안으로서 선진국이 2012년까지 온실가스 양을 평균 5.2% 줄이도록 했다. ④파리기후변화협약(파리협정)은 2020년 만료된 교토의정서의 후속 협약이다.

09 다음 중 지질학적으로 가장 오래되고 안정화된 지형은?

① 지구대　　　② 탁상지
③ 순상지　　　④ 구조평야

해설 순상지(楯狀地, shield)는 '방패 모양의 땅'이라는 의미로 주로 대륙의 중심부에 위치한다. 선캄브리아기대 형성된 암석이 오랜 기간 침식작용을 받아 낮고 완만하게 방패를 엎어 놓은 듯한 모양을 이루는 데서 기인했다.

10 스트레스와 피로를 풀며 안정을 취할 수 있는 아늑한 공간 또는 나만의 안식처라는 뜻을 가진 스페인어는?

① 오캄　　　　② 라곰
③ 휘게　　　　④ 케렌시아

해설 케렌시아(querencia)에 대한 설명이다.
　　① 오캄(au clame) : '고요함', '한적함'을 뜻하는 프랑스어로, 스트레스를 받지 않고 심신이 편안한 상태
　　② 라곰(lagom) : '적당한', '충분한'을 뜻하는 스웨덴어로, 소박하고 균형 잡힌 생활과 공동체와의 조화를 중시하는 삶
　　③ 휘게(hygge)는 '아늑함', '편안함'을 뜻하는 덴마크로, 좋은 사람들과 보내는 시간에서 느끼는 편안한 감정이나 그러한 삶을 추구하는 라이프스타일

11 문방사우에 포함되지 않는 것은?

① 먹　　② 책　　③ 붓　　④ 벼루

해설 문방사우(文房四友)는 문장을 짓는 선비의 방에 필요한 네 가지 벗이란 의미로 ▲종이 ▲붓 ▲먹 ▲벼루가 해당한다.

정답 01 ①　02 ②　03 ③　04 ③　05 ③　06 ③　07 ④　08 ③　09 ③　10 ④　11 ②

01 (가), (나) 나라에 대한 설명으로 옳은 것은?

> (가) 그 나라의 풍속에 혼인을 할 때는 말로 미리 정한 다음, 여자 집에서는 본체 뒤에 작은 집을 짓는데 그 집을 서옥(壻屋)이라 부른다.
> — 「삼국지」 동이전 —
>
> (나) 장사를 지낼 때 큰 나무 곽을 만드는데, 길이가 10여 장이나 되며 한쪽을 열어 놓아 문을 만든다. 사람이 죽으면 모두 가매장을 해서 …… 뼈만 추려 곽 속에 안치한다. 온 집 식구를 모두 하나의 곽 속에 넣어 두는데, 죽은 사람의 숫자대로 나무를 깎아 생전의 모습과 같이 만든다.
> — 「삼국지」 동이전 —

① (가) – 대가들이 사자, 조의 등을 거느렸다.
② (가) – 읍락 간 경계를 중시하는 책화가 있었다.
③ (나) – 도둑질한 자에게 12배를 변상하게 하였다.
④ (나) – 철이 많이 생산되어 낙랑과 왜에 수출하였다.
⑤ (가), (나) – 제사장인 천군과 신성 지역인 소도가 존재하였다.

해설 (가)에서는 혼인을 할 때 말로 미리 정한 다음, 여자 집 뒤에 서옥을 짓는 서옥제가 소개되었으므로 고구려임을 알 수 있고, (나)는 사람이 죽은 후 가매장을 하였다가 모두 같은 곽 속에 넣는 가족 공동 무덤의 형식을 보여주고 있으므로 옥저에 대한 것임을 알 수 있다.
① 고구려는 왕 아래 상가, 고추가 등의 대가들이 있었고, 각 대가들은 사자, 조의, 선인 등을 거느렸다.

[오답 피하기]
② 읍락 간 경계를 중시하는 책화는 동예의 풍습이다.
③ 도둑질한 자에게 12배를 변상하게 한 1책 12법은 부여·고구려의 풍습이다.
④ 철이 많이 생산되어 낙랑과 왜에 수출한 것은 변한·가야 등에 해당한다.
⑤ 제사장인 천군과 신성 지역인 소도가 존재한 것은 삼한이다.

02 (가) 인물에 대한 설명으로 옳은 것은?

> (가) 은/는 열 곳의 절에서 교(敎)를 전하게 하니 태백산의 부석사, …… 남악의 화엄사 등이 그것이다. 또한 법계도서인(法界圖書印)을 짓고 아울러 간략한 주석을 붙여 일승(一乘)의 요점을 모두 기록하였다. …… 법계도는 총장(總章) 원년 무진(戊辰)에 완성되었다.
> — 「삼국유사」 —

① 황룡사 구층 목탑의 건립을 건의하였다.
② 무애가를 지어 불교 대중화에 노력하였다.
③ 보현십원가를 지어 불교 교리를 전파하였다.
④ 인도와 중앙아시아를 다녀와서 왕오천축국전을 남겼다.
⑤ 현세의 고난에서 구제받고자 하는 관음 신앙을 강조하였다.

해설 자료에서 (가)는 부석사 등의 여러 절을 세웠고, 「화엄일승법계도」를 완성하였다고 했으므로 의상에 대한 설명임을 알 수 있다. 통일 신라 시대의 승려인 의상은 화엄 사상을 정립한 인물로 「화엄일승법계도」를 지었고, 자비로 중생의 괴로움을 구제한다는 관음 신앙을 강조하였다.
⑤ 관음 신앙을 강조한 것은 의상이다.

[오답 피하기]
① 황룡사 구층 목탑의 건립을 건의한 것은 자장이다.
② 무애가를 지어 불교 대중화에 노력한 것은 원효이다.
③ 보현십원가를 지어 불교 교리를 전파한 것은 균여이다.
④ 인도 등지를 돌아보고 「왕오천축국전」을 남긴 것은 혜초이다.

03 (가), (나) 제도에 대한 설명으로 옳은 것을 보기에서 고른 것은?

> (가) 제술업·명경업의 두 업(業)과 의업·복업(卜業)·지리업·율업·서업·산업(算業) …… 등의 잡업이 있었는데, 각각 그 업으로 시험을 쳐서 벼슬길에 나아가게 하였다.
> – 『고려사』 –
>
> (나) 무릇 조상의 공로[蔭]로 벼슬길에 나아가는 자는 모두 나이 18세 이상으로 제한하였다.
> – 『고려사』 –

보기

> ㄱ. (가) – 재가한 여자의 자손은 응시에 제한을 받았다.
> ㄴ. (가) – 향리의 자제가 중앙 관직으로 진출하는 통로가 되었다.
> ㄷ. (나) – 후주 출신 쌍기의 건의로 시작되었다.
> ㄹ. (나) – 사위, 조카, 외손자에게 적용되기도 하였다.

① ㄱ, ㄴ   ② ㄱ, ㄷ   ③ ㄴ, ㄷ
④ ㄴ, ㄹ   ⑤ ㄷ, ㄹ

해설 (가) 과거의 과목 중 하나인 제술업·명경업이 제시되어 있고, 잡업도 있어 시험을 쳐서 관직에 나아간다는 것으로 보아 과거제에 대한 설명임을 알 수 있다.
(나) 조상의 공로로 벼슬길에 나아간다고 하였으므로 이는 음서에 대한 설명임을 알 수 있다. 고려 시대에는 5품 이상 관리의 자제가 관직에 진출할 수 있는 음서가 운영되었다.
ㄴ. 고려 시대 과거제는 향리의 자제가 중앙 관직으로 진출하는 통로가 되어 후대 신진 사대부의 성장을 가져왔다.
ㄹ. 사위, 조카, 외손자에게 음서가 적용된 것은 고려 시대의 특징이다.

[오답 피하기]
ㄱ. 재가한 여자의 자손이 응시에 제한을 받은 것은 조선 시대의 과거제에 해당한다.
ㄷ. 후주 출신 쌍기의 건의를 받아들여 시작한 것은 과거제이다.

04 밑줄 그은 '국문 교서'가 발표된 이후의 사실로 옳은 것은?

> 이것은 의주로 파천한 국왕이 내린 국문 교서입니다. 어쩔 수 없이 왜군에게 잡혀가 협조한 백성의 죄는 묻지 않으며, 왜군을 잡아오거나 포로가 된 우리 백성을 많이 데리고 나오는 사람에게 벼슬을 내린다는 내용이 적혀 있습니다.

① 이순신이 명량에서 왜의 수군을 대파하였다.
② 신립이 탄금대에서 배수의 진을 치고 항전하였다.
③ 이종무가 왜구의 근거지인 쓰시마섬을 정벌하였다.
④ 계해약조가 체결되어 세견선의 입항이 허가되었다.
⑤ 조선 정부의 통제에 반발하여 3포 왜란이 일어났다.

해설 자료에서 국왕이 의주로 파천하였다는 내용을 통해 임진왜란 당시 선조가 의주로 파천한 상황에서 내린 교서임을 알 수 있다. 선조는 임진왜란 당시 한성이 함락될 위기에 처하자 평양으로 옮겼고, 이후 의주까지 파천(1592)하였다.
① 이순신이 명량에서 왜의 수군을 격파한 것은 정유재란(1597) 때의 사실로 선조의 파천 이후의 상황에 해당한다.

[오답 피하기]
② 신립이 탄금대에서 항전한 것은 임진왜란 때의 사실로 조정에서는 한성을 방어하기 위한 최후의 결전으로 탄금대에서 결전을 준비했지만 패했고, 선조가 파천하게 되었다.
③ 이종무가 왜구의 근거지인 쓰시마섬을 정벌한 것은 세종 때의 일이다.
④ 세종 때인 1443년에 조선은 대마도주와 계해약조를 맺어 제한된 범위 내에서만 교역을 허락하였다.
⑤ 3포 왜란은 중종 때인 1510년에 일어났다.

05 다음 자료의 상황이 나타난 시기에 볼 수 있는 모습으로 적절하지 않은 것은?

> 백목전 상인이 말하기를, "서양목(西洋木)이 나온 이후 토산 면포가 소용이 없게 되어 망할 지경이 되었습니다. 연경을 왕래하는 상인들의 물건 수입을 일절 금지하거나 아니면 우리 전에 오로지 속하게 해야 할 것입니다."라고 하였다.
>
> – 『일성록』 –

① 청화 백자를 제작하는 도공
② 시사를 조직하여 활동하는 중인
③ 담배 등의 상품 작물을 재배하는 농민
④ 저잣거리에서 이야기책을 읽어주는 전기수
⑤ 과전법에 의해 토지의 수조권을 지급받는 관리

해설 서양의 면포인 서양목이 조선에 유입되고 있다는 점, 상인들이 청의 수도인 연경을 다녀오고 있다는 점 등을 통해 조선 후기의 상황임을 알 수 있다.
⑤ 과전법은 고려 공양왕 때인 1391년부터 조선 세조 때 직전법이 실시되기 전까지 시행되었다.

[오답 피하기]
① 청화 백자는 조선 후기에 유행한 자기이다.
② 시사를 조직하여 활동한 중인은 조선 후기에 볼 수 있었다.
③ 담배 등의 상품 작물은 조선 후기에 많이 재배되었다.
④ 전기수는 조선 후기에 등장한 전문적인 이야기꾼이다.

06 (가) 단체에 대한 설명으로 옳은 것은?

> 조선일보사 귀중
>
> 본인은 우리 2천만 민족의 생존권을 찾아 자유와 행복을 천추만대에 누리기 위하여 의열 남아가 희생적으로 단결한 [(가)] 의 일원으로 왜적의 관·사설 기관을 물론하고 파괴하려고 금차 회국도경(回國波境)한 바, 최후 힘을 진력하여 휴대 물품을 동척 회사, 식산 은행에 선사하고 …… 불행히 왜경에게 생포되면 …… 소위 심문이니 무엇이니 하면서 세계에 없는 야만적 악행을 줄 것이 명백하기로 불복하는 뜻으로 현장에서 자살하기로 결심하였습니다. ……
>
> 희생자 나석주 올림

① 김구에 의해 상하이에서 결성되었다.
② 일제의 황무지 개간권 요구를 저지하였다.
③ 고종의 강제 퇴위에 반대하는 시위를 주도하였다.
④ 신채호의 조선 혁명 선언을 활동 지침으로 삼았다.
⑤ 일제가 조작한 105인 사건으로 조직이 해체되었다.

해설 자료에서 나석주가 조선일보사에 보낸 것이라는 점, (가)의 일원으로 왜적의 관·사설 기관을 파괴하려고 하였다는 점을 통해 (가)가 김원봉이 조직한 의열단임을 알 수 있다.
④ 의열단은 민중의 직접 폭력에 의한 혁명을 목표로 하였으며, 신채호의 조선 혁명 선언을 활동 지침으로 삼았다.

[오답 피하기]
① 김구에 의해 상하이에서 결성된 것은 이봉창, 윤봉길 등이 활약한 한인애국단이다.
② 일제의 황무지 개간권 요구를 저지한 것은 보안회이다.
③ 고종의 강제 퇴위 반대 시위를 주도한 것은 대한 자강회이다.
⑤ 105인 사건으로 조직이 해체된 것은 신민회이다.

07 다음 성명서가 발표된 이후의 사실로 옳은 것은?

> 금반 우리의 노동 정지는 다만 국제 통상 주식회사 원산 지점이 계약을 무시하고 부두 노동 조합 제1구에 대하여 노동을 정지시킨 것으로 인하여 각 세포 단체가 동정을 표한 것뿐이다. 그러므로 결코 동맹 파업을 행한 것은 아니다. 그럼에도 불구하고 재향 군인회, 소방대가 출동한다 하여 온 도시를 경동케 함은 실로 이해할 수 없는 현상이니 …… 또한 원산 상업 회의소가 우리 연합회 회원과 그 가족 만여 명을 비(非) 시민과 같이 보는 행동을 감행하고 있는 것이 사실임으로 …… 상업 회의소에 대하여 이회 연설회를 개최할 것을 요구하였다.
>
> – 동아일보 –

① 조선 노동 총동맹과 조선 농민 총동맹이 성립되었다.
② 경성 고무 여자 직공 조합이 아사 동맹을 결성하였다.
③ 노동자 강주룡이 을밀대 지붕에서 고공 농성을 전개하였다.
④ 전국 단위의 노동 운동 단체인 조선 노동 공제회가 조직되었다.
⑤ 백정에 대한 차별 철폐를 요구하는 조선 형평사가 창립되었다.

해설 자료에서 원산 상업 회의소에 맞서며 여러 단체가 노동 정지 즉, 파업을 하고 있음을 통해 원산 노동자 총파업(1929)에 대한 것임을 알 수 있다. 원산 노동자 총파업은 영국인 소유의 회사에서 일본인 감독관이 한국인 노동자를 폭행한 것에서부터 시작하여 저임금과 열악한 노동 환경에 맞서 일어났다.
③ 1931년 평양 고무 공장 노동자 강주룡은 회사 측의 임금 인하에 반대하여 을밀대에 올라가 농성하였다.

[오답 피하기]
① 조선 노동 총동맹과 조선 농민 총동맹은 1927년에 조직되었다.
② 경성 고무 여자 직공 조합이 아사 동맹을 결성한 것은 1923년이다.
④ 조선 노동 공제회가 조직된 것은 1920년이다.
⑤ 조선 형평사는 백정의 사회적 차별 철폐를 위해 1923년 조직되었다.

08 (가)~(다)를 발표된 순서대로 옳게 나열한 것은?

> (가)
> 1. 조선의 민주 독립을 보장한 삼상 회의 결정에 의하여 남북을 통한 좌우 합작으로 민주주의 임시 정부를 수립할 것
> ┆
> 4. 친일파 민족 반역자를 처리할 조례를 본 합작위원회에서 입법 기구에 제안하여 입법 기구로 하여금 심리 결정하여 실시케 할 것
>
> (나)
> 3. …… 공동 위원회의 제안은 최고 5년 기한의 4개국 신탁 통치 협약을 작성하기 위해 미·영·소·중 4국 정부가 공동 참작할 수 있도록 조선 임시 정부와 협의한 후 제출되어야 한다.
>
> (다)
> 3. 외국 군대가 철퇴한 이후 하기(下記) 제 정당·단체들은 공동 명의로써 전 조선 정치 회의를 소집하여 조선 인민의 각층 각계를 대표하는 민주주의 임시 정부가 즉시 수립될 것이며 ……
> 4. 상기 사실에 의거하여 본 성명서에 서명한 제 정당·사회 단체들은 남조선 단독 선거의 결과를 결코 인정하지 않으며 지지하지 않을 것이다.

① (가) – (나) – (다)
② (가) – (다) – (나)
③ (나) – (가) – (다)
④ (나) – (다) – (가)
⑤ (다) – (나) – (가)

해설 (가) 조선의 독립을 보장한 삼상 회의 결정 내용에 따른 임시 정부 수립에 동의하였고, 합작 위원회에서 결정한다는 내용을 통해 여운형과 김규식 등이 주도한 좌우 합작 위원회의 좌우 합작 7원칙(1946.10.)임을 알 수 있다.
(나) 최고 5년 기한의 신탁 통치를 제시하고 있는 것으로 보아 1945년 12월에 발표된 모스크바 3국 외상 회의의 결정 사항임을 알 수 있다.
(다) 제 정당·사회단체들이 참여하였으며, 남조선 단독 선거의 결과를 결코 인정·지지하지 않을 것이라는 내용을 통해 1948년 4월에 발표된 남북정당 사회단체 지도자 협의회 공동 성명서임을 알 수 있다.
좌우 합작 위원회는 모스크바 3국 외상 회의의 결정 사항이 나온 뒤 개최된 제1차 미·소 공동 위원회가 결렬되자 나타났으므로 (나)가 (가)보다 앞서 일어났음을 알 수 있고, (다)에서는 남한만의 단독 선거가 언급되었으므로 한반도의 문제가 유엔으로 이관된 뒤의 사실이므로 (다)가 (가)보다 뒤의 사실임을 알 수 있다. 따라서 옳은 순서는 (나) – (가) – (다)이다.

정답 05 ⑤ 06 ④ 07 ③ 08 ③

KBS 한국어 능력시험

01 〈보기〉의 ㉠에 해당하는 문장으로 옳은 것은?

> **보기**
>
> 능동문과 비교할 때, 피동문은 일반적으로 피동작주에 초점이 가게 되어 탈동작성의 의미를 지니는 문장이 된다. 그런데 국어에는 탈동작성의 결과와 대응되는 능동문이 나타나지 않는 피동문들이 있다. ㉠이런 피동문들은 문장의 의미가 상황 의존성을 강하게 가져 동작성을 표현하기 어려운 경우에 쓰인다.

① 낙엽이 바람에 날린다.
② 그녀는 슬픔에 싸여 있다.
③ 호랑이가 사냥꾼에게 잡혔다.
④ 할아버지의 소원이 풀리려나 보다.
⑤ 요즘 무슨 책이 많이 읽히는지 아니?

해설 문장 표현
능동문을 상정하기 어렵다. '누군가가 그녀를 슬픔에 쌌다'(?) 라는 구조의 능동문은 어색하다.
정답 ②

02 다음 중 로마자 표기가 적절하지 않은 것은?

① 을지로 – Eulji-ro
② 오륙도 – Oryukdo
③ 화랑대 – Hwarangdae
④ 광희문 – Gwanghimun
⑤ 을왕리 – Eurwangni

해설 외래어
로마자 표기법에 따라 'ㅢ'는 'ㅣ'로 발음 나더라도 'ui'로 적 는다. 따라서 'Gwanghuimun'으로 표기해야 옳다.
정답 ④

03 다음 밑줄 친 단어의 발음이 표준 발음이 아닌 것은?

① 바지가 좀 짧네요. – [짤레요]
② 밭이랑에는 옥수수를 심기로 했다. – [바디랑]
③ 세균성 뇌수막염은 후유증이 남는다. – [뇌수망념]
④ 입학식에서 신입생과 재학생은 상견례를 하였다. – [상견녜]
⑤ 빠르게 가려면 용마산역 2번 출구로 나가야 한다. – [용마산녁]

해설 표준 발음
'밭이랑'의 경우, '밭'과 '이랑'의 합성어로, 표준 발음법 제29항 '합성어 및 파생어에서, 앞 단어나 접두사의 끝이 자음이고 뒤 단어나 접미사의 첫 음절이 '이, 야, 여, 요, 유'인 경우에는, 'ㄴ' 음을 첨가하여 [니, 냐, 녀, 뇨, 뉴]로 발음 한다.'에 해당한다. 따라서 [반니랑]으로 발음해야 한다.
정답 ②

04 다음 밑줄 친 부분의 띄어쓰기가 잘못된 것은?

① 나는 새 학교에 적응하는 데 힘이 들었다.
② 지금 돈이 필요한데 어디서 구할 수 있을까?
③ 이 체조는 눈의 피로를 푸는 데 도움이 된다.
④ 그는 먹기는 먹는데 음식 맛을 느낄 수 없었다.
⑤ 홍보하는 것도 중요하지만 연습하는데 신경을 써라.

해설 띄어쓰기
연습하는 것에 신경을 쓰라는 의미이므로, 의존 명사로 보아 '연습하는 데'로 써야 한다.
정답 ⑤

05 다음 밑줄 친 단어 중 한글 맞춤법에 따라 맞게 쓴 것은?

① 그 일에 익숙치 못하면 그만두어라.
② 강원도 평창은 고랭지 배추로 유명하다.
③ 사랑이가 아파서 아무래도 치과에 가서 빼야겠어.
④ 수업이 끝나면 친구들을 휴계실에서 만날 것이다.
⑤ 내일까지 이 책의 머릿말을 써서 메일로 보내주세요.

해설 맞춤법
'고랭지'는 '표고(標高)가 높고 찬 지방'이라는 뜻을 나타내는 단어이므로 '고냉지'로 적지 않고 '고랭지'로 적는다.
정답 ②

06 밑줄 친 부분을 순화한 것으로 적절한 것은?

① 준수는 말없이 타깃(→ 과녁)을 바라보았다.
② 무리한 다이어트(→ 체중 감량)는 건강을 해친다.
③ 날씨가 으슬으슬하니 가케우동(→ 가락국수)이 먹고 싶다.
④ 그것은 술만 마시면 시작되는 그의 레퍼토리(→ 되풀이 노래)이다.
⑤ 어머니께서는 더위를 많이 타셔서 소데나시(→ 반팔소매)를 즐겨 입으신다.

해설 순화어
가케우동[かけうどん]'은 '가락국수'로 순화한다.
① 타깃(target) – 중심, 목표, 표적
② 다이어트(diet) – 식이 요법, 덜 먹기
④ 레퍼토리(repertory) – (노래 / 연주) 곡목
⑤ 소데나시(そでなし) – 민소매(옷)
정답 ③

자주 출제되는 고유어	
글눈	글을 보고 이해하는 능력
뇌꼴스럽다	보기에 아니꼽고 얄미우며 못마땅한 데가 있다
뭉근하다	세지 않은 불기운이 끊이지 않고 꾸준하다
볼멘소리	서운하거나 성이 나서 통명스럽게 하는 말투
저만치	저만한 정도로

자주 출제되는 외래어 표기법	
Bach	바흐
shop	숍
license	라이선스
Massachusetts	매사추세츠
bulldog	불도그

01 다음 빈칸에 들어갈 말로 가장 적절한 것은?

> Back in the mid-1970s, an American computer scientist called John Holland _____ the idea of using the theory of evolution to solve notoriously difficult problems in science.

① took on

② got on

③ put upon

④ hit upon

유형 어휘

해설 난제를 해결하기 위한 '아이디어'(생각)를 목적어로 가질 수 있는 동사는 ④이다. hit upon은 '떠올리다'라는 뜻으로, 목적어인 '아이디어'와의 연관성을 확인할 수 있다.

해석 1970년대 중반으로 돌아가, John Holland라는 미국의 한 컴퓨터 과학자는 과학 분야의 악명 높은 난제들을 해결하기 위해 진화 이론을 이용 하는 생각을 ④불현듯 떠올렸다.

정답 ④

02 어법상 옳은 것은?

① China's imports of Russian oil skyrocketed by 36 percent in 2014.

② Sleeping has long been tied to improve memory among humans.

③ Last night, she nearly escaped from running over by a car.

④ The failure is reminiscent of the problems surrounded the causes of the fatal space shuttle disasters.

유형 어법

해설 skyrocket은 자동사로 쓰일 수 있기 때문에 뒤에 목적어 없이 적절하게 사용되었다. 또한 과거 시제와 「in + 특정 연도」도 알맞다.

해석 ① 중국의 러시아 석유 수입이 2014년에 36%까지 급등했다.
② 수면은 인간의 기억 향상에 오랜 관련이 있어 왔다.
③ 지난밤, 그녀는 거의 차에 치일 뻔했다.
④ 그 실패는 치명적인 우주왕복선 참사의 원인을 둘러싼 문제들을 연상시킨다.

정답 ①

＊제공된 문제는 『2020 에듀윌 9급 공무원 6개년 기출문제집 영어』에서 발췌했습니다.

03 밑줄 친 부분에 가장 적절한 것을 고르시오.

M: What's that noise?
W: Noise? I don't hear anything.
M: Listen closely. I hear some noise.
_____.
W: Oh, let's stop and see.
M: Look! A piece of glass is in the right front wheel.
W: Really? Umm... You're right. What are we going to do?
M: Don't worry. I got some experience in changing tires.

① I gave my customers sound advice
② Maybe air is escaping from the tire
③ I think the mechanic has an appointment
④ Oh! Your phone is ringing in vibration mode

[유형] 생활영어
[해설] 남자가 소리가 났다고 하자, 여자가 잠깐 멈춰서 살피었고 다시 남자가 오른쪽 앞바퀴에 유리 조각이 박힌 것을 발견 했으므로 밑줄에는 타이어에서 공기가 새는 소리가 난다는 내용이 가장 적절하다.
[해석] 남: 무슨 소리야?
여: 소리? 난 아무것도 안 들리는데.
남: 잘 들어봐. 난 소리가 들리는데. ②아마 타이어에서 바람이 새고 있는 것 같아.
여: 오, 세우고 보자.
남: 봐! 오른쪽 앞바퀴에 유리 조각이 있네.
여: 정말? 음... 맞네. 이제 어떻게 하지?
남: 걱정하지 마. 내가 타이어를 바꿔 본 경험이 있어.
[정답] ②

04 밑줄 친 부분과 의미가 가장 가까운 것을 고르시오.

He took out a picture from his drawer and kissed it with deep reverence, folded it meticulously in a white silk kerchief, and placed it inside his shirt next to his heart.

① carefully
② hurriedly
③ decisively
④ delightfully

[유형] 어휘
[해설] meticulously는 '조심스럽게'라는 뜻을 가지며 이와 유사한 의미를 가지는 것은 ①carefully이다.
[해석] 그는 서랍에서 사진을 꺼내 진심으로 우러난 존경심을 갖고 입을 맞췄다. 그리고 그것을 조심스럽게 흰 실크 스카프 안에 접어서 그의 셔츠 안 심장 가까이에 넣어 두었다.
[정답] ①

조건추리

01 다음 중 나머지 단어들의 뜻을 모두 포함하는 단어를 고르면?

① 정하다　　　　　　② 잡다　　　　　　③ 얻다

④ 취하다　　　　　　⑤ 누그러뜨리다

> **해설** '잡다'에는 다음과 같은 뜻이 있다.
> ① 계획, 의견 따위를 정하다. 예) 여행 일정을 10월로 잡았다.
> ③ 일, 기회 따위를 얻다. 예) 기회를 잡다/직장을 잡다.
> ④ 사람이 어떤 자세를 다른 사람 앞에서 취하다. 예) 사진기 앞에서 포즈를 잡다.
> ⑤ 기세를 누그러뜨리다. 예) 물가를 잡다/불길을 잡다.
> **정답** ②

02 다음 중 밑줄 친 단어의 뜻풀이가 적절하지 않은 것을 고르면?

① 소녀의 눈이 수정처럼 맑다. → 잡스럽고 탁한 것이 섞이지 아니하고 생생하다.

② 맑게 갠 하늘을 보라. → 구름이나 안개가 끼지 아니하여 쾌청하다.

③ 이 악기는 맑은 음색을 낸다. → 소리 따위가 가볍고 또랑또랑하여 듣기에 상쾌하다.

④ 맑은 마음가짐을 유지하라. → 정신이 흐리지 아니하고 또렷하다.

⑤ 맑은 살림을 꾸려 나가다. → 살림이 넉넉하다.

> **해설** ⑤의 경우 "살림이 넉넉하지 못하고 박하다."라는 뜻풀이가 더 적절하다.
> **정답** ⑤

*제공된 문제는 『2020 하반기 에듀윌 GSAT 삼성직무적성검사 최신기출유형+실전모의고사 5회+온라인 실전연습 서비스』에서 발췌했습니다.

03 다음 글의 (A), (B), (C), (D) 안에 들어갈 가장 적절한 단어를 [보기]에서 찾아 순서대로 나열한 것을 고르면?

> 맥거핀(Macguffin)은 속임수, 미끼라는 뜻으로, 영화에서 중요한 것처럼 (A)하지만 실제로는 줄거리에 영향을 미치지 않는 극적 장치를 뜻한다. 감독은 맥거핀에 해당하는 소재들을 영화 초반에 미리 보여주고 관객의 자발적인 (B) 행태를 통해 서스펜스를 유도한다. 그러나 영화가 끝날 때까지 맥거핀의 정체를 정확히 밝히지 않고 관객들의 기대 심리를 배반함으로써 극적인 줄거리를 역동적으로 (C)하게 된다. 맥거핀은 서스펜스 장르의 대가 알프레드 히치콕이 〈싸이코〉, 〈북북서로 진로를 돌려라〉 등의 영화에서 처음으로 (D)한 후에 보편화되었다.

보기

> ㉠ 추리   ㉡ 선전   ㉢ 등장   ㉣ 전개   ㉤ 발표   ㉥ 유추   ㉦ 활용

   (A) (B) (C) (D)

① ㉡ ㉠ ㉣ ㉤

② ㉡ ㉥ ㉤ ㉢

③ ㉢ ㉠ ㉣ ㉦

④ ㉢ ㉥ ㉣ ㉡

⑤ ㉢ ㉥ ㉤ ㉦

해설 [보기]의 단어들은 다음과 같은 의미가 있다.
ㄱ 추리 : 알고 있는 것을 바탕으로 알지 못하는 것을 미루어서 생각함
ㄴ 선전 : 주의나 주장, 사물의 존재, 효능 따위를 많은 사람이 알고 이해하도록 잘 설명하여 널리 알리는 일
ㄷ 등장 : 어떤 사건이나 분야에서 새로운 제품이나 현상, 인물 등이 세상에 처음으로 나옴
ㄹ 전개 : 내용을 진전시켜 펴 나감
ㅁ 발표 : 어떤 사실이나 결과, 작품 따위를 세상에 널리 드러내어 알림
ㅂ 유추 : 같은 종류의 것 또는 비슷한 것에 기초하여 다른 사물을 미루어 추측하는 일
ㅅ 활용 : 충분히 잘 이용함
따라서 (A)–등장, (B)–추리, (C)–전개, (D)–활용순으로 들어가야 적절하다. 그러므로 정답은 ③이다.

정답 ③

문제해결능력

01 A, B, C, D 4명은 사내 행사의 참여 여부에 대해 이야기하고 있다. 4명 중 1명만 거짓을 말하고 남은 3명은 모두 진실을 말하였을 때, 다음 [보기]를 보고 행사에 참여하는 사람은 모두 몇 명인지 고르면?(단, 거짓을 말하는 사람의 진술은 모두 거짓이고, 진실을 말하는 사람의 진술은 모두 진실이다.)

보기

- A : C는 참여하고, B는 참여하지 않는다.
- B : A는 참여하고, D도 참여한다.
- C : B는 참여하고, D는 참여하지 않는다.
- D : A는 참여하고, C도 참여한다.

① 1명   ② 2명   ③ 3명   ④ 4명

해설 참여하는 사람을 알기 위해서는 우선 누가 거짓을 말했는지를 알아야 한다. 네 명의 진술을 살펴보면 모두 다른 두 사람의 참여 여부를 말하고 있다. 또한 각자가 말한 두 사람에 대한 진술 8개를 비교해 보면, A의 참여를 말한 2개의 진술과 C의 참여를 말한 2개의 진술은 모두 동일한 의견이므로 한 명만 거짓을 말하였다는 조건에 의해 어느 한쪽이 거짓을 말한 것이 될 수 없게 되므로 A와 C의 참여 여부에 대해 말한 사람은 모두 진실을 말한 것이 된다. 따라서 A와 C의 참여 여부가 아닌 B와 D의 참여 여부에 대해서만 진술한 C가 거짓이 되므로 B는 불참, D는 참여한 것이 되며, 이 경우에 다른 모든 진술에 모순이 없게 된다. 따라서 행사에 참여하는 사람은 A, C, D 3명이다.

정답 ③

02 A, B, C, D 4명은 올해 승진 여부에 대해 이야기하고 있다. 다음 [보기]의 진술에서 3명은 모두 거짓을, 1명은 진실을 말하고 있을 때, 승진을 한 사람을 고르면?(단, 거짓을 말하는 사람의 진술은 모두 거짓이고, 진실을 말하는 사람의 진술은 모두 진실이다.)

보기

- A : B는 승진을 하지 않았으며, C는 승진을 하였다.
- B : C는 승진을 하였으며, 나는 승진을 하지 않았다.
- C : A는 승진을 하지 않았으며, B는 승진을 하였다.
- D : A는 승진을 하였으며, D 역시 승진을 하였다.

① A   ② B   ③ C   ④ D

해설 4명 중 1명의 진술이 진실일 경우를 각각 나누어 생각해 본다. A와 B의 진술이 일치하므로 A와 B는 모두 거짓을 말함을 알 수 있다. C의 진술이 진실이라면, A, C, D는 승진을 하지 않았고, B만 승진을 한 것이 되므로 모순 없이 성립한다. 만약 D의 진술이 진실이라면, B에 대한 A와 C의 진술에 모순이 생긴다. 따라서 승진을 한 사람은 B이다.

정답 ②

03 코레일 영업부서 A, B, C 사원이 영등포, 명동, 강남, 신촌, 홍대 다섯 곳의 지점을 방문하였다. 다음 [조건]을 바탕으로 옳은 것을 고르면?

조건

- 사원 당 최소 2개 지점에서 최대 4개 지점을 방문하고, 모든 지점에는 한 명 이상의 사원이 방문한다.
- A는 B보다 적게, C보다 많이 방문하였다.
- 영등포 지점에 방문한 사원은 신촌 지점에 방문하지 않았다.
- C가 방문한 지점에 A도 모두 방문하였다.
- B는 강남, 명동 지점에 방문하였다.
- A는 신촌 지점에 방문하였다.
- C는 신촌과 명동 지점에 방문하지 않았다.

① A와 B는 명동, 강남 지점에 방문하였다.
② B가 혼자 방문한 지점은 한 곳이다.
③ B는 신촌 지점에 방문하였다.
④ 2명의 사원이 방문한 지점은 한 곳이다.
⑤ C는 강남 지점에 방문하였다.

해설 사원당 최소 2개 지점에서 최대 4개 지점을 방문하고, 방문 지점 개수는 C<A<B이므로 C가 2개, A가 3개, B가 4개 방문하였다. A가 영등포 지점에 방문하였다면 신촌 지점에 방문할 수 없으므로 A는 영등포 지점에 방문하지 않았다. C가 영등포 지점을 방문한다면 A도 방문해야 하므로 C 또한 영등포 지점을 방문하지 않았다. 따라서 A, C는 영등포 지점을 방문하지 않았고, B는 반드시 영등포 지점을 방문해야 한다. B가 영등포 지점을 방문하면 신촌 지점을 방문할 수 없고, 총 네 군데를 방문해야 하므로 신촌을 제외한 영등포, 명동, 강남, 홍대 지점에 방문하였다. C는 영등포 지점을 방문하지 않았고 신촌, 명동 지점에도 방문하지 않았으며, 총 두 군데를 방문하였으므로 강남, 홍대 지점을 방문하였다. A는 C가 방문한 곳을 모두 방문하였고, 신촌 지점을 방문하였으므로 강남, 신촌, 홍대 지점을 방문하였다. 따라서 영등포와 명동에는 B만 방문하였고, 강남, 홍대에는 A, B, C 모두, 신촌에는 A만 방문하였다.

정답 ⑤

01 다음 [표]는 갑 대학교 정보공학과 학생 A~I의 3개 교과목 점수에 관한 자료이다. 이에 대한 [보기]의 설명 중 옳은 것을 모두 고르면?

[표] 학생 A~I의 3개 교과목 점수

(단위: 점)

학생＼교과목	인공지능	빅 데이터	사물 인터넷	평균
A	( )	85.0	77.0	74.3
B	( )	90.0	92.0	90.0
C	71.0	71.0	( )	71.0
D	28.0	( )	65.0	50.0
E	39.0	63.0	82.0	61.3
F	( )	73.0	74.0	( )
G	35.0	( )	50.0	45.0
H	40.0	( )	70.0	53.3
I	65.0	61.0	( )	70.3
평균	52.4	66.7	74.0	( )
중앙값	45.0	63.0	74.0	64.0

※ 단, 중앙값은 학생 A~I의 성적을 크기 순으로 나열했을 때 한가운데 위치한 값임

┤ 보기 ├

㉠ 각 교과목에서 평균 미만의 점수를 받은 학생은 각각 5명 이상이다.

㉡ 교과목별로 점수 상위 2명에게 1등급을 부여할 때, 1등급을 받은 교과목 수가 1개 이상인 학생은 4명이다.

㉢ 학생 B의 인공지능 교과목과 빅 데이터 교과목의 점수가 서로 바뀌고, 학생 D의 빅 데이터 교과목과 사물 인터넷 교과목의 점수가 서로 바뀐다면, 빅 데이터 교과목 평균은 높아진다.

㉣ 최고 점수와 최저 점수의 차이가 가장 작은 교과목은 사물 인터넷이다.

① ㉠, ㉡   ② ㉡, ㉢   ③ ㉡, ㉣
④ ㉠, ㉡, ㉢   ⑤ ㉠, ㉢, ㉣

정답 풀이

ⓒ 인공지능의 경우, 점수 상위 2명은 B(88.0점), C(71.0점), 빅 데이터는 A(85.0점), B(90.0점)이고, 사물 인터넷은 B(92.0점), I(84.9점)이다. 따라서 1등급을 받은 교과목 수가 1개 이상인 학생은 A, B, C, I로 4명이다.

ⓒ 학생 B의 인공지능 교과목과 빅 데이터 교과목의 점수가 서로 바뀐다면, 빅 데이터 교과목의 총점은 90.0−88.0=2(점)이 낮아진다. 학생 D의 빅 데이터 교과목 점수는 57점이고, 학생 D의 사물 인터넷 교과목 점수는 65점이므로, 빅 데이터 교과목과 사물 인터넷 교과목의 점수가 서로 바뀐다면, 빅 데이터 교과목의 총점은 65.0−57.0=8(점)이 높아진다. 따라서 빅 데이터 교과목의 총점은 8−2=6(점)이 높아지므로, 빅 데이터 교과목 평균은 높아질 것이다. 정답 ②

오답 풀이

ⓐ 학생 A의 인공지능 점수는 (74.3×3)−85.0−77.0=60.9(점)이고, 학생 B의 인공지능 점수는 (90.0×3)−90.0−92.0 =88(점)이다. 그리고 인공지능의 중앙값을 통해 학생 F의 인공지능 점수는 45점임을 알 수 있다. 따라서 인공지능 교과목에서 평균 미만의 점수를 받은 학생은 D(28.0점), E(39.0점), F(45.0점), G(35.0점), H(40.0점)로 5명임을 알 수 있다.

학생 D의 빅 데이터 점수는 (50.0×3)−28.0−65.0=57.0(점), 학생 G의 빅 데이터 점수는 (45.0×3)−35.0−50.0 =50.0(점)이고, 학생 H의 빅 데이터 점수는 (53.3×3)−40.0−70.0=49.9(점)이다. 따라서 빅 데이터 교과목에서 평균 미만의 점수를 받은 학생은 D(57.0점), E(63.0점), G(50.0점), H(49.9점), I(61.0점)로 5명임을 알 수 있다.

학생 C의 경우, 인공지능과 빅 데이터, 평균 점수 모두 71점이므로 사물 인터넷 점수 역시 71점임을 알 수 있다. 학생 I의 사물 인터넷 점수는 (70.3×3)−65.0−61.0=84.9(점)이다. 따라서 사물 인터넷 교과목에서 평균 미만의 점수를 받은 학생은 C(71.0점), D(65.0점), G(50.0점), H(70.0점)로 4명임을 알 수 있다.

ⓔ 교과목별 최고 점수와 최저 점수의 차이를 구하면 다음과 같다.
인공지능: 88.0(학생 B)−28.0(학생 D)=60.0(점)
빅 데이터: 90.0(학생 B)−49.9(학생 H)=40.1(점)
사물 인터넷: 92.0(학생 B)−50.0(학생 G)=42.0(점)
따라서 최고 점수와 최저 점수의 차이가 가장 작은 교과목은 빅 데이터이다.

해결 TIP

이 문제는 2020년 5급 공채 PSAT 기출 변형 문제로 자료를 바탕으로 보기의 정오를 판단하여 정답을 선택하는 전형적인 NCS 자료해석 빈출유형입니다. 소거법은 보기의 정오에 따라 선택지에 포함된 보기를 소거하면서 푸는 방법으로 해당 유형을 빠르게 해결하는 데 쓰이는 보편적인 방법입니다. 이러한 유형의 문제를 풀 경우에는 선택지의 구조를 고려하면서 어려운 보기보다는 비교적 빠르게 해결할 수 있는 보기부터 해결하는 것이 하나의 방법입니다. 그리고 대소 관계를 비교하는 내용이 있을 때에는 정확한 수치를 구하기 위한 계산을 하기보다는 계산 과정에서 영향을 미치지 않는 수치를 생략하거나 수치 비교법, 분수 비교법을 바탕으로 계산을 하지 않고 빠른 시간 내에 해결하도록 합니다.

이 문제의 경우, 주어진 보기 ㉠~㉣의 내용을 먼저 확인하기 전에 평균을 이용하여 자료의 교과목별 괄호 값을 모두 계산한 뒤 보기의 내용을 푼다면, 문제 자체는 정확하게 해결할 수 있지만 많은 시간이 걸리므로 실제 시험에서는 다소 좋지 못한 방법입니다. 따라서 처음부터 복잡한 계산을 하지 않고 주어진 자료의 수치를 비교하여 보기의 내용을 해결하도록 합니다. 먼저 ㉠의 경우, 교과목 중 괄호가 2개로 가장 적은 사물 인터넷 교과목을 보면, 학생 C의 평균과 인공지능, 빅 데이터 점수는 모두 71점이므로, 사물 인터넷 점수 역시 71점임을 바로 알 수 있습니다. 학생 I를 보면, 인공지능 점수는 평균보다 약 5점, 빅 데이터 점수는 약 9점 낮으므로, 사물 인터넷 점수는 이와 반대로 평균보다 약 14점 높은 84점 정도 된다는 것을 알 수 있습니다. 따라서 사물 인터넷 교과목에서 평균 미만의 점수를 받은 학생은 C, D, G, H 4명으로 5명 미만이므로 ㉠은 틀린 보기임을 알 수 있습니다. 그러므로 ㉠이 포함된 선택지 ①, ④, ⑤를 소거할 수 있습니다. 남은 선택지 ②, ③ 모두 ㉡이 포함되어 있으므로, ㉡은 풀지 않고 건너뛰도록 합니다. 보기 ㉢과 ㉣의 정오에 따라 정답이 결정되므로, 둘 중 하나의 보기만을 해결하여 정답을 찾도록 합니다. ㉢을 보면, 학생 B의 빅 데이터 점수는 90점으로 평균 점수와 같고 사물 인터넷 점수는 92점으로 평균 점수보다 2점 높으므로, 인공지능 교과목 점수는 평균 점수보다 2점 낮은 88점임을 쉽게 알 수 있습니다. 학생 D의 인공지능 교과목 점수는 평균보다 22점 낮고, 사물 인터넷 교과목 점수는 평균보다 15점 높으므로 빅 데이터 교과목 점수는 평균 점수보다 7점 높은 57점임일 알 수 있습니다. 학생 D의 빅 데이터 교과목 점수는 57점인데, 이는 학생 B의 |인공지능 점수-빅 데이터 점수|의 값인 2보다 학생 D의 |빅 데이터 점수-사물 인터넷 점수|의 값인 5가 더 크므로, 빅 데이터 교과목 총점은 전보다 더 높아질 것입니다. 따라서 학생 B의 인공지능 교과목과 빅 데이터 교과목 점수, 학생 D의 빅 데이터 교과목과 사물 인터넷 교과목 점수가 서로 바뀐다면 빅 데이터 교과목 평균이 높아지므로 ㉢은 옳은 보기임을 알 수 있습니다. 그러므로 정답을 ②로 선택할 수 있습니다. 참고로 ㉣의 경우, 인공지능 교과목의 최고 점수와 최저 점수의 차이는 88-28=60(점)으로 다른 교과목의 수치와 비교했을 때, 3개의 교과목 중 학생 간 점수 차이가 가장 크므로 제외할 수 있습니다. 따라서 남은 교과목인 빅 데이터와 사물 인터넷의 점수 차이를 비교할 때, 위와 같이 설명한 수치 비교로 학생별 평균 점수와 각 교과목 점수 간의 차이를 이용하여 최저 점수를 구할 수 있습니다. 빅 데이터의 최고 점수와 최저 점수의 차이가 약 90-50=40(점)으로 가장 작으므로 ㉣은 틀린 보기임을 알 수 있습니다.

김성근
에듀윌 취업연구소 연구원

PART

04

상 식 을
넘은 상식

사고의 틀이 넓어지는 깊은 상식

美 친환경 정책이 韓 경제에 미칠 영향

기업 비용 상승·에너지 수급 불안 대비해야

이슈의 배경

올해 1월 출범한 미국 바이든 행정부의 특징은 친환경 정책에서 나타난다. 코로나19 대응은 누가 대통령이 되었든 계속 대응해나가야 할 과제다. 트럼프 행정부가 촉발한 중국과의 무역 전쟁과 보호 무역주의 기조는 '바이 아메리칸'(buy American : 연간 약 690조원이 넘는 미 연방정부의 제품 및 서비스 조달 시장에서 미국산 비중을 확대하려는 정책)을 외치는 바이든 행정부에서 되레 강화됐다.

기후 변화와 지구 온난화가 거짓과 사기라고 몰아갔던 트럼프 전 대통령과 달리 바이든 대통령

의 1호 공약은 트럼프 행정부에서 미국이 탈퇴한 파리기후변화협약의 재가입이었다. 바이든 행정부는 2050년까지 탄소(온실가스) 배출 제로(넷제로·net zero)를 달성하겠다는 목표를 설정했다.

바이든 행정부의 기후·에너지 정책은 그간 상충하는 것으로 여겨졌던 친환경 정책과 경제 발전을 통합적 관점에서 융합하고 있다. 지난 5월 바이든 행정부는 인프라 강화와 일자리 창출, 기후변화 대응을 위해 2조300억달러(약 2558조2900억원) 규모의 인프라 및 에너지 부문 투자 계획인 '미국 일자리 계획(American Jobs Plan)'을 발표했다.

2차 세계대전 이후 최대 규모 일자리 투자라는 이 계획의 핵심은 탄소 감축과 청정에너지 인프라 도입이다. 여기에는 미국 내 전기차 배터리 등 부품 공급 체인과 제조 설비를 확보하고 2030년까지 전기차 충전소를 50만 개 구축하며 전기차 구매자에게 세제 혜택을 제공하는 내용이 포함됐다.

바이든 대통령은 2035년까지 무탄소 전력 생산을 의무화하기 위해 청정에너지기준도 발표했다. 2050년까지 미국 내 전력 중 태양광 공급 비율을 45%까지 끌어올리고 미국 동부 앞바다에 2030년까지 해상풍력 발전설비용량을 30GW까지 확대하기로 했다. 청정에너지 생산 및 저장 프로젝트에 제공되는 세액공제 혜택을 확대·연장하는 계획에도 약 4000억달러가 투자될 계획이다.

바이든 행정부는 철강·시멘트·천연가스·석유·석탄 등 탄소 배출이 많은 산업 부문을 대상으로 탄소 배출 기준을 정하고 이에 미달하는 국가나 기업에 탄소국경세를 부과할 계획이다. 이 같은 '친환경 무역 장벽 높이기'는 전 세계적 흐름이다. 유럽연합(EU)도 지난 7월 온실가스 순배출량을 대폭 감축하는 '핏 포 55(55에 맞추기)'안의 일환으로 온실가스 배출이 많은 업종에 탄소국경세를 매기겠다고 발표했다.

세계 9위 탄소 배출국이자 무역에 크게 의존하는 한국으로서는 선진국의 '녹색 무역장벽'이 큰 부담이다. 한국 주력 수출 산업인 석유화학이나 철강 산업 등은 탄소 배출이 많을 수밖에 없다. 2007년부터 2017년까지 경제협력개발기구(OECD) 국가들이 탄소 배출량을 평균 8.7% 줄였을 때 한국은 오히려 24.6% 더 배출했다. 바이든 행정부의 친환경 정책이 한국 경제에 미칠 수 있는 영향력을 파악해 정부와 기업이 선제적으로 대비해야 할 것이다.

이슈의 논점

경제 영향 ① : 친환경 비용 상승·산업 경쟁력 약화

미국은 파리협정에 복귀함에 따라 탄소 감축 목표의 설정과 감축 이행 점검 과정에서 국제사회에 대한 주도권을 강화해 나갈 전망이다. 이에 따라 온실가스 감축 목표(NDC, Nationally Determined Contributions) 설정과 이행에 대한 압력이 강해질 것이며 그에 따른 경제적·사회적 비용이 급증할 것이다.

문재인 정부는 지난해 '2050 탄소중립 비전 선언'을 통해 NDC를 24.4%로 정했다가 너무 낮다는 이유로 선진국에 '퇴짜'를 맞았고 1년 만에 2018년 대비 35% 이상으로 NDC를 상향했다. 지난 10월에는 2030년까지 40% 감축으로 더 높인 목표를 제시했다. 이는 한국의 온실가스 배출량이 7억2800만톤으로 최고치에 달했던 2018년 대비 40% 이상을 줄이겠다는 것인데 지나치게 높은 목표라 실현할 수 있을지 의문이다.

온실가스 40% 이상 감축은 미래 친환경 기술까지 실현할 수 있을 것으로 가정해 수립된 목표치다. 예를 들어 국내에서 가장 많은 탄소를 배출하는 기업인 포스코는 탄소중립을 실현하기 위해 유연탄 대신 수소를 환원제로 사용해야 하는데 이러한 기술은 현재 개발을 시작한 단계로 2030년 내 실현이 어렵다.

전 세계적으로 온실가스 감축 노력이 대폭 강화되면 기존 화석 에너지 중심 에너지 시스템을 계획보다 빠르게 전환해야 하므로 추가 비용 발생이 불가피하다. 현대, 벤츠, GM 등 주요 완성차 업체에서 2030년대부터 내연기관 자동차 생산을 중단하겠다는 선언이 잇따르고 있다. 기존 내연기관차 중심 부품이나 수리 업체는 생존할 수 없을 것이다.

화석 연료 시추나 중동 산유국의 건설 수요가 위축되면서 국내 석유·가스 등 화석 연료 인프라 건설 산업과 건설·선박 등 중공업 기업이 타격을 받을 수도 있다. 이와 같은 충격을 최소화하려면 기존 화석 에너지 기반 전·후방 산업의 조속한 구조조정이 불가피하고 그 과정에서도 경제·사회적 비용이 급증할 것이다.

결국 국내총생산(GDP) 대비 무역 비중이 높고 서비스업보다 제조업에 치중한 한국의 산업 구조를 고려할 때 바이든 행정부의 NDC 이행 압박은 국내 경영 환경과 산업 경쟁력을 약화시켜 수출 경쟁력과 일자리 창출에 어려움을 초래할 가능성이 크다.

경제 영향 ② : 에너지 수급 불안 우려

각국이 충분히 대비하지 못한 상태에서 가속화되는 친환경 에너지 패러다임 전환이 전 세계 에너지 수급에 차질을 초래할 가능성도 있다. 탄소 배출 억제 정책으로 에너지 공급이 제약받는 반면 수요는 오히려 늘면서 이 같은 우려가 이미 현실로 나타났다.

최근 중국은 시진핑 국가주석이 2060년에 탄소중립을 실현하겠다는 목표를 제시한 이후 중앙정부가 공장에 전기 공급을 줄이면서 전력 대란이 벌어졌다. 일부 도시에서는 가로등과 신호등까지 꺼졌다. 중국에 생산거점을 둔 해외 공장도 정상 가동에 어려움을 겪고 있다. 포스코는 지난 9월 장쑤성 장자강시에서 운영 중인 제강과 열연공장 가동을 일부 중단하며 생산 차질을 빚었다.

유럽에서도 탄소 배출권 거래제도가 석탄 가격을 끌어올린 데다 풍력 발전 공급도 예상에 미치지 못해 에너지 가격이 폭등했다. 영국에서는 급등하는 가스 가격을 감당하지 못해 전기 공급 업체 파산이 잇따랐고 독일은 올해 2월 이후에만 전기 요금이 두 배 이상 뛰었다.

특히 독일은 2011년 일본 후쿠시마 원전 사고를 교훈 삼아 탈원전과 재생에너지 비중 확대를 선언했지만 10년 만에 전기 요금이 150%가량 폭등했고 정치적으로 껄끄러운 러시아에 가스 수입까지 의존해야 하는 곤란한 상황에 처했다.

이는 탈원전 정책을 표방한 한국에서도 유념할 문제다. 비용과 발전 효율을 고려할 때 현재로서 재생에너지 중심으로 에너지 수급을 충족하기 어렵다. 에너지 주권을 지켜야 하는 문제도 있지만 3면이 바다로 둘러싸이고 북한과 대치중인 한국으로서는 에너지를 수입할 방도도 마땅치 않다.

중국의 전력 대란은 외교 갈등으로 호주 석탄 수입을 중단함에 따라 자초한 까닭도 있으나 우리나라는 바이든 행정부의 친환경 정책이란 외생적 변수에 따라 에너지 수급이 불안해질 수 있다. 한국은 트럼프 행정부 시절부터 미국산 에너지 수입 의존도를 크게 높였다. 한미 에너지 교역은

2016년 이후 7배 이상 증가했고 한국은 2018년 이후 전 세계에서 미국산 LNG(액화천연가스)를 가장 많이 수입했다.

그러나 바이든 행정부가 청정에너지 중심의 에너지 시스템 전환을 추진함에 따라 미국의 화석 에너지 공급 능력은 위축됐다. 바이든 행정부는 연방 국유지에서 **셰일가스** 생산공법인 수압파쇄법을 환경오염 문제로 제한하겠다고 밝힌 바 있다. 이에 미국이 한국과 체결한 에너지 공급 장기계약을 불이행 할 우려가 있다. SK나 GS 등 한국 기업이 진출한 미국 석유·가스 생산 프로젝트도 바이든 행정부의 화석 에너지 개발 제한 정책으로 차질을 빚을 수 있다.

> **셰일가스 (shale gas)**
>
> 셰일가스는 지표면 아래에 모래와 진흙이 단단하게 굳어진 퇴적암층(셰일층) 안에 있는 가스다. 석유처럼 한 지역에 치중돼 있지 않고 전 세계에 고르게 퍼져 있으며, 향후 지구가 100여 년간 쓸 수 있을 정도로 매장량이 막대하다. 지하 1000~3000m의 깊은 셰일층에 존재하기 때문에 최근까지 개발되지 못하다가 1999년 미국에서 수평 시추 수압파쇄법을 개발하면서 암석 내에 스며든 셰일가스를 경제적으로 뽑아낼 수 있게 됐고 2000년대 들어 미국에서 생산이 급증했다.

대응 전략

토머스 프리드먼은 2007년 저서 『코드그린』에서 친환경 인프라 개선을 계기로 산업 경쟁력을 높이는 그린 뉴딜을 처음 제안했다. 기후변화 대응 및 탄소 감축은 거스를 수 없는 대세다. 한국 정부와 기업도 이런 환경 변화를 뉴노멀(new normal)로 인식하고 정착해나가야 한다.

화석 에너지 의존도가 높은 산업 구조는 오히려 친환경 에너지 체제 전환을 촉진하는 혁신과 도약의 계기가 될 수 있다. 에너지 수요 관리 정책을 고도화하고 발전 부문의 탈석탄 정책, 전기·수소차 인프라 조기 도입, 산업 공정의 원자재 에너지 전환 등에 속도를 내야 한다.

한국 조선기업이 글로벌 탈황 규제를 친환경 선박을 선도하는 혁신과 도약의 계기로 삼았듯이 에너지 산업의 전환 시대를 새로운 기회로 전환한다면 전기차나 배터리, 반도체 산업 등에서도 한국 기업이 퍼스트 무버(first mover)로 시장을 주도할 수 있을 것이다.

특히 미국이 2050년까지 탄소중립 실현을 추진하면서 친환경 발전 및 전기·수소차 시장에서 거대한 기회가 열릴 것이다. 다만 미국이 보호무역 관점을 강화하면서 자국 기술과 상품, 인력 등에 기초해 새로운 시장을 조성하기로 천명한 바, 이러한 제한을 극복하기 위한 현지화 대응 전략이 필요하다. 아울러 화석 연료에 기반한 전통 산업의 구조조정을 준비해야 한다. 일자리 감소와 대량 실업 사태를 피하기 위해 화석 에너지 기반 사업 및 해외 프로젝트는 점차 축소해나가야 한다.

탈원전 리스크와 에너지 수급 불안을 줄이기 위해서는 탈원전 정책을 보완하기 위한 청정에너지 체제의 고도화가 요구된다. 안전성이 강화된 차세대 원전 기술 확보 및 기술성 우위 확보에 주력하고 탈원전 정책을 재검토할 필요성도 있다. 미국에 치중한 LNG 도입선을 다각화·안정화하기 위한 대안 마련도 모색해야 한다. 나아가 한국이 친환경 기술의 글로벌 표준을 형성하고 에너지 협력 체계에서 일익을 담당해야 할 것이다.

미국 바이든 행정부의 친환경 정책이 한국 경제에 미칠 영향은? (1000자, 50분)

※ 논술대비는 실전연습이 필수적입니다. 반드시 시간을 정해 놓고 원고지에 직접 써 보세요.

200

400

600

800

1000

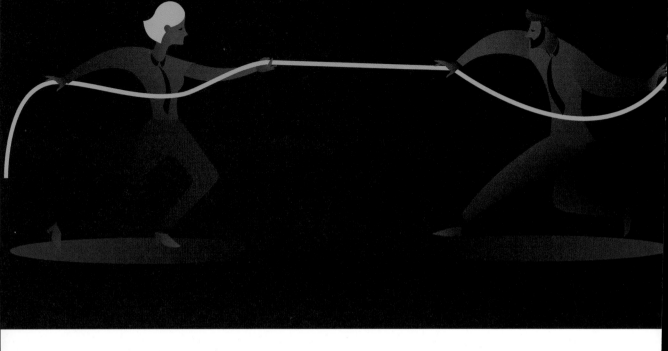

젠더갈등의 원인과 해결책

"페미니즘 인식 개선하고 언론사·정치권 자정해야"

이슈의 배경

지난 여름 있었던 2020 도쿄 올림픽에서 우리나라를 뜨겁게 달군 것은 선수들의 활약뿐만이 아니었다. 한 선수를 두고 때아닌 젠더 이슈가 불같이 번지며, 도쿄 올림픽은 젠더갈등으로도 뜨겁게 달궈졌다.

한국 스포츠 사상 최초로 하계올림픽에서 세 개의 금메달을 획득한 양궁 국가대표 안산(20) 선수의 짧은 머리 스타일과 과거 SNS 매체 게시글들을 근거로, 국내 몇몇 온라인 커뮤니티에서 안산 선수를 페미니스트라고 비난하는 글이 게재됐다.

일부 남성들은 여성이 머리를 짧게 자르는 것은 래디컬(급진적) 페미니스트이기 때문이라고 지적했다. 또, 안산 선수가 과거 SNS에 적은 '웅앵웅', '오조오억' 등의 표현이 남혐 발언이라고 주장했다. 이들은 안산 선수가 국민 세금으로 운영되는 엘리트 체육의 혜택을 본 만큼, 금메달을 박탈해야 한다는 주장까지 이어갔다.

일부 남성이 안산 선수를 여혐으로 공격하자, 이에 대한 반작용으로 일부 여성들이 남자 양궁 국가대표 김제덕(17) 선수를 향한 남혐 공격을 이어가며, 진흙탕 같은 남녀 간 감정싸움이 벌어지기도 했다.

언론이 이 같은 모습을 집중적으로 보도하며 논란은 더욱 커졌다. 외신들도 이를 주목해 우리나라의 낮 뜨거운 젠더갈등을 전 세계가 주목하기도 했다. 영국 로이터통신은 짧은 머리를 이유로 페미니스트라고 불리는 건 "온라인 학대"라며 한국의 "반**페미니즘** 정서"를 지적했다.

프랑스 AFP 통신은 "한국은 세계 12위의 경제 대국이자 최고의 기술 강국이지만 여전히 여성 지위가 낮은 남성 중심 사회"라고 꼬집었다. 나아가 서울에 나와 있는 BBC 특파원은 "한국이 저출산 문제를 해결하기 위해서는 성평등 문제를 정면으로 다뤄야 한다"는 분석을 내놨다.

한편, 우리나라의 젠더갈등은 안산 선수를 기점으로 갑자기 등장한 것이 아니다. 지난 2016년, 한 30대 남성이 일면식 없는 20대 여성을 서울 강남역 인근 화장실에서 살해한 강남역 살인 사건으로 극에 달한 남녀 갈등은 현재까지도 우리 사회에서 다양한 모습으로 이어지고 있다.

특히 최근에는 GS25 손가락 포스터 논란으로 젠

페미니즘 (feminism)

페미니즘은 정치·경제·사회 등의 모든 분야에서 여성의 권리를 회복하려는 여성해방운동을 말한다. 라틴어 'femina(여성)'에서 유래된 것으로, 자본주의 또는 남성 중심적인 가부장제로 인해 억압받고 있는 여성을 해방시키고자 하는 운동을 말한다. 여성에 대한 모든 사회적 차별을 부정하고, 남녀평등을 주장하며, 종래 불평등하게 취급되고 있는 부분에 대한 변화를 추구한다. 이런 페미니즘을 따르거나 주장하는 사람들을 일컬어 '페미니스트(feminist)'라고 한다. 한편, 래디컬 페미니즘(radical feminism)은 급진적 페미니즘을 추구하는 급진 여성주의를 일컫는 말이다.

더갈등이 산업계에까지 파장을 미치면서 전 사회적으로 주목하는 문제가 됐다. 지난 5월 GS25는 홍보 포스터에 있는 손가락 그림으로 한바탕 홍역을 치른 바 있다. 해당 손가락 그림이 대표적 남성 혐오 커뮤니티의 심볼과 흡사해 남혐 관련 메시지를 담았다는 의혹이 일었기 때문이다.

올해 우리나라는 유엔무역개발회의(UNCTAD)에서 선진국 지위를 인정받으며, 개발도상국에서 선진국으로 지위가 변경된 최초의 나라가 됐다. 이런 시점에서 우리 사회가 이어가고 있는 젠더갈등이 격상된 국격에 부합하는 일인지 되새겨봐야 할 것이다.

이제 우리는 소모적인 남녀 간의 감정 대립을 멈추고, 젠더갈등의 원인이 무엇인지, 젠더갈등을 해결하기 위해 어떤 노력이 필요한지 진지하게 모색해야 한다.

이슈의 논점

젠더갈등 원인은 무엇인가

우리나라의 젠더갈등은 2030세대에서 더욱 극심한 경향을 보인다. 젠더갈등이 2030이 활발하게 활동하는 온라인상에서 특히 치열하게 벌어지기 때문에 그렇다는 이유도 있겠지만, 이는 우리 사회의 구조적 문제와 관련이 더욱 깊다.

젠더갈등은 젊은 세대의 일자리 문제와 깊은 관련이 있다. 일자리 경쟁이 치열해지면서 젊은 남성은 여성을 차별받는 약자로 인정하지 않는다. 특히 현 정부가 여성할당제 등 여성 우대 정책을 적극적으로 펼치면서도, 남성 군 복무에 대한 보상은 부족하게 한다고 생각해 자신들이 소외되고 있다고 인식한다.

반면 여성의 경우 전통적인 가부장제의 영향으로 여성의 사회 진출이 여전히 방해 받고 있으며, 사회에 진출해도 이후 출산과 육아에 따른 사회적 희생을 여성이 고스란히 떠안아야 한다고 인식한다.

이 같은 의견 차이는 페미니즘 논의가 우리 사회에 폭넓게 도입되고, 또 여성들이 많은 관심을 기울이며, 성별 차이로 인한 차별과 불균형을 감별하는 민감성이 커지면서 극심하게 벌어진 것으로 보인다.

언론과 인터넷 커뮤니티 등의 과도한 부풀리기와 왜곡 역시 젠더갈등이 심화하는 주요한 원인이다. 지지율 확보를 위해 본질적인 문제를 외면하고 젠더갈등에 편승한 정치권의 행태 또한 젠더갈등을 조장하는 주요한 원인이다.

젠더갈등 해결책 ① : 상대 성에 대한 이해 필요·페미니즘 인식 개선

파멸적인 대립을 멈추고 젠더갈등을 건강하게 해결하기 위해서는 상대 성을 과잉 일반화하려는 태도를 지양해야 한다. 또, 한쪽 성이 맞고 한쪽 성은 틀렸다는 이분법적인 사고를 하면서는 젠더갈등을 효과적으로 해결할 수 없다.

남성은 여성 없이 존재할 수 없고, 여성도 남성 없이 존재할 수 없다. 남녀 이전에 우리가 같은 인간이라는 사실을 인지하고, 상대를 극단적으로 배제하려는 태도에서 벗어나야 한다. 상대 성과 소통하려는 마음, 상대 성의 이야기를 들어보고자 하는 태도가 절실한 시점이라고 할 수 있겠다.

이런 태도를 촉구하는 동시에 우리나라에서 더럽혀진 페미니즘에 대한 인식도 하루속히 개선해야 한다. 우리나라에서 급부상한 페미니즘 논쟁은 젊은이들을 중심으로 한 온라인 커뮤니티, SNS 등에서 활발하게 진행되며 페미니즘에 대한 단편적이거나 왜곡된 정보를 양산했다.

이로써 페미니즘의 본질적인 문제의식은 실종되고, 남녀의 주관적 경험을 바탕으로 한 감정적 공격이나 상대방에 대한 비난이 주를 이루게 된 것이다. 팽배한 페미니즘에 대한 잘못된 인식을 바로잡기 위해 전문가들은 양질의 교육을 제공할 필요가 있다.

젠더갈등 해결책 ② : 언론 보도 윤리 강화

온라인상의 일방적인 퍼나르기 역시 젠더갈등을 부추기는 주요 원인이다. 특히 여성혐오와 남성혐오를 각각 대표하는 사이트 일간베스트와 메갈리아가 상대 성을 굴복시키기 위해 퍼뜨린 극단적인 혐오 표현을 우리나라의 일부 황색 언론이 어떤 프레임 체크도 없이 퍼나르며 젠더갈등을 증폭시켰다.

비단 혐오 커뮤니티나 황색 언론만을 지적할 것은 아니다. 국민은 안산 선수 논란을 공영방송을 포함한 언론이 부추겼다고 보고 있다. KBS 공영미디어연구소와 함께 전국 만 19세 이상 남녀 1000명을 대상으로 설문조사를 한 결과 응답자 10명 중 8명 이상은 언론이 안산 선수 관련 논란을 부추겼다고 답했다. 처음 이번 논란을 알게 된 경로도 약 60%가 언론 보도를 통해 접했다고 응답했다.

국민은 언론이 젠더갈등을 보도할 때 자극적인 주장과 단어를 선정적으로 보도하고, 일부 커뮤니티의 의견을 과잉 의제화하고 있다고 보고 있다. 개인보다 훨씬 큰 사회적 책임이 있는 언론은 각별한 노력을 기울여야 한다. 단순히 언론 스스로의 자정을 기대할 것이 아니라, 젠더갈등을 다루는 언론의 윤리 강령을 제도적으로 마련해야 할 것이다.

젠더갈등 해결책 ③ : 정치권은 자정하고 해법 모색

정치권은 젠더갈등을 지지율이나 득표수를 위한 도구로 활용해서는 안 된다. 지금의 정치권은 젠더갈등을 두고 진정성 있는 논의를 이어가고 있다고 보기 어렵다. 정치권에서 논의하는 군 가산점제 부활이나, 여성 징병제 검토 등은 남녀 갈등을 조장하며 2030세대가 당장 마주한 주거, 취직 등의 문제를 가린다.

안산 선수가 페미니스트 논란에 휩싸였을 때도 정치권은 유감스러운 태도를 보였다. 당시 양준우 국민의힘 대변인은 자신의 SNS에 "논란의 시작은 허구였지만, 안 선수가 남혐 단어로 지목된 여러 용어를 사용했던 게 드러나면서 실재하는 갈등으로 변했다"는 글을 써 논란을 키웠다. 그러나 안산 선수가 과거 사용한 것으로 논란이 된 '웅앵웅', '오조오억' 등은 남혐 단어라 단정하기 어려운 단어들이었다.

제1야당 대변인이 이런 단어를 사용하는 사람을 마치 래디컬 페미니스트인 것처럼 단정해 말하는 것은 몹시 부적절한 처사였다. 나아가 이준석 국민의힘 대표는 양 대변인을 두둔하는 모습을 보였으니, 사실상 이들이 지난 보궐선거에서 드러난 자신들의 지지 기반인 '이대남'(20대 남성)을 사로잡기 위해 전략적으로 취한 태도라는 인상을 지울 수 없다.

이처럼 정치권은 젊은 남녀를 이대남, 이대녀(20대 여성)로 프레이밍화 해 갈라 세우고 있다. 사회적 문제를 해결할 의무가 있는 정치권에서 소모적인 젠더갈등을 부추기며 젠더갈등을 오히려 악용하고 있는 것이다. 정치권은 차별과 혐오를 부추기며 국민을 갈라 세워 자신의 지지 기반을 다지려는 시도를 당장 멈춰야 한다.

젠더갈등은 단순한 여성과 남성의 감정적 대립이 아니라, 청년·일자리 문제 등이 얽힌 고차방정식이다. 남녀 청년들이 얼마 안 되는 일자리를 놓고 극심한 경쟁을 치러야 하면서 겪는 좌절감이 상대성에 대한 공격으로 분출되는 모습을 보이고 있다. 정치권은 이를 헤아려야 한다.

오랜 기간 우리나라 정치의 고질병으로 여겨졌던 이념갈등, 지역갈등을 넘어 정치권이 이제 젠더갈등에 편승하려는 행태는 국민을 피곤하게 만든다. 우리나라의 젠더갈등을 해결하기 위해서는 경제의 면에서도, 교육의 면에서도 큰 변화가 필요하다. 정치권은 여혐과 남혐으로 얼룩진 사회현상을 해결할 해법을 찾는 본연의 역할에 충실해야 한다.

도쿄 올림픽에서 양궁 금메달리스트 안산 선수를 둘러싼 젠더갈등이 논란이 됐다. 젠더갈등의 사례를 추가로 들고, 원인과 해결책을 쓰시오. (1000자, 50분)

※ 논술대비는 실전연습이 필수적입니다. 반드시 시간을 정해 놓고 원고지에 직접 써 보세요.

200

400

600

800

1000

노약자 무임승차 지속해야 하나

"노인 경제효과 있어" vs "부실경영 주요 원인"

배경상식 서울을 비롯해 전국 6대 도시 지하철이 장기화된 적자로 한계 상황에 몰리고 있다. '1000만 서울시민의 발'을 자처하던 서울교통공사는 누적된 부채 문제로 지하철 노조가 파업을 진행하다 9월 14일 극적으로 철회했다. 지하철 노사갈등의 원인은 바로 '만년 적자'다. 공사의 지난해 적자 규모는 1조1000억원에 달하고 올해는 코로나19로 인한 승객 감소 등으로 적자가 무려 1조6000억원에 이를 것으로 예상된다. 여기엔 공사 재정난의 가장 큰 요인인 '노약자 무임승차 손실 문제'라는 장기 과제가 자리하고 있다. 65세 이상 노인 지하철 무임승차 제도는 1984년 전두환의 지시에 의해 정부 주도로 시행돼 현재에 이른다.

노약자 무임승차로 인한 지하철 적자 문제는 '고질병'처럼 지속돼왔다. 서울교통공사의 채권 발행 규모는 2021년 6월 기준 2조원을 넘어서며 반년 만에 빚이 42% 늘어났다. 이에 노약자 무임승차 제도를 둘러싼 갑론을박이 진행되고 있다. 지하철 무임승차를 찬성하는 측은 "이 제도는 경제적 차원이 아니라 복지적 차원에서 접근해야 한다"며 "선진국에 비해서 복지제도가 부족한 우리나라에서 사회적 약자를 위한 최소한의 배려이자 혜택"이라고 말한다. 반면, 반대하는 측은 "지하철 운영재정을 해결하기 위해서는 승차제도의 연령을 70세 이상으로 높이고, 출퇴근 시간대는 별도 요금을 받는 등 제도 개선이 필요하다"고 주장한다.

노인 경제효과 있어

노인이 지하철을 이용할 때 내야 할 요금을 비용으로 보고 계산한다면 공적 지출인 것은 사실이다. 그러나 노약자 무임승차는 '비용'의 문제가 아닌 '복지'로 접근해야 한다. 해당 제도는 노인 빈곤율이 높은 우리나라에서 의미 있는 '보편적 복지' 제도다.

무임승차 제도는 노인의 이동성 보장으로 여가활동 증가, 노인 복지관광 활성화 등 긍정적으로 평가된다. 노인의 이동과 활동을 장려하면 고령자들이 흔히 겪기 쉬운 우울증을 감소시키고, 자가용 승용차 등을 이용할 때보다 교통사고를 감소시키는 효과도 있다. 이로 인한 경제적 효과가 연간 3650억원에 달한다는 분석이 나왔다.

지자체 대신 국가가 나서야

노약자 지하철 무임승차 정책은 노인복지법에 따른 국가 정책 차원이다. 그렇다면 그 부담도 국비에서 나가는 것이 맞다. 그러나 현재 재정 형편이 열악한 지자체가 이에 대한 책임을 져야 하니 소모적 논쟁이 계속되고 있다. 정부가 지자체와 적정 비율로 부담을 나누는 것도 방법이다.

노인 인구가 계속 늘어나기 때문에 지자체만으로는 무임승차 제도를 지속할 수 없다. 서울에서만 65세 이상 인구 비율이 16%에 달하는데, 2047년에는 이 비율이 37%로 늘어난다. 그렇게 되면 서울교통공사의 무임승차 손실은 최소 9조원, 최대 12조원으로 늘어난다. 시에서만 이 비용을 다 메워야 한다면 시는 다른 행정을 펼 수 없다.

부실경영 주요 원인

노약자 무임승차는 지하철의 적자를 키우고 부실경영을 재촉하는 주요 요인이다. 현재 대한민국은 빠르게 늙어 가고 있다. 1980년대 초반까지만 해도 65세 이상 인구는 전체의 4% 미만이었으나 지난해 16%를 넘어섰다. 노인 인구에 비례하여 무임승차 손실도 가파르게 상승하고 있다.

지하철 적자가 쌓이면 서비스 부실화와 요금 인상으로 이어진다. 그 피해는 결국 시민들에게 돌아간다. 따라서 적자 누적을 방치할 게 아니라 그 요인을 해소하는 해법 마련이 필요하다. 인구 고령화 추세를 반영해 경로우대의 기준 나이를 상향 조정하는 등 현실적인 방법을 강구할 때이다.

100% 무료, 세계적으로 흔치않아

우리나라처럼 100% 무료로 교통 복지 혜택을 제공하는 나라는 찾기 어렵다. 일본은 70세 이상 노인에 대해 소득수준에 따라 일정액을 본인이 부담하고 있으며, 네덜란드와 덴마크, 독일의 경우 노인에 대해 철도 요금 할인으로 대처하고 있다.

대부분의 국가는 요금 할인 제도를 시행하거나 노인들도 일정 금액을 지불하고 지하철을 이용토록 하고 있다. 또한 이용 시간 및 소득 분위 등 조건을 두고 운영하여 노약자 무임승차에 따라 발생할 수 있는 여러 문제 등을 예방하고 있다. 한국은 초고령화 사회로 진입함에 따라 경로 무임승차제도의 편익이 더욱 커질 것으로 예상되기 때문에 노약자 무임승차에 대한 제도 개선이 필요하다.

KOTRA, 108개 외국 기업 참여하는 취업 박람회 개최

▲ 제16회 외국인투자기업 채용박람회

산업통상자원부가 주최하고 KOTRA가 주관하는 '외국인 투자기업 채용박람회'가 서울 강남구 SETEC 전시장에서 10월 21일부터 이틀간 개최됐다. 올해로 16회째를 맞은 이 행사는 외국인투자기업(외투기업) 대상 채용박람회로는 국내 최대 규모다.

외투기업 채용박람회는 지난해 온라인으로만 개최했으나 올해 온·오프라인 하이브리드 형태로 진행됐다. 대면 상담을 통해 생생한 소통이 가능한 오프라인 방식과 다수 구직자가 장소에 구애 없이 참여가 가능한 온라인 방식의 장점을 최대한 살리고자 노력했다.

박람회에는 BMW, 이케아, GE헬스케어, 한국3M 등 우수 외투기업 108개사가 참가한다. 제조·생산·R&D 분야 37개사, 미디어·서비스업 분야 25개사 외에 금융·은행업 14개사 등 7개 산업 분야의 기업들이 경영·사무직, 영업·고객상담, 연구개발·설계 등 다양한 직종에서 채용을 진행한다. 포춘 500대(Fortune 500) 글로벌 기업 외에도 일반 구직자들에게는 다소 생소하나 세계적인 경쟁력을 갖춘 기업들도 참가한다.

박람회는 우리 정부의 코로나19 방역 조치를 철저하게 준수한 환경에서 운영될 예정이다. 정부의 현행 사회적 거리두기 4단계 조치에 따라 참가업체 등 상주 인원의 경우, 백신 미접종 시 72시간 이내 PCR 음성 증명서를 제시해야 입장이 가능하다.

현장 참가 구직자 대상으로도 자체 검역 절차를 시행해 백신 1차 접종 완료자와 PCR 음성 증명서 제출자로 구분한 후 입장을 허용할 예정이다. 그 외 80여 명의 방역 전담 인력을 투입해 참가자 전원이 안전한 환경에서 참가할 수 있도록 지원한다.

장상현 KOTRA 인베스트코리아 대표는 "올해 다시 오프라인으로 개최되는 박람회가 외투기업과 구직자 간 좋은 만남 및 채용의 기회가 될 것으로 기대한다"며 "외국인 투자유치를 활용한 양질의 고용 창출을 위해 계속 노력하겠다"고 밝혔다.

취업자 코로나 뚫고 7년 6개월 만에 최대폭 상승

10월 13일 통계청이 발표한 '9월 고용동향에 따르면 지난 9월 취업자 수는 2768만 3000명으로 작년 같은 달보다 67만 1000명 증가했다. 이는 2014년 3월(72만 6000명) 이후 7년 6개월 만에 가장 큰 증가 폭이다.

9월에는 30대를 제외한 모든 연령 계층에서 취업자가 늘었다. 산업별로 보면 보건업·사회복지서비스업(28만 명), 운수·창고업(16만3000명), 교육서비스업(9만8000명) 등에서 취업자가 증가했다. 특히 코로나19 위기의 주요 타격 업종인 숙박·음식점업은 7월(-1만2000명), 8월(-3만8000명)의 감소세를 끊고 3만9000명 증가로 전환했다.

다만 도소매업은 12만2000명 감소했고 제조업도 3만7000명 줄었다. 상용근로자는 51만 5000명, 임시근로자는 34만 명 각각 증가했지만 일용근로자는 12만1000명이 줄었다. 고용원 없는 자영업자는 2만2000명 증가한 반면, 고용원 있는 자영업자는 4만8000명 감소했다. 직원을 둔 자영업자가 줄고 직원이 없는 자영업자가 늘어나는 현상이나 도소매업에서 취업자 감소 등 상황은 자영업자들이 겪는 위기 상황이 계속되고 있다는 의미다.

전국경제인연합회 산하 한국경제연구원(한경연)은 이날 통계청 데이터를 분석한 결과 지난해 기준으로 3040(30~49세) 취업자 수가 지난 5년간 연평균 1.5%씩 감소한 것으로 나타났다고 밝혔다. 경제협력개발기구(OECD) 국가들과 비교해 보면 지난해 우리나라의 3040 고용률은 76.2%로, 38개국 중에서 30위에 머물렀다.

한눈에 보는 공채 일정

10월 (마감일 기준)

27일 : ▲LG전자

28일 : ▲신세계 ▲이마트

29일 : ▲이수그룹

합격을 부르는 스피치 노하우 : 잘 들리게 전달하기

면접의 성공을 부르는 비언어적 표현력은 무엇일까? 비언어적 요소는 크게 음성언어와 신체언어로 나눌 수 있다. 먼저 목소리에 대해서 생각해보자. 음성언어에서 우리가 중요하게 다루어야 할 부분은 목소리의 크기(볼륨), 호흡, 속도다.

좀 더 효과적인 목소리를 사용하면 면접에서 좀 더 좋은 평가를 받을 수 있다. 특히 최근 코로나의 영향으로 비대면 면접이 늘어나고 있다. 전달되는 정보의 양이 한정적인 비대면 면접에서 명확하고 자신감 있는 목소리는 면접관의 평가 점수에 더 큰 영향을 미칠 것이다. 목소리에서 중요한 것은 나에게 맞는 적절한 크기, 속도를 찾고 올바른 호흡을 하는 것이다.

① 올바른 자세가 좋은 목소리를 만든다 : 목소리 크기

목소리가 너무 작으면 자신감이 없고 열정이 부족해 보인다. 평소 큰 목소리를 낼 일이 없었다면 면접이나 발표 상황에서도 자신감 있는 볼륨의 목소리를 내는 것이 어려울 것이다. 자신감 있고 풍부한 성량의 목소리를 내려면 평상시 올바른 자세와 호흡법이 중요하다.

만약 트라이앵글을 연주하는데 삼각형 윗부분을 손가락으로 잡은 상태에서 채로 친다면 소리가 어떨까? 아무리 세게 쳐도 소리가 멀리 퍼지지 않고 둔탁한 소리가 날 것이다. 만약 삼각형의 윗부분에 줄을 건 상태에서 친다면 살짝만 쳐도 소리가 크게 멀리 퍼져나갈 것이다. 우리의 몸도 악기처럼 얼굴, 목, 가슴, 배까지 내부 공간을 울려서 소리를 밖에서 내보내게 된다. 우리의 몸이 통이라면 통 안의 공간이 충분해야 소리가 공명이 되어서 더 적은 노력으로 더 크고 풍부한 소리를 낼 수 있다.

그런데 평상시 구부정한 자세로 말을 하게 되면 충분한 공명이 어려워진다. 또한 긴장감 때문에 몸이 굳어지면 목 위쪽으로만 소리를 내게 된다. 그러면 소리가 크게 나오지 않을 뿐더러 성대에도 부담을 주게 된다. 지금 약간 구부정한 자세로 어깨와 목을 움츠린 상태에서 힘을 꽉 쥐고 "안녕하세요. 제 이름은 000입니다."라고 말해보자. 어떤 느낌이 드는가? 소리도 작고 힘이 들어갈 것이다. 아마도 이렇게 자기소개를 하다가는 10분도 안 되어서 목이 쉬어버릴 것이다.

그럼 이번에는 등을 곧게 편 다음 단전(배꼽 아랫부분)에 힘을 주고 어깨는 완전히 이완시킨 후 중력을 이길 정도로만 턱을 살짝 들어 올리고 "안녕하세요. 제 이름은 000입니다."라고 말해 보자. 훨씬 더 적은 에너지로 맑고 큰 목소리를 낼 수 있다. 평상시에도 어깨와 등을 곧게 편 다음 어깨에 힘을 빼고 좀 더 큰 목소리로 말하는 습관을 들이는 것이 좋다.

② 제대로 숨 쉬면 목소리에 힘이 생긴다 : 복식호흡

공기 반 소리 반이라는 말 들어보았는가? 노래든 발표든 좋은 목소리를 내려면 올바른 호흡법이 필요하다. 자신감 있는 목소리는 흉식호흡이 아니라 복식호흡에서 나온다.

흉식호흡이나 복식호흡이나 폐로 호흡을 한다는 점은 같다. 하지만 짧고 얕은 흉식 호흡하게 되면 횡격막 위쪽 공간으로만 호흡을 하게 된다. 그러나 숨을 천천히 깊게 들이마시면 중간에 있는 횡격막이 아래로 밀려 내려가서 충분히 넓은 공간을 만들 수 있기 때문에 충분한 양의 공기를 마시고 내실 수 있다. 복식호흡을 하게 되면 내 몸 안의 공간이 넓어져서 충분한 공기가 유입되기 때문에 밖으로 공기를 내보내면서 좀 더 풍부한 볼륨감이 있는 목소리를 낼 수 있다.

지금 잠시 책을 덮어놓고 복식호흡을 연습해보자. 코로 숨을 들이마실 때 속으로 하나, 둘, 셋, 넷까지 세면서 들이마신 후 다섯, 여섯까지 숨을 멈춘 다음 다시 하나, 둘, 셋, 넷, 다섯, 여섯까지 천천히 쉬면서 코와 입으로 숨을 충분히 내쉰다. 들이마실 때 횡격막이 아래로 내려가면서 배는 살짝 나오고 폐의 용적은 크게 부풀어 오른 후 숨을 내시면서 다시 풍선에 바람이 빠지는 듯한 상상을 머릿속으로 해보는 것도 좋다. 매일 10분 정도 연습을 해보면 좋다.

③ 적당한 스피드로 말해야 잘 들린다 : 말의 속도

발표자의 말의 속도가 너무 빠르면 청중들은 내용을 알아듣기가 힘들고 발표자가 불안하고 긴장되어 있다고 느낀다. 하지만 말이 너무 느리면 청중들은 지루해지고 딴생각을 하게 될 수 있다. 적당한 속도는 어느 정도의 속도일까? 일반적으로는 1분에 100단어 정도가 편안하게 들을 수 있는 적당한 속도라고 한다. 워드 파일의 메뉴 중 단어 수를 세는 기능이 있다. 평상시 나의 말하는 속도가 적당한지 점검할 수 있다.

그렇다면 내 목소리 속도를 한번 점검해보자. 자소서의 내용 중 일부를 복사해서 워드 파일에 붙여넣기를 하고 나서 타이머로 1분을 맞춰놓은 후 마치 면접관 앞에서 말하듯이 큰 소리와 정확한 발음으로 그 내용을 읽어보자. 타이머가 울린 후 단어 수를 세어보면 내 속도를 가늠할 수 있다.

면접에서 스피치능력 그 자체가 절대적인 것은 아니지만 당락에 적지 않은 영향을 미친다. 왜냐하면 면접관들은 짧은 시간 동안 지극히 적은 정보를 바탕으로 지원자를 평가해야 하기 때문에 그들의 목소리, 표정, 제스처 등에 담긴 비언어적 신호들에 의해 상당히 큰 영향을 받게 된다. 내용도 중요하지만 그 내용을 어떤 목소리에 어떤 톤으로 어떻게 전달하느냐에 따라서 듣는 사람들이 갖는 느낌은 크게 달라질 것이다.

김은주 happyinside72@gmail.com

– 現) Synergy Learning 소장
– 前) Dale Carnegie Korea 부소장 및 Training Director
– 고용노동부 주관 NCS 직기초 온라인 과정 [대인관계] 개발 및 강의
– 한국생산성본부 PAC(Presentation Ability Certificate) 자격 과정 교수
– https://license.kpc.or.kr/nasec/qlfint/qlfint/selectPat.do
– 다수 공기업 및 공공기관 면접관 수행
– 저서 : 『착한 언니들이 알려주는 NCS 취업 면접 성공비법』

'제2의 라인강 기적' 이끈 메르켈 리더십

16년 만에 아름다운 퇴장

9월 26일(현지시간) 앙겔라 메르켈(Angela Dorothea Merkel, 1954~) 독일 총리가 퇴임했다. 메르켈 총리가 걸어온 모든 길이 새로운 역사였다. 그는 독일 최초 여성 총리이자 역대 최연소(2005년 취임 당시 51세) 총리였고 최초 동독 출신, 최초 과학자(양자화학 박사) 출신 총리이기도 했다.

재임 기간 16년으로 헬무트 콜(1969년~1976년 재임)과 함께 역대 최장수 독일 총리 타이틀을 추가한 메르켈은 지난해 81%라는 경이적인 임기 말 지지율을 기록했다. 그는 선거 패배나 결격 사유가 아닌 정계 은퇴라는 본인 의지에 따라 퇴장한 첫 독일 총리로 기록됐다. 총리라고는 메르켈만 봐온 독일 유소년들은 "남자도 총리가 될 수 있나요?"라고 묻는다고 한다.

공정한 선거를 보장하는 민주주의 국가에서 16년간 집권하며 아무런 스캔들이나 권력 남용 논란 없이 자발적으로 물러난 최고 지도자는 메르켈 이외에 찾아보기 어렵다. 이는 메르켈 내각이 고비마다 침착하게 대응하며 탁월한 문제 해결과 조정 능력을 보였기에 가능한 일이었다.

독일 재번영 이끈 '무티' 리더십

독일은 2차 세계대전 패전 후 폐허 속에서 급속도로 경제 성장을 이루며 '라인강의 기적'을 일구었다. 하지만 급작스러운 동·서독 통일의 후유증이 오래가면서 1990년대 말부터 2000년대 초까지 경제적 어려움을 겪었다. 실업률이 12%에 이를 정도로 치솟았다. 다른 유럽 국가들은 독일을 '유럽의 병자'라고 불렀다.

그러던 독일은 2005년 이후 메르켈 집권기를 거치며 유럽 경제·정치를 대표하는 명실상부한 핵심 축으로 떠올랐다. 메르켈 재임 기간 독일은 침체한 다른 유럽 국가와 달리 '나홀로 호황'을 누렸다. 지난 8월 기준 독일의 실업률은 5.5%에 불과해 사실상 완전고용을 달성했다. 4차 산업혁명과 신재생 에너지 전환을 가장 먼저 이끈 나라도 메르켈의 독일이었다.

메르켈 리더십은 종종 '무티(Mutti : 엄마) 리더십'이라고 불린다. 무티는 남편과 함께 관저가 아닌 작은 아파트에서 살며 일과 후 동네 마트에서 카트를 끌고 장을 보고 소박한 의상을 고집하는 메르켈을 존경하며 독일인들이 붙인 애칭이다. 자녀가 위험한 길이나 그릇된 상황에 빠지지 않게 보호하듯 정치·경제·사회 위기와 불안으로부터 국민을 지키는 것이 무터 리더십의 요체다.

메르켈 리더십의 첫 번째 특징은 합리적 실용주의다. 메르켈은 당장의 손익보다 중장기적인 영향을 생각하며 정책을 입안하고 일관되게 시행했다. 메르켈은 과학자답게 사실과 자료에 근거해 현안에 대한 철저한 검토와 치열한 논쟁을 거쳤고 이를 통해 도출된 대책은 원칙대로 끌고 갔다. 그 덕분에 오늘날 독일 정치권은 트집 잡기보다는 정책 토론 경쟁이 주를 이룬다.

두 번째 특징은 통합과 협치 정신이다. 기독민주당(기민당) 소속인 메르켈은 4차례 임기 가운데 3차례 사회민주당(사민당)과 대연정을 구성하면서도 국정을 안정적으로 운영했다. 메르켈은 원자력을 지속해서 이용해야 한다는 입장이었지만 2011년 일본 후쿠시마 원전 사고 이후 원자력에 대한 반대 여론이 일자 녹색당과 사민당의 주장을 수용해 과감히 탈원전 결정을 내리기도 했다.

세 번째는 정치적 이익보다는 인류 보편적 가치를 실현하려 했다는 것이다. 2015년 시리아 난민 유입 당시 유럽 각국은 국경을 걸어 잠그고 비인도적 조처를 했다. 메르켈 총리는 독일 국민들의 거센 반대에도 난민을 100만 명이나 수용했다.

메르켈은 나치가 인류에 저질렀던 죄로 많은 유럽인이 다른 나라를 유랑해야 했던 과거를 잊지 말고 난민을 도와야 한다며 국민들을 설득했다. 이는 이민자를 배척하는 극우 정당 세력이 의회에 진출하는 반작용을 낳기도 했지만 독일의 국가적 위상과 품격을 높인 결단이었다.

한국의 메르켈을 기다리며

메르켈의 우직한 리더십은 때때로 정책 결정이 느리고 우유부단하다는 비판을 받기도 했지만 위기 극복과 갈등 중재에 탁월한 모습을 보였다. 대표적으로 2010년 전후 그리스, 이탈리아 등 남유럽 재정위기 발생 당시 이들 나라에서는 EU(유럽연합) 탈퇴를 주장하는 포퓰리스트들이 극성을 부렸다. 메르켈은 이를 단호하게 일축하고 재정 지원과 혹독한 긴축·구조조정 정책으로 유럽을 금융위기의 수렁에서 구해냈다.

러시아가 2014년 우크라이나를 침공하고 크림반도를 점령해 다른 국가들이 어찌할 바를 모르고 있을 때 메르켈은 러시아를 G8(주요 8개국) 정상회의 일원에서 축출했다.

그러면서 미국의 반대에도 러시아와 천연가스관 사업에 손잡는 등 명분과 실리를 챙길 줄 알았다. 코로나19 사태 대응에 있어서도 메르켈은 직접 나서서 국민들에게 정확한 정보를 제공하며 마스크 착용과 백신 접종을 설득했고 독일은 다른 선진국보다 방역에 성공적이었다고 평가받는다.

내년 3월 우리나라 대선을 앞두고 '제2의 한강의 기적'까지는 아니더라도 방역 장기화에 따른 경제 피로를 줄이고 국민 분열과 갈등을 봉합할 새로운 리더십이 간절하다. 위기에 강한 리더십이란 '사이다 발언'이나 파격적 정책이 아니라, 사실과 상식에 근거해 당연한 가치를 말보다 행동으로 실천해나가는 것임을 입증했다는 점에서 메르켈 리더십이 한국 정치에 주는 함의는 적지 않다.

이중섭이 피란해 간 제주의

단란하고 아름다운 풍경

▲ 이중섭, '그리운 제주도 풍경', 제작연도 미상

우리나라 근대 미술을 대표하는 화가 중 한 명인 이중섭(李仲燮, 1916~1956)의 작품 여러 점이 최근 작품의 고향인 제주를 찾았다고 한다. 고(故) 이건희 삼성그룹 회장이 소장했던 이중섭의 제주 거주 시절 작품과 이중섭이 제주를 떠나 제주를 추억하며 그린 것으로 추정되는 작품들이 서귀포시에 기증되었기 때문이다.

제주는 6·25 전쟁의 발발에 따라 이중섭이 피란해 간 곳이다. 생전 이중섭은 피란을 간 제주도에서 네 식구가 단란하게 살았던 10개월간이 내 생애 마지막으로 행복한 시간이었다고 회상한 바 있다. 그런 이유에서인지 이중섭이 제주에서, 혹은 제주를 생각하며 그린 그림은 혹독한 피란 시절의 그림이라고는 믿기 어려울 정도로 단란하고 아름다운 분위기를 보인다.

이중섭의 작품에는 새, 달, 천도복숭아 같은 자연물이 많이 등장하는데, '그리운 제주도 풍경'처럼 제주 그림에는 게가 주요하게 등장한다. 이는 피란 시절 먹을 것이 너무 없는 탓에 게를 너무 많이 잡아먹어 미안한 마음이 들어, 게의 넋을 기리기 위해 게를 많이 그린 것이라고 전해지고 있다. 이중섭이 또한 주요하게 그린 소재는 아이들이다. '그리운 제주도 풍경'에서도 벌거숭이 아이들이 노는 모습이 향토적인 분위기로 그려져 있다.

힘이 느껴지는 소, 독창적인 은지화

이중섭의 작품 세계를 이야기하면서 아무래도 빼놓을 수 없는 것은 역시 '소' 연작이다. 이중섭이 제주를 떠나 경남 통영에 머무르던 시절 그린 '소' 연작은 이중섭 작업의 백미라 할 수 있다. 돋보이는 선으로 강렬하게 표현된 이중섭의 소는 힘찬 동시에 순수와 아름다움의 기운을 뿜어낸다.

이중섭은 '은지화'라는 독특한 작업도 남겼다. '은지'는 담뱃갑 속에 든 은종이를 말한다. 이중섭은 은종이를 펴서 나무 펜이나 송곳으로 윤곽선을 그렸다. '이중섭이 은종이에 그림을 그린 이유는 피란민으로서 그림 그릴 재료가 부족했기 때문이라 생각하는 시선이 있으나, 어떤 사람들은 이중섭의 실험적 시도였다고 생각한다. 이중섭이 어떤 마음으로 은종이를 예술 재료로 선택했는지는 알 수 없지만, 독창적인 이중섭의 은지화는 독특한 감상을 전달하고 있다.

▲ 이중섭, '황소', 1953(위)·이중섭, '은지화', 제작연도 미상

불운했으나 마지막까지 싸운 군주, 고국원왕故國原王

고구려 제16대 왕 고국원왕故國原王(재위 331~ 371)은 아버지 미천왕美川王(고구려 제15대 왕, 재위 300~331)의 뒤를 이어 즉위하였다. 미천왕은 드라마틱한 인생 역정의 주인공으로, 흔히 고구려의 정복군주라 하면 광개토왕廣開土王(고구려 제19대 왕, 재위 391~413)을 언급하지만, 광개토왕이전 활발한 대외진출을 통해 기반을 닦은 이로 미천왕이 있었다.

미천왕은 중국 한漢나라가 위만조선衛滿朝鮮을 멸망시키고 설치한 한사군漢四郡 중 하나인 현도군을 공격하여 8,000명의 포로를 사로잡는가 하면, 당시 요동과 한반도를 잇는 교통의 요지 서안평을 점령한 뒤 한사군의 낙랑군과 대방군을 오랜 투쟁 끝에 병합하는 등 고구려가 신흥 강국으로 뻗어나가는 데 발판을 다진 인물이었다.

표면적으로는 활발한 대외진출정책을 성공적으로 수행했던 아버지의 뒤를 이었다는 점에서 고구려 최전성기를 이끈 장수왕長壽王(고구려 제20대 왕, 재위 413~491)과 비슷한 배경이었다고 볼 수 있겠으나, 안타깝게도 고국원왕 즉위 시 고구려의 이웃에는 때마침 국운팽창기에 있었던 위협세력이 둘이나 존재하였다. 바로 아버지 미천왕 때부터 수없이 부딪힌 요하 서쪽의 모용선비(전연前燕)[1]와

440012
▲ 미천왕릉으로 추정되는 '서대총' 전경. 일제강점기 때 촬영한 사진이다. (자료 : 국립중앙박물관)

같은 뿌리를 두었지만 이제는 너무 멀어져버린 남쪽의 백제였다.

태자 시절부터 모용선비(이하 전연)와의 치열한 세력다툼을 봐왔던 고국원왕은 즉위 초반 전연과의 전투에 대비하여 나라의 북쪽에 신성을 쌓는 등 만반의 준비를 하였다. 고구려와 전연의 본격적인 충돌은 342년 연왕燕王 모용황이 중원 진출을 위해 수도를 용성龍城(지금의 요령성 조양시)으로 옮기면서부터이다. 전연은 중원 공략 전 신흥강국인 고구려를 반드시 굴복시켜 후환을 없애고자 하였다.

전연에서 고구려를 공격하러 가는 길은 북도와 남도 두 길이 있었다. 북도는 오래된 교통로이자 평탄하고 넓었으며, 남도는 좁고 험했는데 전연은 고구려의 방어선이 북쪽에 집중될 것을 예견하고 남도로 진격하였다. 불행하게도 고구려는 전연의 예상대로 움직여 고국원왕은 자신의 동생에게 정예군 5만 명을 이끌고 북도를 지키게 하고는, 자신은 소수의 병력만으로 남도를 방어하는 전략을 펼쳤다.

---

1) 전연은 중국 5호16국五胡十六國의 하나로, 선비족 모용황慕容皝이 337년 건국하였다.

고구려의 허를 찌른 전연의 공격에 고구려 수도 국내성이 함락되었고, 왕의 어머니와 왕비가 인질로 잡혔으며 고국원왕은 홀로 도주하는 등 치욕스런 대패를 하고 말았다. 그러나 전연 역시 마냥 도망간 고국원왕의 항복을 기다릴 수는 없었다. 북도로 간 고구려 5만 정예군이 돌아오고 있었고, 전연에게는 아직 고구려를 완벽히 굴복시킬 힘까지는 없었기 때문이다. 고구려의 보복을 두려워한 전연은 먼저 포로로 잡았던 왕의 생모와 왕비로도 모자라 미천왕의 무덤을 파헤쳐 시신을 강탈하고는 5만여 명의 포로를 데리고 돌아갔다. 이로 인해 고구려는 쉽사리 전연을 공격할 수 없었고, 전연은 고구려를 두려워하지 않고 중원 공략에 나설 수 있었다.

전연이 돌아가고 3개월 뒤 고국원왕은 신하를 자칭하며 수많은 보물을 전연에 바침으로써 아버지 미천왕의 시신을 돌려받았지만, 고구려의 보복공격이 불안했던 전연은 왕의 어머니만큼은 쉽사리 돌려보내지 않고 붙잡고 있다가 13년 만에야 풀어주었다.

▲ 고국원왕의 무덤으로 추정되는 안악 3호분 내부의 고분벽화 일부[2] (자료 : 한국민족문화대백과사전)

고국원왕은 전연에게 치욕스런 패배를 입은 뒤 국난 수습과 재건을 위해 남쪽으로 눈을 돌려 343년 평양 동황성東黃城으로 천도하고 내실을 다지는 데 주력하였고, 이러한 남쪽 경영은 당시 근초고왕近肖古王(백제 제13대 왕, 재위 346~375)이라는 걸출한 인물이 다스리며 그 위세를 떨치던 백제와 부딪힐 수밖에 없었다.

고국원왕은 369년 몸소 2만의 군사를 이끌고 백제를 쳐들어갔으나 치양(지금의 황해도 배천)에서 5천여 명의 인질을 백제에게 붙잡히는 등 대패하였고, 371년 재차 백제를 공격하였으나 이 전투에서도 근초고왕의 매복 작전에 걸려들어 크게 패하고 말았다. 고구려와의 전투에서 연승을 거두며 기세가 오른 근초고왕은 3만의 병사를 이끌고 고구려 평양성으로 진격하였고, 고국원왕은 예순이 넘은 나이에도 몸소 전장에서 백제군에 맞서 싸우다 전투 중 흐르는 화살에 맞아 전사하고 말았다. 지겹도록 불운이 따라다녔던 고국원왕은 쓸쓸한 11월 가을날 그렇게 세상을 떠났다.

비록 패배의 굴레를 끝내 벗어나지 못하였지만, 그는 마지막까지 늙은 몸을 이끌고 몸소 전장의 최전방을 누비며 나라를 위해 싸우다 죽은 진정 용감한 왕이었다. 그의 뒤를 이어 즉위한 소수림왕小獸林王(고구려 제17대 왕 재위 371~384) 시대에 눈부신 내치의 결과가 나올 수 있었던 데에는 아버지 고국원왕이 닦아놓은 기반이 있었기에 가능했을 것이다. 그리고 그 토대 위에 즉위한 손자 광개토왕 대에 이르러 비로소 한을 풀고 편히 눈을 감을 수 있게 되었다.

신민용
에듀윌 한국사교육연구소 연구원

---

2) 안악 3호분의 주인에 대해서는 고국원왕 외에도 고국원왕 때 전연에서 고구려로 망명한 동수冬壽나 고국원왕의 아버지 미천왕이라는 주장이 있다.

買死馬骨

살 **매**   죽을 **사**   말 **마**   뼈 **골**

죽은 말뼈를 돈 주고 산다

출전 : 『전국책戰國策』

『전국책(戰國策)』중 연책燕策에 다음과 같은 이야기가 있다. 연燕나라 소왕昭王은 제나라에 당한 치욕을 갚기 위해 자신의 스승이었던 곽외郭隗에게 도움을 청했다. 곽외는 "옛날 어느 왕이 천리마를 구하려고 노력을 기울였으나, 아무런 소득을 얻지 못했습니다. 그때 어떤 자가 나타나 자신에게 천금을 주면 천리마를 구할 수 있다고 약속했습니다."

"왕은 그의 말을 믿고 천금을 주었는데, 그자는 죽은 말의 뼈다귀를 사고 돌아왔습니다. 왕은 죽은 말을 왜 샀느냐고 묻자, 그자는 죽은 말도 이렇게 가치를 인정받으니 천리마를 가진 주인은 자연스럽게 왕에게 올 것이라고 답했다. 그 말대로 천리마를 가진 자가 셋이나 등장했다.

곽외는 이 이야기를 통해 일단 자신을 우대한다고 소문내면 분명 각국의 인재들이 알아서 모일 것이라고 했다. 왕이 이를 따르자 곽외의 말대로 후에 제나라를 멸망 직전까지 몰아붙였던 명장 악의樂毅

를 포함한 추연鄒衍, 극신劇辛 등이 연나라로 모였다. 소왕은 이들이 가진 힘과 지혜를 빌려 제나라를 공격해 큰 승리를 거두고 잃었던 땅을 되찾았다.

매사마골買死馬骨이란, 손익을 계산하지 말고 먼저 정성을 들여야만 자기가 바라는 바를 성취할 수 있다는 말로, 아무 노력도 없이 좋은 결과만 원하는 사람들의 나쁜 태도를 경계하는 말이다. 원하는 목적을 이루기 위해서 그만큼 정성을 다해야 하기에 매사마골 같은 노력을 기울인다면 분명 원하는 목적을 이룰 수 있을 것이다.

한자 돋보기

살 매
貝 총12획

買는 그물질하듯이(罒) 물건(貝)을 사 모으는 것을 나타내어 '사다'의 뜻을 가지게 되었다.

- 買占賣惜(매점매석) : 물건값이 오를 것으로 예상돼 물건을 많이 사두고 값이 오른 뒤 팜
- 千金買笑(천금매소) : 쓸데없는 곳에 돈을 낭비함

죽을 사
歹 총6획

死는 시신(歹) 옆에 애도하는 사람(匕)을 그린 것으로 '죽음'을 뜻한다.

- 九死一生(구사일생) : 여러 차례 죽을 고비를 겪고 간신히 목숨을 건짐
- 生老病死(생로병사) : 태어나 늙고, 병들고, 죽는 네 가지의 고통

말 마
馬 총10획

馬는 말을 형상화한 글자로, '말'을 의미한다.

- 竹馬故友(죽마고우) : 어릴 때부터 가까이 지내며 자란 친구
- 指鹿爲馬(지록위마) : 윗사람을 농락하여 권세를 마음대로 함

뼈 골
骨 총10획

骨은 뼈와 관절이 서로 이어져 있는 모습에 살(肉)이 더해진 글자로, '뼈'를 뜻한다.

- 刻骨難忘(각골난망) : 입은 은혜를 잊지 않음
- 鷄卵有骨(계란유골) : 복이 없는 사람은 아무리 좋은 기회를 만나도 덕을 못 봄

동의어

천금매골(千金買骨)

매준마골(買駿馬骨)

한자 상식+

화천대유(火天大有)

성남시 대장동 개발의 특혜 의혹 사건으로 '화천대유'라는 말이 우리 사회에서 뜨겁게 회자되고 있다. 화천대유는 본디 주역의 64개 괘 중 14번째 괘다. 불을 상징하는 리離괘가 위에 있고, 그 아래 하늘을 뜻하는 건乾괘가 놓여있다. 하늘 위에 불이 놓여있는 태양의 형상을 화천대유라 한다.

화천대유는 주역 최고의 괘로 꼽는다. 무엇이던 풍성하게 가지며, 가만히 있어도 운세가 나에게 유리하게 흘러간다. 그러나 좋은 괘만큼 치러야할 대가도 있다. 화택규[반목(反目) : 서로 미워함], 화산려(고독·고생) 등 고생을 이겨내야만 얻을 수 있는 괘로, 즉 고생 끝에 낙이 오는 괘라고 할 수 있다. 따라서 화천대유는 온유하고 겸손하고 바른길로 가야만 길한 운이 들어온다.

'나쁜 자들과 사귀지 마라, 그래야 재앙이 없다. 오로지 부지런하게 열심히 일해야 재앙을 피할 수 있다' 화천대유 괘의 첫 효 설명이다. 화천대유가 좋은 괘임에는 틀림없지만, 나쁜 일에 빠지지 않고 성실하고 근면해야 크게 성공할 수 있다는 것을 말해준다.

Books

『작별하지 않는다』

한강 저 | 문학동네

지난 2016년 소설 『채식주의자』로 인터내셔널 부커상을 수상하고, 2018년에는 『흰』으로 인터내셔널 부커상 최종 후보에 오른 한강 작가가 5년 만에 선보이는 장편소설이다. 한강 작가 특유의 시적 문장이 돋보이는 이번 작품은 제주 4·3 사건을 이야기한다.

『나보다 소중한 사람이 생겨버렸다』

프레드릭 배크만 저·이은선 역 | 다산책방

『오베라는 남자』로 전 세계 독자들의 사랑을 받은 저자가 처음으로 선보이는 에세이다. 작가는 이 책에서 아내를 만나고 아이가 태어나며 경험한 경외감과 가족을 향한 사랑을 적었다.

『트렌드 코리아 2022』

김난도 외 저 | 미래의창

다가오는 2022년 우리나라는 '위드 코로나' 정책으로 경제와 산업을 정상화할 것으로 예상된다. 그러나 이것이 코로나19 이전 사회로의 복귀를 의미하지는 않을 것이다. 이 책은 어느 때보다 격변할 2022년의 변화의 징후를 포착하는 데 도움을 준다.

Exhibition

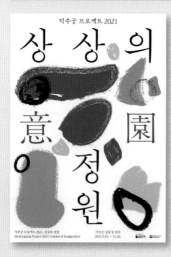

「덕수궁 프로젝트 2021: 상상의 정원」

국립현대미술관 덕수궁 | 2021. 09. 10.~2021. 11. 28.

2012·2017·2019년에 이어 올해로 네 번째 개최되는 '덕수궁 프로젝트'가 가을 날씨에 관객들을 맞이하고 있다. 이번 프로젝트의 제목 「상상의 정원」은 조선 후기 '의원' 문화에서 가져온 것이다. 18~19C 조선의 문인들은 경제적 사정에 상관없이 마음껏 풍류를 즐길 수 있는 의원, 즉 '상상 속의 정원'을 경영했다. 동시에 '의원'을 염두에 둔 이번 덕수궁 프로젝트에서는 현대미술가(권혜원, 김명범, 윤석남, 이예승, 지니서)와 조경가(김아연, 성종상), 애니메이터(이용배), 식물학자/식물세밀화가(신혜우), 무형문화재(황수로) 등 다양한 분야와 세대의 작가 9팀이 참여했다. 이들 작가팀이 만들어낸 정원은 있는 그대로의 자연을 감상하고 즐길 수 있도록 조성돼 관람객의 동선이 자유롭다. 전시를 찾은 관람객들은 작품 설명 순서에 크게 구애받지 않고 전통 정원을 한가로이 산책하듯 작품을 감상할 수 있다.

MOVIE

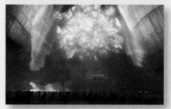

▲ 「듄」 스틸컷 (자료 : 워너 브러더스 코리아㈜)

「듄」

드니 빌뇌브 감독 | 티모시 샬라메, 레베카 퍼거슨, 오스카 아이삭 출연

올해 최고 기대작 중 한 편으로 손꼽혀온 「듄」이 관객을 찾는다. 전 세계 각국에서 우리나라보다 한 달여 앞서 개봉한 「듄」은 먼저 개봉한 24개 국가 모두에서 박스오피스 1위를 석권하는 기염을 토했다. 또, 오프닝 흥행 수익만 약 450억원을 벌어들인 것으로 알려졌다. 「아바타」 이후 가장 혁명적인 프로젝트로 제작 단계부터 일찌감치 화제를 모은 이 작품은 할리우드의 천재 감독 드니 빌뇌브가 감독을 맡았다. 여기에 티모시 샬라메, 레베카 퍼거슨, 오스카 아이삭, 제이슨 모모아, 스텔란 스카스가드, 조슈 브롤린, 하비에르 바르뎀, 젠데이아, 장첸 등 호화스러운 배우 라인업을 구축했다. 특히 티모시 샬라메는 데뷔 이후 처음으로 블록버스터에 도전해 완벽한 열연을 펼친 것으로 알려졌다. 한편, 10191년을 배경으로 하는 「듄」은 우주에서 가장 비싼 물질인 신성한 환각제 스파이스의 유일한 생산지인, '듄'이라 불리는 아라키스 행성에서 벌어지는 전쟁을 그렸다.

MUSICAL

뮤지컬 「지킬 앤 하이드」

샤롯데씨어터 | 2021. 10. 19.~2022. 05. 08.

지난 2004년 국내에 초연한 이후 누적 회차 1410회, 평균 객석 점유율 95%, 누적 관객 수 150만 명 돌파를 자랑하는, 한국 뮤지컬 역사상 압도적 흥행작인 뮤지컬 *「지킬 앤 하이드」가 다시 한번 관객을 찾는다. 선과 악을 동시에 넘나들어야 하는 '지킬/하이드' 역은 고난도 연기력과 폭발적인 가창력이 필요한 역할이다. 이번에는 류정한, 홍광호, 신성록 세 배우가 '지킬/하이드' 역을 소화한다. 강렬한 매력으로 비극적 로맨스를 더하는 '루시' 역은 윤공주, 아이비, 선민 배우가 맡았다.

*「지킬 앤 하이드」(Jekyll and Hyde) : 1886년 출간된 로버트 스티븐슨의 소설을 원작으로 한 브로드웨이 뮤지컬이다. 인간의 선과 악을 분리하는 실험을 하는 지킬 박사가 내면의 악의 정신세계가 만든 인물 하이드에게 잠식당하면서 벌어지는 이야기다.

누적 다운로드 수 34만 돌파*
에듀윌 시사상식 앱

83개월 베스트셀러 1위 상식 월간지가 모바일에 쏙!*
어디서나 상식을 간편하게 학습하세요!

매월 업데이트 되는
HOT 시사뉴스

20개 분야 1007개
시사용어 사전

합격에 필요한
무료 상식 강의

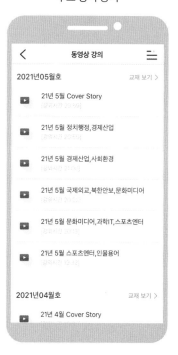

에듀윌 시사상식 앱 설치
(QR코드를 스캔 후 해당 아이콘 클릭하여 설치
or 구글 플레이스토어나 애플 앱스토어에서 '에듀윌 시사상식'을 검색하여 설치)

* '에듀윌 시사상식' 앱 누적 다운로드 건수 (2015년 6월 1일~2021년 5월 24일)
* 알라딘 수험서/자격증 월간 이슈&상식 베스트셀러 1위 (2012년 5월~7월, 9월~11월, 2013년 1월, 4월~5월, 11월, 2014년 1월, 3월~11월, 2015년 1월, 3월~4월, 10월, 12월, 2016년 2월, 7월~12월, 2017년 8월~2021년 10월 월간 베스트)

에듀윌 취업 아카데미에서
제대로 공부하세요!

공기업·대기업 2/3/6개월 맞춤 커리큘럼
상상 이상의 온종일 학습 관리

고품질 영상 및 음향 장비를 갖춘 최고의 강의실

언제나 전문 학습 매니저와 상담이 가능한 안내데스크

1:1 대면 첨삭 및 전문 컨설팅이 가능한 일대일 상담실

공용 PC, 프린터, 충전기 등 편의시설을 갖춘 휴게실

강남 캠퍼스	운영시간 [월~금] 09:00~22:00 [토/일/공휴일] 09:00~18:00
	주　　소 서울 강남구 테헤란로 8길 37 한동빌딩 1, 2층
	상담문의 02)6486-0600

취업 아카데미
바로가기

매달, 최신 NCS를
배송 받으세요!

NCS 학습서의
패러다임을 바꿉니다!

업계 최초
NCS 월간지 탄생

- 커피 한 잔 값 5,500원
- 매달 최신 채용 트렌드를 담은 제철 콘텐츠
- 매달 100% 새 문항
- NCS 영역별 최신 문항 + 실전모의고사
- 매달 업데이트! 월간 NCS 무료특강

꾸준한 문제풀이로 감을 유지하는 것이 중요한 NCS!
#정기구독 으로 NCS를 정복하세요!

정기구독 신청 시 정가 대비
10% 할인

매달 배송비 무료

3개월/6개월/12개월/무기한
기간 설정(매월 자동 결제) 선택 가능

※ '매월 자동 결제'는 매달 20일 카카오페이로 자동결제되며, 구독 기간을 원하는 만큼 선택할 수 있습니다.
※ 자세한 내용은 정기구독 페이지를 참조하세요.

정기구독
신청

베스트셀러 1위
에듀윌 취업 교재 시리즈

공기업 NCS   쏟아지는 100% 새 문항*

월간 NCS

공기업 NCS 통합 기본서
| NCS BASIC 기본서

NCS 모듈형
통합 기본서

PSAT형 NCS
자료해석 실전 380제

NCS를 위한 PSAT 기출완성
의사소통 | 수리 | 문제해결·자원관리

공기업 NCS 통합
봉투모의고사

NCS 피듈형 | 행과연
봉투모의고사

한국철도공사
기본서

한국철도공사
봉투모의고사 | 최최종 마무리

부산교통공사
봉투모의고사 | 시험변경 증보판

서울교통공사
봉투모의고사 | 신규채용 특별판

국민건강보험공단
기본서 | 봉투모의고사

국민건강보험법
법률 문제집

한국전력공사
기본서 | 봉투모의고사

한국전력+7대 에너지공기업
봉투모의고사

5대 철도공사·공단
봉투모의고사

한수원+5대 발전회사
봉투모의고사 | 한수원 최최종 마무리

한국수자원공사
봉투모의고사

한국토지주택공사
봉투모의고사

IBK기업은행
봉투모의고사

인천국제공항공사
봉투모의고사

NCS 모듈학습 2021 Ver.
핵심요약집

NCS 6대 출제사 기출PACK
| 결정적 기출문제집

NCS, 59초의 기술
의사소통 | 수리 | 문제해결

매일 1회씩 꺼내 푸는 NCS

대기업 인적성

온라인 시험도 완벽 대비!

대기업 인적성
통합 기본서

GSAT 삼성직무적성검사
기본서

온라인 GSAT
봉투모의고사

GSAT 최최종 마무리
봉투모의고사

SKCT SK종합역량검사
기본서

LG그룹 인적성검사
기본서

롯데 L-TAB
실전모의고사

농협은행 6급
기본서

지역농협 6급
기본서

취업상식

월간 시사상식

상식 통합대비
문제풀이집

多통하는 일반상식

공기업기출 일반상식 |
언론사 기출상식

기출 금융경제 상식

자소서부터 면접까지!

면접관이 말하는
NCS 자소서와 면접
사무·행정 직렬

면접관이 말하는
NCS 자소서와 면접
전기 직렬

NCS 자소서&면접
22대 공기업
기출분석 합격서

끝까지 살아남는
대기업 자소서

* 에듀윌 취업 공기업 NCS 통합 봉투모의고사, 코레일 봉투모의고사, 서울교통공사 봉투모의고사 교재 해당 (2021년 상반기 출간 교재 기준)
* YES24 국내도서 해당 분야 월별, 주별 베스트 기준

에듀윌 취업 교재
바로가기

취업, 공무원, 자격증 시험준비의 흐름을 바꾼 화제작!
에듀윌 히트교재 시리즈

에듀윌 교육출판연구소가 만든 히트교재 시리즈!
YES24, 교보문고, 알라딘, 인터파크, 영풍문고 등 전국 유명 온/오프라인 서점에서 절찬 판매 중!

공인중개사 기초서/기본서/핵심요약집/문제집/기출문제집/실전모의고사 외 10종

주택관리사 기초서/기본서/핵심요약집/문제집/기출문제집/실전모의고사

7·9급공무원 기본서/단원별 기출&예상 문제집/기출문제집/기출팩/실전, 봉투모의고사

공무원 국어 한자·문법·독해/영어 단어·문법·독해/한국사 모의고사·흐름노트/행정학 요약노트/행정법 판례집

7급공무원 PSAT 기본서/기출문제집

계리직공무원 기본서/문제집/기출문제집

군무원 기출문제집/봉투모의고사

경찰공무원 기본서/기출문제집/모의고사/판례집/면접

소방공무원 기출문제집/실전, 봉투모의고사

맞춤형 화장품 조제관리사

검정고시 고졸/중졸 기본서/기출문제집/실전모의고사/총정리

사회복지사(1급) 기본서/기출문제집/핵심요약집

직업상담사(2급) 기본서/기출문제집

경비 기본서/기출/1차 한권끝장/2차 모의고사

전기기사 필기/실기/기출문제집

전기기능사 필기/실기

1위 21.2월

한국사능력검정시험 기본서/2주끝장/기출/우선순위50/초등

1위 21.10월

조리기능사 필기/실기

1위 21.10월

제과제빵기능사 필기/실기

1위 21.10월

SMAT 모듈A/B/C

1위 21.10월

ERP정보관리사 회계/인사/물류/생산(1, 2급)

1위 21.10월

전산세무회계 기초서/기본서/기출문제집

1위 21.10월

어문회 한자 2급/상공회의소한자 3급

1위 21.10월

ToKL 한권끝장/2주끝장

1위 21.10월

KBS한국어능력시험 한권끝장/2주끝장/문제집/기출문제집

1위 21.10월

한국실용글쓰기

1위 21.6월

매경TEST 기본서/문제집/2주끝장

1위 21.10월

TESAT 기본서/문제집/기출문제집

1위 21.9월

스포츠지도사 필기/실기구술 한권끝장

1위 21.10월

산업안전기사/산업안전산업기사

1위 21.10월

위험물산업기사/위험물기능사

1위 21.10월

무역영어 1급/국제무역사 1급

1위 21.10월

운전면허 1종·2종

컴퓨터활용능력/워드프로세서

1위 20.2월

월간시사상식/일반상식

월간 NCS/매1N

1위 21.8월

NCS 통합/모듈형/피듈형

1위 20.7월 1주

PSAT형 NCS 자료해석 380제

PSAT 기출완성/6대 출제사 기출PACK

1위 21.10월

한국철도공사/서울교통공사/부산교통공사

1위 21.5월 2주

국민건강보험공단/한국전력공사

1위 21.9월

한수원/수자원/토지주택공사

1위 21.10월

행과연/기업은행/인천국제공항공사

1위 20.11월

대기업 인적성 통합/GSAT

1위 21.10월

LG/SKCT/CJ/L-TAB

1위 21.10월

ROTC·학사장교/부사관

- 취업 1위, 공무원 1위, 경찰공무원 1위, 소방공무원 1위, 계리직공무원 1위, 기술직공무원 1위, 군무원 1위, 전기기사 1위, 한국사능력검정시험 1위, 검정고시 1위, 세무사 1위, 전산세무회계 1위, 건축기사 1위, 토목기사 1위, 경비지도사 1위, 직업상담사 1위, KBS한국어시험 1위, 실용글쓰기 1위, 매경TEST 1위, 한경TESAT 1위, ERP정보관리사 1위, 재경관리사 1위, 산업안전기사 1위, 국제무역사 1위, 무역영어 1위, 전기기능사 1위, 물류관리사 1위, 도로교통사고감정사 1위, 유통관리사 1위, 위험물기능사 1위, 위험물산업기사 1위, IT자격증 1위, 정보처리기사 1위, 컴퓨터활용능력 1위, 공인중개사 1위, 주택관리사 1위, 사회복지사1급 1위, 소방설비기사 1위, 소방시설관리사 1위, 행정사 1위, 부동산실무 1위 (2021 대한민국 브랜드만족도 교육 부문, 한경비즈니스)
- 공인중개사 최다 합격자 배출 공식 인증 (KRI 한국기록원 / 2019년 인증, 2021년 현재까지 업계 최고 기록)

eduwill